Stadtforschung aktuell

AF146275

Herausgegeben von
H. Wollmann, Berlin, Deutschland

Jörg Bogumil • Lars Holtkamp (Hrsg.)

Kommunale Entscheidungsstrukturen in Ost- und Westdeutschland

Zwischen Konkordanz- und Konkurrenzdemokratie

 Springer VS

Herausgeber
Jörg Bogumil
Ruhr Universität Bochum
Bochum, Deutschland

Lars Holtkamp
FernUniversität Hagen
Hagen, Deutschland

Stadtforschung aktuell
ISBN 978-3-658-11846-4   ISBN 978-3-658-11847-1 (eBook)
DOI 10.1007/978-3-658-11847-1

Die Deutsche Nationalbibliothek verzeichnet diese Publikation in der Deutschen Nationalbibliografie; detaillierte bibliografische Daten sind im Internet über http://dnb.d-nb.de abrufbar.

Springer VS
© Springer Fachmedien Wiesbaden 2016

Lektorat: Jan Treibel, Monika Mülhausen

Gedruckt auf säurefreiem und chlorfrei gebleichtem Papier

Springer Fachmedien Wiesbaden ist Teil der Fachverlagsgruppe Springer Science+Business Media (www.springer.com)

Inhalt

Ost- und westdeutsche Kommunen zwischen Konkordanz- und Konkurrenzdemokratie

Theoretische Annahmen

Lars Holtkamp und Jörg Bogumil

1   Einleitung

Die Thematisierung kommunaler Entscheidungsprozesse hat in der lokalen Politikforschung in Deutschland eine große Tradition (Grauhan 1970; Fürst 1975; Banner 1982; Gabriel 1983; Gabriel und Voigt 1994). Betrachtet man die empirischen Untersuchungen zu kommunalen Entscheidungsprozessen, so sind zwei Forschungsbereiche zu unterscheiden. Zum einen wird danach gefragt, wer an Entscheidungsprozessen beteiligt ist, welche Interessen die Akteure haben, wo die Entscheidungen gefällt werden und vor allem, wer sich durchsetzen kann. Dieser erste Typ von Fragestellungen, also der Bereich der politics, steht zunächst im Vordergrund des kommunalwissenschaftlichen Interesses Ende der 1960er Jahre.

Zum anderen wird danach gefragt, welche Faktoren für bestimmte Führungsstrukturen verantwortlich sind und welchen Einfluss die verschiedenen Kommunalverfassungen auf die kommunalen Entscheidungsprozesse und Politikergebnisse haben. Hier mehren sich ab Anfang der 1980er Jahre die Stimmen die – vor allem mit dem Effizienzargument – Kritik an der norddeutschen Ratsverfassung üben und damit einen Zusammenhang zwischen polity und policy herstellen. Die Vor- und Nachteile unterschiedlicher Kommunalverfassungen geraten nun verstärkt in den Blick. Dabei wird zunächst auf die in Städten der norddeutschen Verfassung (insbesondere NRW) stärkere Verflechtung zwischen Politik und Verwaltung aufmerksam gemacht (Banner 1982) und dann – unter Hinweis auf die negativen Folgen von Parteipolitisierung – eine Stärkung der Verwaltung gegenüber der Politik nach dem Vorbild der süddeutschen Rat-Bürgermeisterverfassung eingefordert. Die dadurch aufflammende Debatte um den Zusammenhang zwischen kommunalem Entscheidungssystem und Kommunalverfassung (Kleinfeld 1996; Holtkamp 2000, S. 108ff.) trägt neben der Deutschen Einheit mit dazu bei, dass sich

in den 1990er Jahren die Kommunalverfassungen in Richtung auf die süddeutsche
Verfassung bewegen.

In den 1990er Jahren vollziehen sich bedeutende Veränderungen in der Ausgestaltung *kommunaler Institutionen* (Reform der Kommunalverfassungen, Neues
Steuerungsmodell, Ausbau von Bürgerbeteiligung und bürgerschaftlichem Engagement, Privatisierung und Liberalisierung öffentlicher Dienstleistungen), die auch die
Funktion und die Rolle von Parteien auf kommunaler Ebene tangieren. Es kommt
insbesondere in den Ländern der ehemals norddeutschen Ratsverfassung, aber auch
insgesamt in den Mittel- und Großstädten, zu einem *Neuarrangement wettbewerbs-
und verhandlungsdemokratischer Formelemente* (Bogumil 2001). Die sich faktisch
seit den 70er Jahren herausgebildeten Strukturen einer Wettbewerbsdemokratie,
wie sie in parlamentarischen Regierungssystemen anzutreffen sind und die durch
eine starke Parteipolitisierung gekennzeichnet sind, geraten durch das Vordringen
verhandlungsdemokratischer Elemente unter Druck. Insgesamt kommt es zu einer
Ausdifferenzierung der Strukturen demokratischer Interessenvermittlung sowie
zu einer Anreicherung der repräsentativen Entscheidungsformen durch direktde-
mokratische und kooperative Elemente (Bogumil 2002, S. 47).

Zusammenfassend zeigt sich, so der Stand der Diskussion Anfang des neuen
Jahrtausends, dass die Ausgestaltung kommunaler Entscheidungsstrukturen von
verschiedenen unabhängigen Erklärungsfaktoren abhängig ist: die Gemeindegröße,
das institutionelle Arrangement der Kommunalverfassungen, lokale politisch-kulturelle Faktoren und persönliche Konstellationen. Allgemeine Merkmale kommunaler Entscheidungsprozesse sind darüber hinaus Verwaltungsdominanz, eine
enge Verflechtung zwischen Politik und Verwaltung und die Existenz informeller
Vorentscheidergremien (vgl. Bogumil 2001). Da die Bundesländer sowohl über
unterschiedliche Kommunalverfassungen und Gemeindegrößen als auch politisch-kulturelle Prägungen verfügen, ist es nicht verwunderlich, dass kommunale
Entscheidungsstrukturen zwischen ihnen erheblich variieren.

Zur Beschreibung dieser zwischen den Bundesländern stark variierenden kommunalen Entscheidungsstrukturen hat Holtkamp das Begriffspaar »kommunale
Konkordanz- und Konkurrenzdemokratie« als zwei unterschiedliche Extremtypen
der repräsentativen Demokratie auf der kommunalen Ebene in die Diskussion
gebracht (vgl. Holtkamp 2008). Anders als die klassischen Begriffe der vergleichenden Regierungslehre (z. B. Präsidentialismus, direkte Demokratie) bezieht sich der
Begriff der kommunalen Konkordanz- und Konkurrenzdemokratie nicht auf die
formalen Institutionen. Es geht vielmehr um die Beschreibung von Verhaltens-,
Einstellungs- und Einflussmustern der kommunalen Akteure in der Nominierungs-,
Wahlkampf-, Wahl- und Regierungsphase. Die kommunale Konkordanzdemokratie ist von einer geringen Parteipolitisierung von Rat und Bürgermeistern in der

Nominierungs-, Wahlkampf-, Wahl- und Regierungsphase bei gleichzeitig starker Dominanz des Bürgermeisters geprägt. Demgegenüber zeichnet sich kommunale Konkurrenzdemokratie durch eine starke Parteipolitisierung in allen Phasen und einen weniger einflussreichen Bürgermeister aus. Auch auf kommunaler Ebene gilt als konstitutives Unterscheidungsmerkmal, dass in der Konkordanzdemokratie zwischen den Parlamentariern »gütliches Einvernehmen« als Konfliktregelungsmuster vorherrscht, während die Konkurrenzdemokratie von Auseinandersetzungen zwischen Mehrheits- und Oppositionsfraktionen geprägt wird. Der Grad der Parteipolitisierung lässt sich bestimmen als das Ausmaß, »in welchem es den lokalen politischen Parteien gelingt, die Kommunalpolitik personell, inhaltlich und prozedural zu monopolisieren« (Wehling 1991, S. 150).

Angelehnt an diese Unterscheidung haben wir einen Konkordanzindex für alle Flächenländer vorgelegt (Holtkamp 2003, Bogumil und Holtkamp 2013, S. 167). Unsere These ist, dass konkordanzdemokratische Muster eher in baden-württembergischen, rheinland-pfälzischen und in den meisten ostdeutschen Kommunen dominieren, während in NRW, dem Saarland und Hessen konkurrenzdemokratische Konstellationen prägend sind. Die anderen Bundesländer werden zwischen diesen Polen verortet (Niedersachsen, Bayern, Schleswig-Holstein). Allerdings fehlt es bisher an empirisch vergleichenden Untersuchungen zur Bestätigung dieser These und zur Analyse der Erklärungsfaktoren. An diesem Punkt setzt dieses Buch an.

Durch die Nutzung von Datenbeständen, die im Rahmen des von der Deutschen Forschungsgemeinschaft geförderten Projektes „Ursachen kommunaler Haushaltsdefizite" [1] erhoben wurden, besteht die Möglichkeit, im Vergleich zwischen ost- und westdeutschen Kommunen empirisch zu überprüfen, inwieweit sich eher konkordanz- bzw. konkurrenzdemokratische Entscheidungsstrukturen durchgesetzt haben. Zudem können einige Hypothesen zum Zusammenhang der unabhängigen Variablen (Gemeindegröße, institutionelle Arrangement der Kommunalverfassungen, lokale politisch-kulturelle Faktoren) auf die abhängige Variable (Konkordanz-/Konkurrenzdemokratie überprüft werden (vgl. 7). Weiterhin ist es möglich, durch die Kontrolle des Einflusses der Gemeindegröße und der Kommunalverfassung zu überprüfen, ob sich die Entscheidungsstrukturen zwischen Ost- und Westdeutschland tatsächlich noch signifikant unterscheiden, was auf Einflüsse einer variierenden politischen Kultur hindeuten würde.

1　Es handelt sich hier um ein Gemeinschaftsprojekt vierer Universitäten, von Jörg Bogumil (Ruhr-Universität Bochum), Lars Holtkamp (FernUniversität Hagen), Martin Junkernheinrich (Universität Kaiserslautern) und Uwe Wagschal (Universität Freiburg). Wir danken dem Forschungsteam für die Bereitstellung diverser Daten.

In dem genannten Forschungsprojekt wurden zahlreiche aktuelle Daten zu den oben genannten zentralen Erklärungsfaktoren kommunaler Entscheidungsprozesse im Ost-Westvergleich erhoben. Kommunale Entscheidungsprozesse wurden in zwei ostdeutschen und zwei westdeutschen Bundesländern untersucht (Brandenburg, Sachsen, NRW, Baden-Württemberg). Die Bundesländer in diesen beiden Gruppen wurden danach selektiert, dass sie sich möglichst stark im Hinblick auf den Kommunalverfassungsindex unterscheiden, so dass der Einfluss der politischen Kultur Ost/West und der der Kommunalverfassung gesondert erfasst werden konnte. Zudem wurde der Einfluss der Gemeindegröße kontrolliert. Damit ist es erstmals möglich, im direkten quantitativen Vergleich den Einfluss der politischen Kultur auf die kommunalen Entscheidungsstrukturen unter Kontrolle von Drittvariablen zu erfassen und im qualitativen Vergleich in 16 Fallstudien die Gemeinsamkeiten und Unterschiede vertiefend zu analysieren. Für die vorliegende Untersuchung wird auf die repräsentative Befragung von 122 Kommunalvertretungen sowie auf 16 Fallstudien zurückgegriffen (vgl. Kapitel 8).

In dem Forschungsprojekt zu den Ursachen kommunaler Haushaltsdefizite ging es u. a. um die Untersuchung der These von Gerhard Banner, nach der ein Zusammenhang zwischen der Kommunalverfassung und den kommunalen Haushaltsergebnissen bestehen soll. Um die Prägekraft der Kommunalverfassungen (polity) auf den policy-outcome angemessen erfassen zu können, wurden in einem Zwischenschritt die kommunalen Akteurskonstellationen näher analysiert, um den Einfluss der Verfassungen hierauf abschätzen zu können. Denn nur wenn empirisch feststellbar ist, dass die innere Kommunalverfassung maßgeblich die Akteurskonstellationen beeinflusst, ist auch ein Einfluss der Kompetenzen von Bürgermeister und Rat (sowie des Wahlrechts) auf die Politikergebnisse möglich. In der hier vorliegenden Untersuchung der kommunalen Entscheidungsstrukturen werden die Daten aus diesem Zwischenschritt genutzt, um die Unterschiede zwischen ost- und westdeutschen Kommunen auf der Politics-Ebene herauszuarbeiten, während die Politikergebnisse in diesem Zusammenhang weniger zentral sind.

Im Rahmen der schriftlichen Befragungen wurden sowohl die allgemeinen Entscheidungsstrukturen als auch die spezifischen Akteurskonstellationen in der Haushaltspolitik erhoben, so dass wir hier auch auf politikfeldunspezifische Daten zurückgreifen können. Die Fallstudien sind demgegenüber stärker auf die kommunale Haushaltspolitik als auf die allgemeinen Entscheidungsstrukturen fokussiert. Bei der Übertragung der Ergebnisse der Fallstudien ist also zu berücksichtigen, dass wir lediglich die Entscheidungsprozesse in einem Politikfeld analysiert haben und diese in anderen Politikfeldern anders aussehen könnten. Wir gehen allerdings davon aus, dass sich die Haushaltspolitik in der Haushaltskrise zu einem immer wichtigeren Politikfeld entwickelt hat, das maßgeblich auch die anderen Fachpolitiken mitbestimmt. Demensprechend ist zu erwarten, dass in der Haushaltspolitik die zentralen kommunalen Entscheidungsträger aufeinandertreffen und sich so die allgemeinen Entscheidungsstrukturen sowie die Interaktionsorientierung weitgehend in der Haushaltspolitik spiegeln[2], auch wenn der Kämmerer aufgrund seiner formalen Kompetenzen bei Haushaltsaufstellung und -vollzug in diesem Politikfeld schon eine Sonderrolle spielt. Wenn also der Parteienwettbewerb in einer Kommune ausgeprägt ist, dann wird dies besonders deutlich bei der Haushaltsverabschiedung und bei den Haushaltsreden der Fraktionsvorsitzenden, die dann ritualhaft die Konfliktlinie zwischen Mehrheits- und Oppositionsfraktion öffentlich betonen (Holtkamp 2000; Timm-Arnold 2010; Geißler 2011, S. 260f.), während bei eher konkordanzdemokratischen Konstellationen der Bürgermeister in nichtöffentlichen Verhandlungen mit den Fraktionsspitzen oder durch Anerkennung seiner Autorität einstimmige Ratsbeschlüsse erzielt (vgl. Winkler-Haupt 1988; Banner 1982).

Im Folgenden wird nun zunächst auf aktuelle Beiträge der Parteien- und Transformationsforschung hinsichtlich der Frage nach den Besonderheiten kommunaler Entscheidungsprozesse im Ostdeutschland eingegangen (vgl. 2). Dabei zeigt sich, dass einiges dafür spricht, dass hier eher konkordanzdemokratische Verhältnisse zu erwarten sind. Allerdings sind dies bis jetzt weitgehend Vermutungen oder Erkenntnisse aus einzelnen Fallstudien oder Umfragen in einzelnen Bundesländern. Der direkte empirische Vergleich von ost- und westdeutschen kommunalen Entscheidungsstrukturen in den Kommunen ist eher die Ausnahme.[3] Ob sich die Kommunalpolitik zwischen den ostdeutschen und westdeutschen Bundesländern empirisch tatsächlich unterscheidet, ist noch wenig untersucht.

Wir wollen dies in den weiteren Beiträgen dieses Sammelbundes tun. Vorher sollen in diesem Beitrag einige zentrale Hypothesen aus den bisherigen Debatten der lokalen Politikforschung hergeleitet werden. Dabei können wir, wie oben angedeutet, auf einige Vorarbeiten zurückgreifen (Bogumil 2001; Czada 2000; Holtkamp 2003, 2008). Zunächst werden die kurz angedeuteten Konzepte der Konkordanz- und Konkurrenzdemokratie ausführlicher beschrieben (vgl. 3).

---

2   Empirisch nicht belegbar ist in unseren quantitativen Befragungen, dass sich der Bürgermeister nur in der Haushaltspolitik zum exekutiven Führer und zentralen Steuerungspolitiker aufschwingt, während er in den allgemeinen Entscheidungsstrukturen deutlich weniger dominant und relevant ist (Winkler-Haupt 1988). Gerade in Baden-Württemberg dominiert er in beiden Bereichen.

3   Überhaupt ist der Vergleich zwischen den Kommunen unterschiedlicher Bundesländer nach wie vor eine Seltenheit, mit Ausnahme des „Klassikers Baden-Württemberg gegen Nordrhein-Westfalen" in Westdeutschland (Simon 1988, Winkler-Haupt 1989; Bogumil und Heinelt 2005; Holtkamp 2008).

Daran anschließend wird erörtert, mit welchen unabhängigen Variablen diese unterschiedlichen Ausprägungen zusammenhängen könnten und welchen Einfluss dabei eine möglicherweise andere politische Kultur in Ostdeutschland spielt (vgl. 4-6). Auf dieser Grundlage werden schließlich das Untersuchungsdesign und die Hypothesen vorgestellt (vgl. 7).

2 Kommunale Entscheidungsprozesse in Ostdeutschland

Die Annahme überwiegend konkordanzdemokratischer Entscheidungsmuster in Ostdeutschland wird in neueren Forschungsprojekten zu den Transformationsprozessen weitgehend bestätigt (Jaeck et al. 2013, S. 241f.; Ernst&Young 2013, S. 94). Aus Sicht der Transformationsforschung wird dies mitunter normativ als Entwicklungsrückstand und Defizit eingeordnet, die es zu beheben gilt (Maier und Schmitt 2008, S. 221). Modern ist nach diesem Verständnis einzig die Konkurrenzdemokratie bzw. sie wird zur Basisinstitution der modernen Gesellschaft erklärt (Zapf 1991, S. 35). Konkurrenz ist danach auch auf dem politischen Markt ein Garant für Innovationen und Modernisierung. Dass die ostdeutsche Bevölkerung aber weiterhin zu einem konsensualen Politikverständnis neigt, wird aus dieser Perspektive als „autoritäre, paternalistische" Orientierung eingeordnet (Roth 2001, S. 21), als „überkommenes […] unpolitisches Gemeindemodell" (Thumfart 2001, S. 6), als „antipluralistisches Demokratieideal" (Wagner 2006, S. 114) oder als „vormodernes Demokratieverständnis" (Schoon 2007, S. 43) abgewertet. Dadurch werde nicht zuletzt die Legitimationsbasis der parteienstaatlichen Demokratie geschwächt (Schmitt und Wolff 2011, S. 74).

Diese Verengung von Modernisierung auf die Konkurrenzdemokratie, die in der bundesdeutschen Politikwissenschaft schon früh mit einer normativen Fokussierung auf die britische Mehrheitsdemokratie einherging, hat bereits Gerhard Lehmbruch kritisiert. Er machte deutlich, dass mit dem Modell der Konkordanz- und Konkurrenzdemokratie empirisch verschiedene Modelle der Konfliktregelung mit einem modernen gesellschaftlichen Entwicklungsstand kompatibel sind (Lehmbruch 1967, S. 11), also „nach dem Rom der Demokratie mehrere Wege führen" können (Lehmbruch 1987, S. 1).

Auch für die kommunale Ebene lässt sich argumentieren, dass die Konkordanzdemokratie durchaus mit einem modernen gesellschaftlichen Entwicklungsstand einhergeht, zumal die Konkordanzdemokratie hier auf der Schwäche der Parteien beruht. Die Organisationsschwäche der Parteien in Ostdeutschland ist eklatant und eine Umkehr ist nicht in Sicht. Im Gegenteil sinkt der Organisationsgrad der Parteien in Ost- und Westdeutschland weiterhin, so dass in vielen kleinen und mittleren Kommunen in den neuen Bundesländer nicht genügend Parteimitglieder für die zu vergebenden Mandate zur Verfügung stehen und auch deshalb Wählergemeinschaften, die nicht selten aus der örtlichen freiwilligen Feuerwehr hervorgehen, als „Ersatzpartei" fungieren müssen. So erreichen Wählergemeinschaften in Ostdeutschland bei den Kommunalwahlen (in der Tendenz steigende) Stimmenanteile zwischen 38,6 Prozent in Sachsen und 53,3 Prozent in Thüringen (Holtmann et al. 2012, S. 151)[4]. Die „nationalen" (im Bundestag vertretenen) Parteien verlieren demgegenüber zwischen 1999 und 2009 deutlich bei den ostdeutschen Kommunalwahlen. In Thüringen gehen ihre Stimmenanteile in nur zehn Jahren von 42,1 auf 33,8 Prozent und in Sachsen-Anhalt von 44,3 auf 34,5 Prozent zurück. Nationale Parteien vertreten damit auf kommunaler Ebene in Ostdeutschland eindeutig nur noch die Minderheit der Wählerschaft (Vetter und Kuhn 2013, S. 39). Konsequenterweise wird in der Literatur der SPD der Status einer Volkspartei in Ostdeutschland mittlerweile abgesprochen (Decker et al. 2014, S. 4). Diese Schwäche, insbesondere der SPD, FDP und Grünen, wird auch nicht durch die Partei „Die Linke" kompensiert, deren Mitglieder stark überaltert sind.

Die insgesamt mit dieser Parteischwäche einhergehende Entparteipolitisierung in ostdeutschen Kommunen wird kaum umkehrbar sein, so dass ein „Ende der Konkordanzdemokratie", wie es für die nationale Ebene diskutiert wird (Köppl und Kranenpohl 2012), für die ostdeutschen Kommunen nicht zu erwarten ist. Eher ist davon auszugehen, dass der aufgrund der Verteilung der Alterskohorten zu erwartende weitere Mitgliederrückgang das Zurückdrängen der Parteien auch in kleineren Kommunen in Westdeutschland beschleunigen wird. In Gesamtdeutschland hat die CDU zwischen 1990 und 2012 39,7 Prozent ihrer Mitglieder verloren. Die SPD verlor sogar insgesamt 49,4 Prozent ihrer Mitglieder in diesem

---

4 Dabei wird allerdings neuerdings bestritten, dass wachsende Stimmenanteile von Wählergemeinschaften ein guter Indikator für Entpolitisierung sind (Holtmann 2013). Bisher waren die Wählergemeinschaften ein etablierter Indikator für konkordanzdemokratische Strukturen (Gabriel 1991; Holtkamp und Eimer 2006, Holtkamp 2008), weil sie für eine starke personelle Entparteipolitisierung und eine niedrigere Fraktionsdisziplin stehen (vgl. auch Holtmann et al. 2012, S. 170; Krapidel et al. 2013, S. 401). Dass nun auch die Wählergemeinschaft zur Konkurrenzdemokratie tendieren sollen und damit vielleicht die Parteipolitisierungsthese wieder plausibilisiert werden könnte, macht Everhard Holtmann daran fest, dass auch Wählergemeinschaften in Befragungen angeben, dass politische Konflikte zum Alltag der Demokratie gehören (Holtmann 2013). Damit ist aber nichts darüber gesagt, wie Wählergemeinschaften parteipolitische Konflikte und den Parteienwettbewerb in der Kommune beurteilen und wie sie konkret im Gemeinderat agieren.

Zeitraum (Niedermayer 2013, S. 1). Diese „Massenflucht aus den Parteien" (Merkel und Petring 2011, S. 16) wird sich allein deshalb schon fortsetzen, weil bei überalterter Mitgliederstruktur den Parteien ihre Unterstützer „wegsterben". Rechnet man die Mitgliederverluste allein durch zu erwartende Todesfälle hoch, ist bis 2040 ein weiterer Rückgang der SPD- und CDU-Mitgliedschaft von 60 Prozent zu erwarten (Decker et al. 2014, S. 5). In Ost- und Westdeutschland würde dann in kleinen und mittleren Kommunen zunehmend nicht mehr das ehrenamtliche politische Personal für die Parteien zur Verfügung stehen, um die Kommunalpolitik im starken Maße personell, inhaltlich und prozedural zu durchdringen, wie es das wesentliche Kennzeichen der Konkurrenzdemokratie auf kommunaler Ebene ist (Wehling 1991). Deshalb ist für die Ortsparteien in diesen Kommunen, anders als für die nationale Ebene, die Funktionsfähigkeit durch die massiven Mitgliederrückgänge sehr wohl gefährdet, zumal sich die Parteien bereits heute schwer tun, „genügend Kandidaten für lokale Ämter und Mandate zu finden" (Klein und Spier 2011, S. 209). Wenn in einigen Landkreisen in Ostdeutschland die SPD weniger als 100 Mitglieder und die Grünen weniger als 20 Mitglieder haben (Schon 2007, S. 41), dann ist es nicht verwunderlich, dass sie für die vielen Gemeinderäte in den kreisangehörigen Kommunen auch auf Parteilose zurückgreifen müssen und damit anders als in Westdeutschland (insbesondere in den 1970er und 1980er Jahren) nicht zu einer stärkeren Parteipolitisierung Ostdeutschlands beitragen können.

Möglich scheint vielmehr ein Institutionentransfer in umgekehrter Richtung. Nachdem bereits durch die Einführung der ostdeutschen Kommunalverfassungen Institutionen zurück nach Westdeutschland transferiert wurden (Direktwahl der Bürgermeister, kommunale Referenden), die bei allen Eigendynamiken zumindest durchschnittlich eher in Richtung Konkordanzdemokratie weisen, werden viele westdeutsche Parteien in kleineren Kommunen notgedrungen auch auf ostdeutsche konkordante Nominierungsmuster zurückgreifen müssen, wenn sie sich nicht aus der Fläche zurückziehen wollen. Auch in der Transformationsforschung wird mittlerweile betont, dass Westdeutschland durch die Erosion traditioneller Milieus zunehmend mehr vom Osten lernen kann, wie Parteien mit deutlich weniger aktiven Parteimitgliedern agieren können und der Osten damit „in manchen Ansätzen schon als der modernere Teil Deutschlands" gelten kann (von Beyme 2011, S. 55). Der Institutionentransfer ist damit keine Einbahnstraße von West nach Ost, sondern gerade die lokalen Parteien können im Zeitalter der Kartellparteien mit rückläufigen Mitgliederzahlen und rückläufiger Parteiidentifikation der Wähler (Holtkamp 2009; Copus und Erlingsson 2012, S. 243; von Beyme 2000; Katz und Mair 1995) von ihren Kollegen in Ostdeutschland einiges im Umgang mit niedrigem Organisationsgrad vor Ort und der erstarkten parteilosen Konkurrenz lernen.

In der bundesdeutschen Parteienforschung wird jedoch z. T. argumentiert, dass die Parteien dem Mitgliederschwund nicht hilflos ausgeliefert sind, sondern aktiv neue Mitglieder werben können. Die Bürger werden dazu aufgerufen, sich wieder vermehrt in Parteien zur Belebung der Demokratie zu engagieren (vgl. Leggewie 2011) und insbesondere die Lokalparteien sollen sich für diese Engagementbereiten vorbehaltslos öffnen (vgl. Mielke 2003, S. 165; Mielke 2005, S. 128). Die Lokalparteien sollen wieder parteiprogrammatisches Profil vermitteln (Langguth 2003, S. 182f.), um für die Bürger erneut attraktiver zu werden. Nur so könnten sie bei der größer werdenden Kluft zwischen nationalen Parteien und Gesellschaft als Interessenvermittlungsagenturen fungieren (Kersting 2002). Zudem wird eine verstärkte Professionalisierung der Lokalparteien gefordert, um die Mitgliederrekrutierung durch Kampagnen forcieren zu können (Florack et al. 2004).

Im Kern werden damit die Konzepte der 1970er Jahre für eine stärkere Professionalisierung und inhaltliche Parteipolitisierung fortgeschrieben. Wie damals bleibt dabei offen, wie eine stärkere Professionalisierung finanziert werden kann und wie bei beschränkten kommunalen Handlungs- und Haushaltsspielräumen eine stärkere inhaltliche Parteipolitisierung realisiert werden kann. Von einer „Erneuerung der Politik von Unten", wie dies in den 1980er Jahren proklamiert wurde (Häußermann 1991), sind wir weit entfernt.

So begrüßenswert das Konzept, Bürger zum Engagement in lokalen Parteien durch Professionalisierung und Parteipolitisierung zu bewegen, sein mag, die Rahmenbedingungen dafür sind schlecht und die empirische Realität in den Ortsvereinen sieht anders aus. Faktisch wird Mitgliederwerbung nur selten aktiv angestrebt. So wird in Untersuchungen deutlich, dass die Ortsvereine vielfach selbstreferentiell agieren und Neue sich in diesen langjährigen Gemeinschaften eher als Eindringlinge fühlen. Der bürokratisch zeitintensive Diskussionsstil und die „Herrschaft der älteren, abkömmlichen Männer" dürften schließlich auf nicht wenige Politikinteressierte abschreckend wirken (Holtkamp und Schnittke 2010, S. 207), weil dies nicht dem im Zuge des Wertewandels dominanten Wunsch nach thematisch konzentriertem und zeitlich limitiertem Engagement entspricht.

Dies deckt sich auch mit den Befunden der Parteienforschung in anderen westlichen Demokratien. Bei der abnehmenden Parteiidentifikation und dem Mitgliederrückgang handelt es sich um einen langjährigen gesellschaftlichen Megatrend, auf den Parteien kaum einen nachhaltigen Einfluss nehmen können (Mair und van Biezen 2001; Dalton 2002). Individualisierung, Mobilitätssteigerung, Säkularisierung und nicht zuletzt der schrumpfende Arbeiteranteil in postindustriellen Gesellschaften führen zu einer Erosion traditioneller Sozialmilieus, die sowohl für die Parteibindung der Wähler als auch für die Rekrutierung von Parteimitgliedern von zentraler Bedeutung in westlichen Demokratien sind (Dalton und Wattenberg 2000, S. 11).

In Ostdeutschland kommen die Mitgliederkrise verschärfende gesellschaftliche Trends hinzu, wie die massive Abwanderung von (für Partizipation prädestinierten) jüngeren und gebildeten Gesellschaftsgruppen nach Westdeutschland (Schoon 2007, S. 42) und die anhaltende Massenarbeitslosigkeit bzw. Wirtschaftsprobleme, die von Anfang an outputorientierte politische Einstellungen forciert haben (Schneider 2013, S. 192f.; Jesse 2011, S. 107f.). Die effektive Problemlösung im Konsens wird auch deshalb in Ostdeutschland mehr präferiert als die Kontrolle der Regierung durch die Opposition (Patzelt 2008, S. 37f.). Zudem haben sich in der DDR-Zeit viele politische Milieus kaum ausbilden können, so dass die Parteien sich nach der Wende kaum auf intensive gesellschaftliche Verankerungen stützen konnten. Insgesamt ist zudem das Engagement der Ostdeutschen, auch außerhalb Parteien, deutlich niedriger als in Westdeutschland (Olk und Gensicke 2013)

Wenn Ortsparteien unter den hier nur kurz skizzierten schwierigen Bedingungen überhaupt neue Engagierte rekrutieren wollen, sind sie empirisch erfolgreicher, wenn sie nicht auf inhaltliche Parteipolitisierung setzen, sondern wenn sie ihre eigene „Parteilichkeit" leugnen oder zumindest in den Hintergrund stellen. Auch in ostdeutschen Kommunen zeigt sich heute schon bei geringem Organisationsgrad der Parteien, dass diese umso eher Orte bürgerschaftlichen Engagements sind, „je unpolitischer sie sich geben" (Zeuner 2003, S. 175), wie auch an der Konjunktur der Wählergemeinschaften deutlich wird. Damit gleichen sich die Parteien stärker an die Rekrutierungsstrategien der explizit parteilosen Konkurrenz vor Ort an, was auf eine stärkere Entparteipolitisierung in kleinen und mittleren Kommunen hindeutet.

In Großstädten sind bei einem günstigeren Verhältnis von Mitglieds- und Mandatszahlen in naher Zukunft allerdings keine derartigen Rekrutierungsprobleme zu erwarten, so dass diese die personellen Voraussetzungen für die Konkurrenzdemokratie weiterhin erfüllen. Man kann also auch zukünftig mit einem Nebeneinander von kommunaler Konkordanz- und Konkurrenzdemokratie rechnen, wobei Ostdeutschland wahrscheinlich stärker in Richtung Konkordanzdemokratie tendieren wird.

3   Kommunale Entscheidungsprozesse aus der Sicht der lokalen Politikforschung

In der wissenschaftlichen Diskussion über kommunale Entscheidungsstrukturen ist es hilfreich, zwischen normativen und empirischen Modellen zu unterscheiden. Nicht selten werden diese Aussagen vermischt, mit der Konsequenz, dass die Befürworter der Konkordanzdemokratie empirisch einen Trend in Richtung Entparteipolitisierung entdecken (Wehling 2010), während ihre Gegner einen empirischen Trend in Richtung einer stärkeren Parteipolitisierung ausmachen (Holtmann 1998). Zunächst sollen kurz die normativen Modelle skizziert werden, bevor anschließend etwas ausführlicher die empirischen Erkenntnisse, insbesondere zu den Entwicklungen nach den Kommunalverfassungsreformen in den 1990er Jahren, präsentiert werden.

Die Debatte des Parteieneinflusses auf kommunaler Ebene ist gekennzeichnet durch eine hohe normative Aufladung. Während nicht wenige Politikwissenschaftler eine parteienstaatlich strukturierte, konkurrenzdemokratische Kommunalpolitik präferieren, wollen viele Wähler und die rechtswissenschaftlich dominierte Kommunal- und Verwaltungswissenschaft den Parteieneinfluss auf die kommunale Selbstverwaltung eher begrenzen.

In der deutschen Politikwissenschaft nach 1945 galt die *Konkurrenzdemokratie* britischer Prägung mit ihrer ausgeprägten funktionalen Gewaltenteilung (zwischen Opposition und Regierung) häufig als Vorbild. Parteipolitische Vielfalt, fairer Wettbewerb der demokratischen Parteien und parlamentarische Kontrolle der Regierung und Verwaltung durch die Oppositionsfraktionen galten als probate Mittel, um die obrigkeitsstaatliche und antiparteiliche Tradition in Westdeutschland dauerhaft überwinden zu können. Diese Vorstellungen flossen in den 1970er Jahren – nicht zuletzt geprägt durch jungsozialistische Programmatiken – auch vermehrt in die lokale Politikforschung ein. Es wurde eine stärkere Parlamentarisierung der Kommunalpolitik gefordert, wonach sich in den Kommunalparlamenten, die zuvor eher als Verwaltungsorgane eingeordnet wurden, Regierungs- und Oppositionsfraktionen herausbilden sollten. Damit wurde davon ausgegangen, dass die Unterschiede zwischen kommunaler Ebene und Landes- bzw. Bundesebene nicht gravierend sind bzw. sein sollten. Die Gemeinde gelte als Grundschule der Demokratie und so müsse in ihr auch der Lehrplan der parteienstaatlichen Demokratie der Landes- und Bundesebene verwirklicht werden (Holtmann 1992, S. 13). In der Konkurrenzdemokratie sollen alle Formen der Parteipolitisierung forciert werden.

- Zum einen wird eine stärkere inhaltliche Parteipolitisierung postuliert, nach der sich Kommunalpolitik auch an ideologischen Gesichtspunkten und an

Programmen orientieren soll, damit die Bürger tatsächlich eine Wahl zwischen unterschiedlichen Regierungsprogrammen haben. Das Ringen um mehr Gleichheit würde auch in den Gemeinden stattfinden und die Vertretung der gesellschaftlich Unterprivilegierten würde nur durch eine stärkere Parteipolitisierung und deutliche Profilschärfung gewährleistet sein. Ansonsten würden in der Kommunalpolitik die Interessen der Selbstständigen und die Honoratiorenherrschaft dominieren.

- Wichtig ist auch eine starke personelle Parteipolitisierung, verstanden als starke Parteibindung und -zugehörigkeit der Verwaltungsspitze bzw. -angehörigen und der Ratsmitglieder, um den Einfluss der Parteien und der Kommunalparlamente auf die Verwaltung gewährleisten zu können. Wesentliche Vorentscheidungen würden häufig bereits in der Verwaltung getroffen und dem Stadtparlament würde anschließend lediglich ein scheinbar alternativloser Beschlussvorschlag präsentiert. Nur durch Ämterpatronage könnten Parteien dementsprechend frühzeitig und informiert einen richtungspolitischen Gestaltungsanspruch einbringen, „der aufgrund des Wählerauftrags legitim ist" (Holtmann 1998, S. 219).
- Eine stärkere prozedurale Parteipolitisierung – insbesondere eine klare Trennung zwischen Regierungs- und Oppositionsfraktionen – forciert aus dieser Perspektive ebenfalls die demokratische Kontrolle der Verwaltung. Allparteienkonsense werden demgegenüber eher als undemokratischer Klüngel eingeordnet. In der Praxis würde so der Stadtrat zu einem „Scheinparlament" (Berkemeier 1972, S. 202) oder einem „Ratifikationsorgan degradiert" (Frey und Naßmacher 1975, S. 200).

Aus dieser Perspektive sind also die Kompetenzen der Kommunalvertretung in Kommunalverfassungsreformen gegenüber der Verwaltungsspitze auszubauen und eine Direktwahl des Bürgermeisters eher abzulehnen. Die am Beispiel von Baden-Württemberg häufig beschriebene Dominanz des Verwaltungschefs – die in der Literatur als „exekutive Führerschaft" eingeordnet wird – soll durch eine starke Parteipolitisierung reduziert und kontrolliert werden.

Allerdings haben schon immer, wenn auch nicht so zahlreich, Politikwissenschaftler darauf hingewiesen, dass moderne Kommunalpolitik auch demokratisch im „gütlichen Einvernehmen" zwischen Ratsmitgliedern und Bürgermeistern organisiert werden kann. Gerade auf lokaler Ebene sei „die Expansion parteimäßig betriebener Politik kein Naturgesetz der modernen Demokratie" (Lehmbruch 1975, S. 8). Die schon früh, insbesondere für baden-württembergische Kommunen, empirisch festgestellten, konkordanzdemokratischen Konstellationen, sind aus Sicht beispielsweise von Hans-Georg Wehling durchaus funktional, weil es aufgrund geringer kommunaler Handlungsspielräume eigentlich einen Mangel an parteipolitisch besetzbaren Streitthemen gebe und sich die Organe bei starker prozeduraler Parteipolitisierung gegenseitig blockieren könnten (insbesondere bei Kohabitationskonstellationen, wenn Bürgermeister und Mehrheitsfraktionen nicht dasselbe Parteibuch haben). Zudem würden die Vermittlungsleistungen von Parteien auf kommunaler Ebene nur begrenzt benötigt, weil hier anders als auf höheren föderalen Ebenen die Bürger in direkten Kontakt zu Parlamentariern und den direktgewählten Bürgermeistern treten können, um ihre Anliegen vorzutragen (Wehling 1991, S. 160). Mehr direkte Demokratie ist hier erwünscht, auch um aus der Sicht eines Großteils der juristischen Verwaltungswissenschaft die Parteipolitisierung der Kommunalpolitik zurückzudrängen.

Hier wird daher insbesondere die Süddeutsche Ratsverfassung baden-württembergischer Prägung seit Jahrzehnten als „die beste" Kommunalverfassung für alle Städte und Gemeinden propagiert, insbesondere weil der direktgewählte Bürgermeister, der mit starken Kompetenzen ausgestattet ist, als Gegengewicht zu einem kommunal ausufernden Parlamentarismus und Parteienwettbewerb gilt, der die ohnehin begrenzten Handlungsspielräume der kommunalen Selbstverwaltung gefährde (Banner 1989; Knemeyer 1990, S. 54). Die Parteien werden zwar weitgehend als notwendig in der kommunalen Selbstverwaltung anerkannt. Dieses Postulat geht aber stets mit Ermahnungen an Parteien einher, sich selbstverwaltungsgemäß und entsprechend der engen rechtlichen Handlungsspielräume zu verhalten. So wird insbesondere eine zu starke prozedurale Parteipolitisierung abgelehnt und die Einstimmigkeitsregel der Konkordanzdemokratie präferiert. Das System der parlamentarischen Demokratie mit seinen Gegensätzen von Regierung und Opposition passe nicht in die Rathäuser, und einer Gleichmacherei durch die zur Zentralisation neigenden Parteien müsse vorgebeugt werden, weil die kommunale Selbstverwaltung „örtliche Probleme örtlich lösen soll" (Knemeyer und Jahndel 1991, S. 26) und eine starke Parteipolitisierung gerade die Bürgerbeteiligung verhindern würde.

Im konkordanzdemokratischen Konzept werden damit insgesamt vor allem die Besonderheiten der lokalen Ebene betont, die eine stärkere Bürgerbeteiligung ermöglichen und eine Übertragung konkurrenzdemokratischer Muster von Bundestag und Landtag auf die Gemeinderäte mit relativ geringen Handlungsspielräumen wenig wünschenswert erscheinen lassen.

Tab. 1   Das normative Konzept der Konkurrenz- und Konkordanzdemokratie

	Konkurrenzdemokratie	Konkordanzdemokratie
Besonderheiten der lokalen Ebene	kaum ausgeprägte Besonderheiten	„Nähe" der Kommunen als Beteiligungsauftrag; kaum Vermittlungsleistungen von Parteien nötig
	Nationale Konkurrenzdemokratie soll übertragen werden.	Durch geringe Handlungsspielräume ist die Konkurrenzdemokratie dysfunktional.
Ziele	Demokratische Kontrolle und Transparenz, Innovationsfähigkeit und Berücksichtigung unterprivilegierter Interessen	Direkte Partizipation und Effizienz
Wissenschaftliche Disziplin	Politikwissenschaft	Juristische Verwaltungswissenschaft; wenige Politikwissenschaftler

Quelle: Holtkamp 2006

Mit dem Siegeszug der süddeutschen Verfassung im Zuge der Deutschen Einheit und der flächendeckenden Einführung von Direktwahl des Bürgermeisters, kommunalen Referenden und einem stärker personalisierten Wahlrecht (mit Ausnahme NRWs und des Saarlandes) in den 1990er Jahren stellt sich nun *empirisch* die Frage, ob sich die kommunalen Entscheidungsprozesse stärker in Richtung konkordanzdemokratischer Muster verändern. Die empirischen Ergebnisse sind jedoch zwiespältig. Eine Sekundäranalyse aller vorliegenden Untersuchungen zu kommunalen Entscheidungsstrukturen (nach einer zunehmenden Parteipolitisierung in den 1970 und 1980er Jahren) zeigt *keinen einheitlicher Trend in Richtung Konkordanz- oder Konkurrenzdemokratie* (Holtkamp 2008).

Zwar ist ein eindeutiger Trend in Richtung Konkordanzdemokratie zu verzeichnen, aber insbesondere die nordrhein-westfälische Kommunalpolitik wird weiterhin (aufgrund der Großstadtdominanz, der parteienstaatlichen Tradition und einiger noch bestehender Besonderheiten der Kommunalverfassung) von der Konkurrenzdemokratie geprägt (Holtkamp 2008; Gehne 2008). Nordrhein-westfälische Kommunen tendieren auch unter dem direktgewählten Bürgermeister zu konkurrenzdemokratischen Akteurskonstellationen, während Baden-Württemberg (teilweise mit Ausnahme der wenigen größeren Städte über 50.000 Einwohnern; vgl. Köser und Caspers-Merk 1987; Holtkamp 2008; Witt 2012) eher dem Typus der Konkordanzdemokratie zuzuordnen ist. Diese zwei unterschiedlichen „demo-kratischen Welten" ziehen sich wie ein roter Faden von der Nominierungsphase, über die Wahlkampf- und Wahlphase, bis hin in die Regierungsphase durch. In den ersten drei Phasen wird zwischen einer stärkeren Kandidatenorientierung als Merkmal der Konkordanzdemokratie und einer stärkeren Parteiorientierung als Kennzeichen der Konkurrenzdemokratie unterschieden. In der Regierungsphase verstärkt ein niedriger Grad der Parteipolitisierung eher die Dominanz des Ver-waltungschefs. Kommunale Konkurrenzdemokratie zeichnet sich demgegenüber durch eine starke Parteipolitisierung in allen Phasen aus, die mit einem im Vergleich zur Konkordanzdemokratie weniger einflussreichen Verwaltungschef einhergeht.

Tab. 2 Extremtypen repräsentativer Demokratie auf kommunaler Ebene

	Konkurrenzdemokratie	Konkordanzdemokratie
Nominierungsphase innerparteiliche Selektionskriterien	• Bewährung in der Partei-arbeit	• soziales Ansehen (bzw. zumindest keine starke Bewährung)
Wahlkampfphase Wahlkampfstrategie	• starke Parteiorientierung	• starke Kandidatenorientie-rung
Wahlphase Wahlverhalten	• starke Parteiorientierung; niedrige Stimmenanteile von Wählergemeinschaften	• starke Kandidatenorientie-rung; hohe Stimmenanteile von Wählergemeinschaften
Regierungsphase personelle Partei-politisierung von Rat, Bürgermeister und Verwaltung	• stark ausgeprägt	• schwach ausgeprägt
prozedurale Partei-politisierung	• hohe Verflechtung zwischen Mehrheitsfraktion und Verwaltung • Mehrheitsregel im Rat • geschlossenes Abstimmungs verhalten der Fraktionen	• geringe Verflechtung • Einstimmigkeitsregel im Rat • weniger geschlossenes Ab-stimmungsverhalten der Fraktionen
exekutive Führerschaft	• schwächer ausgeprägt	• stark ausgeprägt

Quelle: Holtkamp 2008

In der vergleichenden Regierungslehre hat sich vor allem Gerhard Lehmbruch mit Konkordanzdemokratien auf nationaler und lokaler Ebene auseinandergesetzt. Für die nationale Ebene hat er am Beispiel der Schweiz und Österreichs hervorgehoben, dass die hier faktisch bestehenden großen Koalitionen vor allem aus der Geschichte der beiden Länder zu erklären sind. Die mangelnde konfessionelle, ethnische oder ideologische Homogenität, insbesondere in Österreich, habe zur Ausbildung eines Proporzsystems geführt, in das die unterschiedlichen Gruppen eingebunden wurden, um massive Konflikte zu vermeiden (Lehmbruch 1967, S. 14f.). Konkordanzdemokratie kann damit als ein Elitenkartell gedeutet werden, in das alle wesentlichen Parteiakteure auch durch Ämterpatronage einbezogen sind und das durch diese Einbindung die „potentiell destabilisierende Fragmentierung der politischen Kultur" (Lehmbruch 1991, S. 313) zu überbrücken sucht. Dies setzt, wie das österreichische Beispiel verdeutlicht, eine starke parteipolitische Durchdringung der Gesellschaft voraus. Für Österreich war demnach die parteipolitische Konkordanz für die sich stark voneinander unterscheidenden Parteien ein wichtiger Integrationsmodus, weil die Mehrheitsregel dazu geführt hätte, dass sich eine der in sich ziemlich homogenen Gruppen („Lager") strukturell unterlegen gefühlt hätte und die Gefahr einer „Tyrannei der Mehrheit" bestanden hätte. Der Kompromiss zwischen den Lagern kommt dadurch zustande, dass Fraktionsführer durch die sehr stark ausgeprägte Fraktionsdisziplin stellvertretend mit einem hohen Verpflichtungspotenzial für ihre Fraktion verhandeln können und durch ihre pragmatische Orientierung insbesondere Tauschgeschäfte präferieren (Lehmbruch 1967, S. 28, 36).

Mitte der 70er Jahre zeichnete Lehmbruch ein Bild von kommunalen Konkordanzdemokratien (v. a. angelehnt an die Kommunalpolitik in Baden-Württemberg), das sich sehr deutlich von der Konkordanzdemokratie in Österreich und der Schweiz unterschied, ohne dass er die differierenden Modelle systematisch gegenüberstellte. Die Gemeinsamkeiten lagen vor allem darin, dass auch auf kommunaler Ebene einstimmige Beschlüsse überwiegen. Den geringen Parteienwettbewerb auf kommunaler Ebene führte Lehmbruch darauf zurück, dass in kleineren und mittleren Gemeinden relativ homogene Sozialstrukturen dominierten, die Bürger den Parteieneinfluss auf die Kommunalpolitik negativ beurteilten und die lokalen Parteien noch weitgehend auf der Stufe der Honoratiorenparteien verharrten. Konkordanzdemokratie ist auf kommunaler Ebene danach kein Elitenkartell mit starken Parteiorganisationen als Klammern zur Verhinderung von ethnischen, religiösen oder ideologischen Konflikten, sondern Ausdruck der Schwäche der Parteiorganisationen und der geringen gesellschaftlichen Verankerung der Parteien. Allenfalls dienen die konkordanten Muster auf kommunaler Ebene der Vermeidung von persönlichen Konflikten und können als „Rücksichtnahme auf die persönlichen Beziehungen, die man mit jedermann unterhält, und die oft genug verwandtschaftlicher Natur sind" (Lehmbruch 1975, S. 5) gedeutet werden. Holzschnittartig lassen sich die Unterschiede aus Lehmbruchs Schriften in der folgenden Abbildung darstellen (vgl. ausführlicher Holtkamp 2008).

Tab. 3 Parteien in der nationalen und lokalen Konkordanzdemokratie im Vergleich

	österreichische Konkordanzdemokratie	kommunale Konkordanzdemokratie
Konflikte	• Vermeidung von grundlegenden ideologischen Konflikten	• Vermeidung von persönlichen Konflikten
gesellschaftliche Verankerung der Parteien	• stark ausgeprägt	• schwächer ausgeprägt
Fraktionsdisziplin	• stark ausgeprägt	• schwächer ausgeprägt
Konfliktregelung	• durch Tausch	• durch gemeinsame „sachliche" Orientierungen bzw. durch dominanten Bürgermeister
Abstimmungskosten	• hoch	• geringer durch exekutive Führerschaft
Parteityp	• Massenpartei/ Allerweltspartei	• Honoratiorenpartei

Quelle: Holtkamp 2008

Wir orientieren uns im Folgenden an dem Modell der kommunalen Konkordanzdemokratie, weil sie mit der Schwäche der Parteien eine der wesentlichen Ursachen der kommunalen Konkordanzdemokratie erfasst (vgl. auch Geser 2011), während die Konkurrenzdemokratie als Konzept ähnlich auf Bundes- und Lokalebene angewendet werden kann.

An dem Konzept der kommunalen Konkordanzdemokratie lässt sich zwar anknüpfend an Lijphart kritisieren, dass so nur schwer alle föderalen Ebenen miteinander verglichen werden können und das Modell der Konsensusdemokratie einfacher messbar ist, insbesondere für quantitative Vergleiche (Freitag und Vatter 2008, S. 23; Freitag und Vatter 2010, S. 11), aber es bildet deutlich besser die kommunalen Entscheidungsstrukturen und die lokalen Spezifika empirisch ab.

Bei der Übertragung des Lijphartschen Modells[5] der Konsensusdemokratie auf die kommunale Ebene kommt es demgegenüber zu erheblichen Fehleinschätzungen der kommunalen Entscheidungsstrukturen. So wird beispielsweise erwartet, dass man in Anknüpfung an Lijphart die kommunale Konkordanzdemokratie „ohne großen Informationsverlust über die effektive Parteienanzahl" (Schniewind 2010, S. 167) erheben kann. Diese Vorstellung, dass die Konkordanzdemokratie gleichbedeutend mit vielen Parteien ist, wird dem differenzierten und historisch angelegten Konzept von Lehmbruch nicht gerecht. Zudem reicht ein Blick in die Wahlstatistik, um festzustellen, dass diese Hypothese empirisch nicht haltbar sein kann. Bekanntlich sind in kleineren und mittleren Gemeinden durchschnittlich wenige Parteien vertreten, weil das Parteiensystem sich hier mangels Mitgliedern und Kandidaten nicht stärker ausdifferenzieren kann. In Anknüpfung an das Lijphartsche Modell müsste also davon ausgegangen werden, dass aufgrund der niedrigen effektiven Parteienzahl in kleineren und mittleren Kommunen mit Konkurrenzdemokratie zu rechnen wäre. Das Gegenteil ist empirisch der Fall (vgl. bereits Lehmbruch 1975).

Ein weiterer Unterschied zu Lijphart liegt in der Nähe der Lehmbruchschen Konkordanzdemokratie zum historischen Institutionalismus. Lehmbruch betont, im Gegensatz zu der voluntaristischen Sichtweise von Lijphart, das Gewicht historisch gewachsener Traditionen und Lernprozesse (Lehmbruch 1987, 2012, S. 41ff.). Parteipolitische Konkordanz besteht danach aus gewachsenen Konfliktregulierungsnormen, die von „eigentümlichen kulturellen Voraussetzungen mit komplexen historischen Wurzeln" (Lehmbruch 1967, S. 58) abhängen. Diese werden zwar auch durch die rechtlichen Rahmenbedingungen mitgeformt, aber sie können nur schwer, beispielsweise durch Kommunalverfassungsreformen, intentional gesteuert werden, sondern die Persistenz konkordanz- oder konkurrenzdemokratischer Muster kann auch nach institutionellen Reformen anhalten. Das hat methodisch auch zur Folge, dass eine empirische Untersuchung dieser Muster immer auch (wenn auch nicht ausschließlich) in qualitativen Fallstudien erfolgen sollte und nicht vom Verfassungsrecht oder von einzelnen leicht zu erhebenden

---

5 Bereits Oscar W. Gabriel (1991) hat versucht, das Modell der Konsensdemokratie für die kommunale Ebene fruchtbar zu machen. Dabei wird deutlich, dass die Konsensdemokratie schon eine starke personelle Parteipolitisierung voraussetzt und damit von starken Parteien ausgeht, die sich aber durch eine niedrigere prozedurale Parteipolitisierung interfraktionell häufig einigen können. Das von Gabriel entwickelte Konzept der kommunalen Konsensdemokratie ist damit insgesamt zwischen den beiden hier skizzierten Extremtypen der Konkordanz- und Konkurrenzdemokratie einzuordnen, weil es einerseits eine stärkere parteienstaatliche Strukturierung voraussetzt, aber andererseits die prozedurale Parteipolitisierung durch Proporzregeln (also durch eine starke personelle Parteipolitisierung im Sinne von Wehling) einschränkt.

Merkmalen des Parteiensystems nahtlos auf die Entscheidungsmuster geschlossen werden kann. Aus dieser Perspektive sind dann auch Hypothesen, wie die von der einheitlichen Entparteipolitisierung durch die Einführung der Direktwahl von Bürgermeistern in allen Bundesländern (Wehling 2010), wenig plausibel und es ist eher wahrscheinlich, dass diese institutionelle Regeln auf tradierte, differente politische Kulturen treffen und damit eher unterschiedliche Akteurskonstellationen in den Bundesländern zu erwarten sind.

Zusammenfassend scheint uns das Konstrukt der kommunalen Konkordanz- bzw. Konkurrenzdemokratie am geeignetsten zu sein, die Variationen in den kommunalen Entscheidungsprozessen zwischen den Bundesländern theoretisch einzufangen. Im Folgenden wird, bezogen auf den Vergleich zwischen ost- und westdeutschen Kommunen, auf die wesentlichen unabhängigen Erklärungsfaktoren eingegangen: das institutionelle Arrangement der Kommunalverfassungen, lokale politisch-kulturelle Faktoren sowie die Gemeindegröße.

4   Der Einfluss der politischen Kultur

Lehmbruch hat den weiten Begriff der politischen Kultur[6] in Deutschland in die vergleichende Regierungslehre eingeführt (1967; 1987), um, wie bereits skizziert, zu verdeutlichen, dass es unterschiedliche tradierte demokratische Entwicklungspfade gibt. Mit ähnlicher umfassender Bedeutung und gleichzeitiger Betonung historischer Traditionen hat Hans-Georg Wehling den Begriff der regionalen politischen Kultur in der lokalen Politikforschung geprägt.

> „Eine regionale (ebenso wie eine lokale) politische Kultur ist Ausdruck und Ergebnis einer regionalen (bzw. lokalen) Sonderentwicklung, die nicht zuletzt also historisch bedingt ist (…) Der Geltungskreis einer regionalen (bzw. lokalen) politischen Kultur ist durch historische Grenzen abgesteckt, die einstmals den Interaktionsrahmen für die Bürger untereinander, den Rahmen für politische Beteiligung und vor allem auch den Rahmen für obrigkeits-staatliche Einwirkungen (über Gesetze, Verordnungen und den zugehörigen Sanktionsapparat) abgaben." (Wehling 1987: 261)

---

6   Unter dem Begriff „politischer Kultur" im engeren Sinne kann in der Tradition von Almond und Verba demgegenüber die Verteilung der Einstellungen der Bürger zur Gemeinde und insbesondere auch zu den Parteien verstanden werden (Gabriel 1994, S. 212), wie er in der vorliegenden Untersuchung allerdings nicht verwendet wird.

Wehling hat dieses Konzept vorwiegend dazu genutzt, um unterschiedliche kon-
kordanz- und konkurrenzdemokratische Muster in verschiedenen Landesteilen
Baden-Württembergs zu erklären (vgl. zuletzt Wehling 2012, S. 72f.; Witt 2012;
Klein 2014, S. 177f.).

In der Literatur wird häufig hervorgehoben, dass es auch zwischen der Kommunalpolitik in den alten und den neuen Bundesländern aufgrund der divergierenden
historischen Traditionen gravierende Unterschiede gibt. Für eine im Vergleich
zu den alten Bundesländern durchweg konkordantere Kommunalpolitik in den
ostdeutschen Ländern werden vor allem die folgenden Faktoren der politischen
Kultur angeführt (Neckel 1995; Berg et al. 1996; Pollach et al. 2000; Newiger-Addy
2002; Jesse 2011):

- Unter der Herrschaft der SED hat sich ein unpolitisches Modell entwickelt, das
  dem Ideal der „widerspruchsfreien Gemeinschaft" (Neckel 1995, S. 672) folgte,
  was auch noch nach der Wende fortwirkt. Diese Gemeinschaftsvorstellungen
  waren nicht nur eine propagandistische Formel, sondern wurden aktiv von
  größeren Teilen der DDR-Bevölkerung angenommen, auch weil dadurch Ni-
  schen für eine eher apolitische Alltagskultur entstanden bzw. legitimiert werden
  konnten (Wagner 2006, S. 111).
- Die altinstitutionellen, kommunalen Handlungsmuster, die zu DDR-Zeiten ein
  gemeinsames und geschlossenes Auftreten von Verwaltung und Vertretungs-
  körperschaft gegenüber der Öffentlichkeit beinhaltete, wurden fortgeführt.
- Es gibt persönliche Erfahrungen vieler Bürger, dass man Konflikte in DDR-Zeiten
  nur zum eigenen Nachteil offen austragen konnte, die eventuell im vereinigten
  Deutschland fortgeschrieben wurden.
- Es gibt ein sehr geringes Vertrauen in die Parteien aus den Erfahrungen der
  Vorwendezeit. Diese Schwäche der Parteien forciert tendenziell eher parteiübergreifende, gemeinsame Lösungen (Legner 2013, S. 105).
- Die gemeinsamen Erfahrungen an den runden Tischen der Wendezeit waren
  von einem großen Konsens auch unter den Parteien geprägt. Dieser bestand
  vor allem darin, die alten Herrschaftsverhältnisse friedlich abzulösen und die
  Herausforderungen des Aufbaus demokratischer Strukturen gemeinsam zu
  „meistern".
- Der von Anfang an bestehende Problemdruck auf dem Arbeitsmarkt nach
  der Wende führte dazu, dass für viele ostdeutsche Akteure vor allem die Out-
  put-Legitimität der Demokratie im Vordergrund stand und so eher gemeinsame
  Lösungen anstelle von „Parteienstreit" präferiert wurden.
- Dieser Problemdruck führte schließlich zu einer eindimensionalen Ausprägung
  des Parteiensystems in Ostdeutschland. Es ist fast ausschließlich die sozioöko-

nomische Konfliktlinie von Bedeutung, während sich die religiös-säkulare Konfliktlinie und der Konflikt zwischen materialistischen und postmaterialistischen Einstellungen kaum im Parteiensystem spiegelt (Schubert 2011, S. 42). Auch aus diesem Grund wird in Ostdeutschland von einem geringer ausgeprägten Parteienwettbewerb ausgegangen (Grabow 2000, S. 107f.), zumal den Grünen, die die wesentlichen Akteure der Parteipolitisierung der westdeutschen Kommunen in den 1980er Jahren stellten (Bogumil 2001; Holtkamp 2008), in Ostdeutschland nur eine marginale Bedeutung zukommt. Zudem sind die dominanten, sozialstaatlichen Präferenzen der Ostdeutschen weitgehend homogen, so dass sich auch die inhaltlichen Angebote der Parteien noch weiter annäherten (Schubert 2011, S. 42).

Viele Fallstudien und einzelne Länderstudien belegen, dass in ostdeutschen Kommunen eher die Konkordanzdemokratie dominiert (vgl. zu einzelnen Nachweisen Holtkamp 2008)[7], aber ein direkter empirischer Vergleich zwischen ost- und westdeutschen Kommunen wurde bisher kaum durchgeführt[8].

---

7 Lediglich Roland Biesten zeichnet schon kurz nach der Wende anhand der Städte Wittenberg, Plauen und Gotha ein anderes Bild der ostdeutschen Kommunalpolitik. So verweist er zwar auch auf eine geringe Fraktionsdisziplin und eine Abneigung gegen parteipolitische „Schaukämpfe" bei den Ratsmitgliedern. Dennoch aber seien „parteipolitische Denkschablonen im Bewusstsein der Akteure in Ostdeutschland bereits vorhanden" (Biesten 1996, S. 168). Im Vergleich zu anderen Studien in den neuen Bundesländern ist vor allem überraschend, dass Biesten anhand der Abstimmungsergebnisse in den Gemeinderäten feststellt, dass dort stärker mehrheitsdemokratische Entscheidungen anzutreffen seien als in westdeutschen Gemeinden. Er führt dies u. a. darauf zurück, dass die Fraktionsvorsitzenden der beiden großen Parteien in zwei Untersuchungsgemeinden kaum miteinander redeten (ebd., S. 257).

8 In Ost- und Westdeutschland vergleichenden Untersuchungen wird aber zumindest die vergleichsweise geringere Parteibindung und stark konkordante Orientierung der ostdeutschen Bürgermeister hervorgehoben. Einen intensiven Eindruck der Gemeinsamkeiten und Unterschiede der Bürgermeister in den neuen und den alten Bundesländern vermittelt insbesondere die Studie von Kathrin Hartmann. In detaillierten halbstandardisierten Interviews hat sie die Parteibindung und das Amtsverständnis von jeweils zehn hauptamtlichen Bürgermeistern in Sachsen und in Bayern ermittelt. Sie kommt zu dem Fazit, dass die Parteien in Bayern nicht nur für die Kandidatur und den Wahlkampf, sondern auch für das Selbstverständnis der Bürgermeister wichtiger sind als in Sachsen (Hartmann 2003, S. 80). Die bayerischen Bürgermeister verstehen sich darüber hinaus stärker als ihre sächsischen Kollegen als bewusst politisch gestaltende Kommunalpolitiker, während bei letzteren vor allem eine konsensuale, stark outputbezogene Selbstverwaltungskonzeption dominiert. Allerdings ist in den kleineren Kommunen das Verständnis der Bürgermeister in Sachsen und Bayern ähnlicher, was noch mal auf die Wichtigkeit des Faktors Gemeindegröße hinweist.

Ein erster Vergleich von Nominierungsprozessen in den neuen und alten Bundesländern wurde schon relativ früh von Hiltrud Naßmacher auf der Basis von halbstandardisierten Interviews in 50 Städten zwischen 10.000 und 110.000 Einwohnern in Baden-Württemberg, NRW, Schleswig-Holstein, Rheinland-Pfalz, Brandenburg und in Sachsen vorgelegt. Sie kommt für die alten Bundesländer zu dem Fazit, dass sich die Parteien lediglich in Baden-Württemberg in stärkerem Maße um nicht parteigebundene Kandidaten bemühen, was als typische Ausprägung konkordanzdemokratischer Muster gelten kann (Naßmacher 1997, S. 431f.). Für die neuen Bundesländer beschreibt sie durchweg ein ähnliches Nominierungsverhalten der Parteien wie in Süddeutschland. Diese Gemeinsamkeiten lassen sich jedoch auch mit dem ähnlichen Wahlrecht und Kommunalverfassungsrecht erklären.

In einer neueren, umfassenden Untersuchung der politischen Eliten in jeweils drei Kommunen in Sachsen-Anhalt und NRW wird deutlich, dass auch im Zeitverlauf konstant die personelle Parteipolitisierung in ostdeutschen Gemeinden signifikant niedriger als in NRW ist. Zudem ist hier auch die Fraktionsdisziplin deutlich weniger ausgeprägt als in den NRW-Kommunen (Jaeck et al 2013, S. 242). Allerdings ist auch hier zu konstatieren, dass der Einfluss der politischen Kultur überlagert wird vom Einfluss der Kommunalverfassungen:

> „Während in Nordrhein-Westfalen, mit starken konkurrenzdemokratischen Orientierungen, die Parteien und Fraktionen einen großen Einfluss auf die Mandatstätigkeit des einzelnen Ratsmitglieds besitzen, ist in Sachsen-Anhalt ein solcher Einfluss nicht festzustellen. Die Orientierung an der baden-württembergischen Kommunalverfassung hat von vornherein eine starke Positionierung von Parteien in der sachsen-anhaltischen Kommunalpolitik verhindert." (Pähle 2011)

Damit wird deutlich, dass der Einfluss der ostdeutschen politischen Kultur nur empirisch überzeugend erhoben werden kann, wenn mehrere Bundesländer in Ost- und Westdeutschland einbezogen werden, zwischen denen die Kommunalverfassungen systematisch variieren. Zwar wurden schon flächendeckende Ratsbefragungen in Deutschland durchgeführt, aber diese haben insbesondere in den neuen Bundesländern eine niedrige Rücklaufquote und zu wenig Befragte, um den Einfluss der ostdeutschen politischen Kultur und der Kommunalverfassungen multivariat sinnvoll analysieren zu können. So werden in einer aktuellen Studie zu Gemeinderatsmitgliedern in Deutschland die Werte für ostdeutsche Bundesländer aufgrund zu niedriger Fallzahlen schon nicht in der deskriptiven Statistik ausgewiesen (Krapp und Egner 2013, S. 74f.), so dass diese Untersuchung nur wenig über die Unterschiede zwischen West- und Ostdeutschland aussagt.

5   Der Einfluss der Kommunalverfassungen

Die Prägekraft der Kommunalverfassung ist in der lokalen Politikforschung umstritten. Die juristisch dominierte Kommunalwissenschaft und die Verwaltungspraxis unterstellen häufig eine hohe Prägekraft der institutionellen Arrangements und begrüßen den Trend in Richtung Süddeutsche Ratsverfassung, weil sie sich davon konkordanzdemokratische Konstellationen vor Ort versprechen (Banner 1982; Wehling 2010). Insbesondere Gerhard Banner hat das Argument stark gemacht, dass durch einen starken direktgewählten Bürgermeister der Parteienwettbewerb reduziert werden kann und dies wiederum dazu führe, dass der Haushaltsausgleich in diesen konkordanzdemokratischen Konstellationen besser erreicht werden kann. Dem stellte er als Negativbeispiel die damalige norddeutsche Ratsverfassung gegenüber, die tendenziell zu Akteurskonstellationen führe, die die Ausgaben im Parteienwettbewerb stetig erhöhen (Banner 1989).

Einige Politikwissenschaftler gingen demgegenüber traditionell in deutlicher Abgrenzung von Banners Thesen davon aus, dass die kommunalen Entscheidungsprozesse weitgehend unabhängig von den Kommunalverfassungen strukturiert sind (Naßmacher 1989; Naßmacher und Naßmacher 2007, S. 248). Beide Auffassungen stützen sich nicht auf eigene bundesländervergleichende empirische Untersuchungen, die den Einfluss mehrerer unabhängiger Variablen berücksichtigen, sondern fokussieren sich überwiegend auf narrative Beschreibungen aus einzelnen Bundesländern.

Folgt man dagegen wie Lehmbruch dem historischen Institutionalismus, wäre zu erwarten, dass Reformen der Kommunalverfassungen Akteurskonstellationen nachhaltig verändern können, wobei zugleich auch durch vergangene Verfassungen mitgeformte Akteurskonstellationen weiter wirken können und so erhebliche Eigendynamiken der institutionellen Reformen zu erwarten sind (vgl. allgemein Benz 2004). Dies entspricht auch dem von uns entwickelten Kommunalverfassungsindex, der die weiterhin bestehenden Unterschiede zwischen den Verfassungen im Quervergleich berücksichtigt und zugleich auch die vor der Wende bestehenden unterschiedlichen Kommunalverfassungstypen in den alten Bundesländern abbildet. Zwar werden nun in allen Kommunalverfassungen die Bürgermeister direkt gewählt, aber die Verteilung der Kompetenzen zwischen Bürgermeister und Stadtrat sowie das Wahlrecht variieren nach den Reformen weiterhin stark zwischen den Bundesländern. So sind die Bürgermeister in den Bundesländern mit vorheriger Magistratsverfassung und Norddeutscher Ratsverfassung weiterhin mit geringeren Kompetenzen im Vergleich zu Baden-Württemberg ausgestattet, was empirisch eher eine geringer ausgeprägte exekutive Führerschaft als Merkmal der Konkurrenzdemokratie erwarten lässt (Holtkamp 2008; vgl. zuletzt ähnlich Egner

Tab. 4 Der Kommunalverfassungsindex

	BW	Sa	SA	RP	TH	BY	BB	MV	SH	NI	SL	HE	NW
a. Wahlrecht	3	3	3	3	3	3	3	3	2	3	1	3	1
b. Nominierung Bürgermeister	3	2	2	2	2	1	2	2	2	2	2	2	2
c. Verbundene Wahl und Amtszeit des BM	3	3	3	3	2	1	3	3	3	1	3	2	1
d. Laufende Geschäfte	3	3	3	3	3	3	1	3	3	1	3	2	1
e. Geschäftskreis der Beigeordneten	2	2	3	2	2	3	3	2	2	3	1	1	1
f. Kollegiales Verwaltungsgremium	3	3	3	2	3	3	3	3	3	3	3	1	3
g. Vorsitz und Stimmrecht im Rat	3	3	2	3	3	3	2	1	1	2	2	1	3
Gesamtpunktzahl	20	19	19	18	18	17	17	17	16	15	15	12	12

Quelle: Holtkamp 2003 mit Ergänzungen

BW=Baden-Württemberg; Sa.=Sachsen; Bb.=Brandenburg; SA=Sachsen-Anhalt; Ns.=Niedersachsen; RP=Rheinland-Pfalz; Th.=Thüringen; Ba.=Bayern; MV= Mecklenburg-Vorpommern; SH=Schleswig-Holstein; Sl.=Saarland; He.= Hessen

a. 1=starre Listen; 2=Mischsystem, das nach Gemeindegröße variiert; 3=Kumulieren und Panaschieren.

b. 1=nur Parteien und Wählergruppen; 2=Parteien, Wählergruppen und Einzelbewerber; 3=nur Einzelbewerber.

c. 1=verbundene Wahl, Amtszeit Rat und Bürgermeister fünf bis sechs Jahre; 2=nicht verbundene Wahl, Amtszeit Bürgermeister fünf bis sechs Jahre; 3=nicht verbundene Wahl, Amtszeit Bürgermeister sieben und mehr Jahre.

d. 1=Vorbehalts- und Rückholrechte des Rates; 2=laufende Geschäfte auf kollektives Verwaltungsorgan übertragen (Hessen); 3=Bürgermeister allein.

e. 1=Geschäftskreise werden vom Rat allein bestimmt; 2=Bürgermeister legt Geschäftskreise mit Zustimmung des Rats oder im Einvernehmen mit dem Rat fest; 3=Bürgermeister legt die Geschäftskreise allein fest.

f. 1=Magistrat, kein Weisungsrecht des Bürgermeisters; 2=kollegiales Verwaltungsorgan mit geringen Kompetenzen, Bürgermeister mit beschränktem Weisungsrecht; 3=monokratischer Verwaltungsleiter mit unbegrenzten Weisungsrechten.

g. 1=Bürgermeister hat kein Stimmrecht im Rat, ein Ratsmitglied ist Vorsitzender des Rates; 2=Bürgermeister hat entweder Vorsitz oder Stimmrecht im Rat; 3=Bürgermeister hat Vorsitz und Stimmrecht im Rat.

2013, S. 237[9]). Weil wir den Begriff der Konkordanzdemokratie nicht nur auf die
Machtstruktur und die Regierungsphase beziehen, haben wir in unserem Kommunalverfassungsindex nicht nur die Kompetenzenvon Bürgermeistern im Vergleich
zum Stadtrat berücksichtigt, sondern auch Ausprägungen des Wahlrechts, die
bereits in den vorherigen Phasen der Nominierung, des Wahlkampfs und der Wahl
zu einer niedrigeren oder höheren personellen Parteipolitisierung führen können.

Eine geringe personelle Parteipolitisierung als Kennzeichen der Konkordanzdemokratie ist zu erwarten, wenn als Ratswahlrecht Kumulieren und Panaschieren gilt, der Bürgermeister nicht gleichzeitig mit dem Stadtrat gewählt wird
und Parteien offiziell keine Bürgermeisterkandidaten nominieren dürfen, wie
dies in Baden-Württemberg der Fall ist. Insgesamt erwarten wir, dass in den
Bundesländern mit einem hohen Wert auf dem Kommunalverfassungsindex
eher konkordanzdemokratische Akteurskonstellationen dominieren sowie bei
niedrigem Wert eher konkurrenzdemokratische Konstellationen wahrscheinlich
sind. Es zeigt sich, dass die Kommunalverfassungen in Ostdeutschland deutlich
in Richtung Konkordanzdemokratie weisen. Hier galt die Süddeutsche Ratsverfassung als uneingeschränktes Vorbild, wobei sich Brandenburg auch etwas an
der nordrhein-westfälischen Gemeindeordnung orientiert hat (Egner 2013, S.
237) und damit (neben Mecklenburg-Vorpommern) noch den niedrigsten Wert
der ostdeutschen Bundesländer auf dem Kommunalverfassungsindex verzeichnet.
Gerade in den neuen Bundesländern ist der konkordante Einfluss des Wahlrechts
nicht zu unterschätzen, weil es von Anfang an (in der Entstehungsphase des neuen
Parteiensystems) gute Wettbewerbsbedingungen für Wählergemeinschaften bot.
Personenorientiertes Wahlrecht und der Verzicht auf Sperrklauseln waren und
sind eine gute Ausgangslage für Wählergemeinschaften, während diese nach dem
zweiten Weltkrieg in den alten Bundesländern erhebliche Hürden und Sperrklauseln zu nehmen hatten.

6   Der Einfluss der Gemeindegröße

Die Gemeindegröße ist ein wesentlicher Erklärungsfaktor für kommunale Entscheidungsprozesse. Es ist vielfach belegt, dass Kommunalpolitik in Großstädten
deutlich weniger von bundespolitischen konkurrenzdemokratischen Mustern

---

9   Björn Egner verwendet einen noch weitaus differenzierteren Kommunalverfassungs-
    index, für den er allerdings empirisch keinen Einfluss auf die Machtkonstellationen
    nachweisen kann (Egner 2013, S. 246).

abweicht als in kleineren Gemeinden. Dass mit sinkender Gemeindegröße die Parteipolitisierung sinkt, wird in der Literatur mit folgenden Variablen erklärt.

Die kommunalrechtlichen Handlungsspielräume sind in kleinen Gemeinden, insbesondere über die unterschiedlich zugewiesenen Kompetenzen in den Gemeindeordnungen, deutlich kleiner als in größeren Städten (Wehling 1989, S. 204), so dass die inhaltliche Parteipolitisierung aufgrund mangelnder Handlungsspielräume in ihnen geringer ausgeprägt sein dürfte. Zweitens ist der Begriff der Nähe als Besonderheit der kommunalen Selbstverwaltung (Andersen 1998) und die aus dieser Nähe resultierende, stark personenbezogene Kommunikation, die die Vermittlungsfunktion von Parteien begrenzt, für kleinere Gemeinden typischer als für Großstädte (Geser 1999; Geser 2004; Wehling 1991). Zudem dürfte das Vermeiden grundsätzlicher Konflikte aufgrund dieser Nähe in kleinen Gemeinden ausgeprägter sein als in Großstädten. In kleinen Gemeinden treffen die Ratsmitglieder immer wieder auch in anderen gesellschaftlichen Rollen aufeinander (z. B. als Einzelhändler und Kunde), für die eine stärkere Konfliktorientierung im Gemeinderat schädlich sein könnte.

Auch die Bedingungen für eine eigenständige, stabile lokale Parteiorganisation sind aufgrund der höheren Anzahl von Parteimitgliedern und der bedingt besseren Finanzausstattung sowie der stärkeren lokalen Präsenz von Berufspolitikern (Kreisgeschäftsführer, Fraktionsgeschäftsführer, Landtagsabgeordnete etc.) in Großstädten deutlich günstiger (Naßmacher 1981, S. 21). Und schließlich müssen in kleineren Gemeinden im Verhältnis zur Einwohnerzahl deutlich mehr Ratsmandate besetzt werden. Dies kann zu erheblichen Rekrutierungsproblemen und damit zur Nominierung von Kandidaten mit geringer Parteibindung als „Notlösung" führen, denen dann in der Regierungsphase nur wenig glaubwürdig angedroht werden kann, dass sie bei Abweichungen von der Fraktion durch viele andere Interessierte ausgetauscht werden können.

Die Gemeindegröße hängt neben der räumlichen Mobilität und der Entwicklung der Geburten und Sterbefälle im entscheidenden Maß von der jeweiligen Landespolitik ab und variiert dementsprechend stark zwischen den Bundesländern.

Tab. 5   Durchschnittliche Gemeindegrößen in den Flächenländern

Land	Gemeinden insgesamt 31.03.2013	Bevölkerung am 31.12.2013	Durchschnittliche Gemeindegröße Gebietsstand: 31.03.2013
Baden-Württemberg	1.101	10.631.278	9.656
Bayern	2.056	12.604.244	6.130
Brandenburg	418	2.449.193	5.859
Hessen	426	6.045.425	14.191
Mecklenburg-Vorpommern	783	1.596.505	2.039
Niedersachsen	973	7.790.559	8.007
Nordrhein-Westfalen	396	17.571.856	44.373
Rheinland-Pfalz	2.305	3.994.366	1.733
Saarland	52	990.718	19.052
Sachsen	430	4.046.385	9.410
Sachsen-Anhalt	218	2.244.577	10.296
Schleswig-Holstein	1.110	2.815.955	2.537
Thüringen	878	2.160.840	2.461
Bundesrepublik	11.093	80.767.463	7.281
Alte Länder	8.419	62.444.401	7.417
Neue Länder	2.727	12.497.500	4.583

Quelle: eigene Darstellung und Berechnung; Daten: Gemeindeverzeichnis des Statistischen Bundesamtes (2015)

Während es bundesweit 11.093 Gemeinden (Stand 31.03. 2015) gibt, ist z. B. NRW nach dem Saarland das westdeutsche Flächenland mit der geringsten Anzahl an Gemeinden (396), da es hier im Unterschied zu den anderen Flächenländern seit der Gebietsreform in den 1970er-Jahren keine Gemeinden mit weniger als 2.000 Einwohnern und nur 3 Gemeinden mit weniger als 5.000 Einwohnern gibt. In den neuen Bundesländern wurden nach der deutschen Einheit auch Gebietsreformen durchgeführt, aber zunächst etwas zurückhaltender. Allerdings haben insbesondere Sachsen-Anhalt und Sachsen in den letzten Jahren vor dem Hintergrund des demografischen Wandels nochmals durch Funktional- und Gebietsreformen »nachjustiert«. Insgesamt haben die Gemeinden in Ostdeutschland durchschnittlich aber immer noch nur 63 Prozent der Einwohner im Vergleich zu Westdeutschland, so dass auch aufgrund der Gemeindegröße im Osten mit durchschnittlich konkordanteren Entscheidungsstrukturen zu rechnen ist. Die bisherigen Gebietsreformen haben hier nicht zu einer Stärkung der nationalen Parteien geführt (Kuhn und Vetter 2013, S. 113), wie es noch für die 1970er Jahre in den alten Bundesländern konstatiert wurde. Allerdings ist hierbei zu berücksichtigen, dass nicht wenige Kommunen trotz Gebietsreform in Ostdeutschland rapide geschrumpft sind und die kommunalen Entscheidungsträger gerade in ehemaligen Großstädten anfangs möglicherweise konkurrenzdemokratische „Ansprüche" entwickelt haben (Berg et al. 1996, S. 55), die trotz rapide sinkender Gemeindegröße pfadabhängig fortgeschrieben werden.

7   Hypothesen

Aus dem skizzierten Forschungsstand zu kommunalen Entscheidungsstrukturen in Ost- und Westdeutschland sowie zur Konkordanz und Konkurrenzdemokratie[10] lassen sich einige Hypothesen zum Zusammenhang der unabhängigen Variablen mit den Entscheidungsstrukturen ableiten.

In der kommunalen Konkordanzdemokratie treffen Akteure mit einer geringeren personellen Parteipolitisierung aufeinander (Sozialprofil). Im Rat wird kaum zwischen Opposition und Regierung unterschieden, die Fraktionsdisziplin ist aus Sicht der Ratsmitglieder geringer ausgeprägt, was als geringe prozedurale Parteipolitisierung bezeichnet wird, während der Bürgermeister als exekutiver Führer dominiert. In der Konkordanzdemokratie halten die Akteure zudem Parteipolitik in der kommunalen Selbstverwaltung eher für schädlich (konkordante Einstellungen) und die Varianz der politischen Prioritäten ist aufgrund der (möglicherweise) geringeren inhaltlichen Parteipolitisierung niedriger als in der Konkurrenzdemokratie bzw. die Parteidifferenz hat eine niedrigere Erklärungskraft für die Prioritäten. Es wird davon ausgegangen, dass diese Ausprägungen der abhängigen Variablen für Konkordanz und Konkurrenz mit den folgenden unabhängigen Variablen erklärt werden kann: Mit steigender Gemeindegröße, mit der räumlichen Lage im Westen und der damit verbundenen politischen Kultur sowie mit niedrigen Werten auf dem Kommunalverfassungsindex ist eher mit konkurrenzdemokratischen Mustern zu rechnen.

Zentrale Frage der quantitativen und qualitativen Untersuchung ist, ob sich nach der Kontrolle des Einflusses der Gemeindegröße und der Kommunalverfassung

---

10 Kommunale Konkordanz- bzw. Konkurrenzdemokratie wurde als abhängige Variable in den schriftlichen Befragungen in den Ausprägungen Sozialprofil, prozedurale Parteipolitisierung sowie exekutive Führerschaft, konkordante Einstellungen und Varianz der Prioritäten erfasst.

(inklusive des Kommunalwahlrechts) die Entscheidungsstrukturen zwischen Ost-
und Westdeutschland tatsächlich noch signifikant unterscheiden, was auf Einflüsse
einer variierenden politischen Kultur hindeuten würde, die bisher durchgängig in
der politikwissenschaftlichen Literatur unterstellt werden.

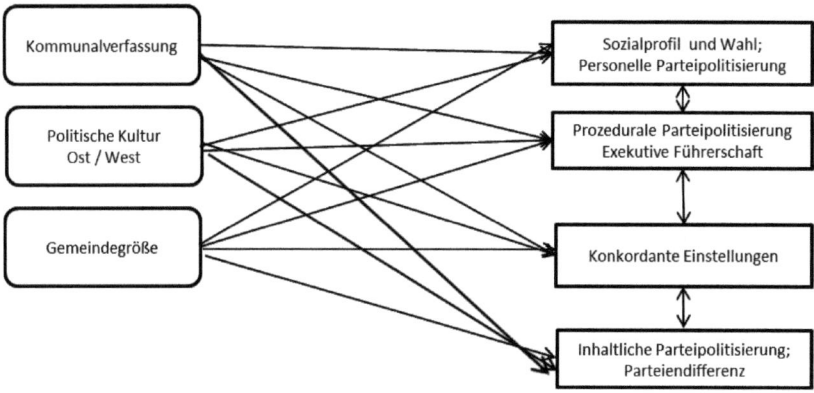

Abb. 1   Hypothesen zum Zusammenhang der Variablen

Quelle: eigene Darstellung

8   Untersuchungsdesign

Wie eingangs erwähnt, wurden in dem Forschungsprojekt kommunale Entscheidungsprozesse in zwei ostdeutschen und zwei westdeutschen Bundesländern
untersucht (Brandenburg, Sachsen, NRW, Baden-Württemberg). Die Auswahl
der Bundesländer folgte vor dem Hintergrund einer Varianz im Hinblick auf den
Kommunalverfassungsindex. Zudem wurde der Einfluss der Gemeindegröße kontrolliert. Damit kann nun der Einfluss der politischen Kultur auf die kommunalen
Entscheidungsstrukturen unter Kontrolle von Drittvariablen erfasst werden. Zurückgegriffen wird auf die repräsentative Befragung von 122 Kommunalvertretungen
sowie auf 16 Fallstudien. In Westdeutschland wurde nach diesen Auswahlkriterien
das klassische Pärchen NRW und Baden-Württemberg ausgewählt, während in
Ostdeutschland bei deutlich geringerer Varianz des Kommunalverfassungsindex
Sachsen und Brandenburg ausgewählt wurden.

Tab. 6   Vierfeldertafel zur Auswahl der Untersuchungsländer

	Ostdeutschland	Westdeutschland
Hoher Verfassungsindex	Sachsen	Baden-Württemberg
Niedrigerer Verfassungsindex	Brandenburg	NRW

Quelle: eigene Darstellung

Die Kommunen für die Fallstudien in den Bundesländern wurden danach ausgewählt, dass sie in ähnliche Gemeindegrößenklassen (weitgehend zwischen
20.000 und 100.000 Einwohner[11]) und ähnliche sozialstrukturelle Cluster fallen,
während in jedem Bundesland zwischen den vier ausgewählten Kommunen zwei
Faktoren bei den Akteurskonstellationen systematisch variiert wurden. Es wurden pro Bundesland jeweils zwei Kommunen mit Bürgermeistern mit und ohne
Verwaltungshintergrund selektiert, zwischen denen wiederum systematisch die
Bürgermeister-Ratsrelation variiert. Inwieweit diese kommunalspezifischen Konstellationen neben den landesspezifischen Konstellationen einen Einfluss auf die
Entscheidungsstrukturen haben, kann somit zusätzlich induktiv in den Fallstudien
untersucht werden. Die Unterschiede der abhängigen Variablen können dabei kausal
den Erklärungsvariablen zugeordnet werden, weil die untersuchten 16 Fälle alle
denkbaren Merkmalskombinationen der zu analysierenden unabhängigen Variablen
repräsentieren, während andere unabhängige Variablen, soweit möglich, konstant
gehalten wurden (vgl. Tab. 7).

In den Fallstudien wurden insgesamt mehr als 70 halbstandardisierte Interviews
geführt. Um die wesentliche Akteurskonstellationen zu erfassen, wurden in jeder
Untersuchungskommune mindestens Interviews mit Bürgermeister, Kämmerer,
Fraktionsvorsitzenden der größten Regierungs- und der größten Oppositionspartei
sowie eines Vertreters der Kommunalaufsicht angestrebt sowie Hintergrundge-
spräche mit Redakteuren der Lokalzeitung anvisiert.

---

11 Lediglich eine Untersuchungskommune hatte knapp mehr als 100.000 Einwohner und
    bei den Kommunen in Brandenburg konnte aufgrund der begrenzten Zahl größerer
    Kommunen in zwei Fällen der sozialstrukturelle Hintergrund nicht konstant gehalten
    werden.

Tab. 7 Ausgewählte deskriptive Statistiken zu den Untersuchungskommunen

Kommunalprofil			Einwohner			Finanzsituation (Euro je Einwohner)			Politische Konstellation (2008/09 – 14)			
									Bürgermeister		Ratspartei	
Stadt	Land	Cluster	Anzahl	Dichte	Entwicklung	Fundierte Schulden	Kassenkredite	Gewerbesteuer	Parteibuch	Hintergrund	Größte	Zweitgrößte
			2012	2012	2008–11	Ø 2010–12	Ø 2010–12	Ø 2006–10				
H	NRW	6	110.000	1.467	-2,7 %	715	5.275	428	SPD	Politik	CDU	SPD
E	NRW	7	74.000	2.061	-0,7 %	992	2.158	227	SPD	Verwaltung	SPD	CDU
G	NRW	6	84.000	959	-1,8 %	1.180	1.964	362	SPD	Politik	SPD	CDU
F	NRW	6	54.000	626	-2,7 %	466	873	386	SPD	Verwaltung	CDU	SPD
I	BW	6	25.000	457	-1,5 %	1.430	94	245	FDP	Politik	CDU	SPD
J	BW	6	24.000	341	-1,8 %	50	0	308	parteilos	Verwaltung	CDU	FW
K	BW	6	58.000	512	0,1 %	1.336	50	295	CDU	Verwaltung	CDU	SPD
L	BW	6	57.000	731	-0,5 %	430	0	748	CDU	Politik	CDU	SPD
D	BB	7	99.000	608	0,3 %	382	2.106	443	SPD	Politik	SPD	Linke
C	BB	9	26.000	378	-2,4 %	656	0	127	parteilos	Verwaltung	Linke	SPD
A	BB	9	27.000	432	-5,7 %	415	1.848	390	Die Linke	Politik	Die Linke	SPD
B	BB	9	31.000	152	-4,5 %	208	0	197	SPD	Verwaltung	SPD	Linke
M	SN	7	40.000	829	-0,8 %	340	0	920	parteilos	Verwaltung	CDU	Linke
N	SN	7	39.000	956	0,7 %	363	0	175	CDU	Politik	CDU	FW
O	SN	7	38.000	710	-1,0 %	346	0	304	FW	Politik	CDU	Linke
P	SN	7	24.000	761	1,6 %	549	0	211	SPD	Verwaltung	SPD	CDU

Quelle: eigene Darstellung und Berechnung nach Daten des Wegweiser Kommune

* Die Cluster sind von der Bertelsmann Stiftung entwickelte Demographietypen, die anhand verschiedener soziodemographischer Indikatoren sämtliche Kommunen Deutschlands mit mehr als 5.000 Einwohnern insgesamt neun Gruppen zuordnen. In diesem Sample sind Kommunen aus demographisch mittel bis schwer belasteten Clustern vertreten. Kommunen in Cluster 6 werden beschrieben als „Mittelgroße Kommunen geringer Dynamik im Umland von Zentren und im ländlichen Raum", in Cluster 7 als Urbane Zentren mit heterogener wirtschaftlicher und sozialer Dynamik" und in Cluster 9 als „Stark schrumpfende Kommunen mit besonderem Anpassungsdruck" (zur Methodik siehe Wegweiser Kommune 2014).

Die vergleichsweise umfangreiche schriftliche Befragung kommunaler Gemeindevertreter setzte sich im DFG-Projekt das Ziel, die lokalpolitische Perzeption der
kommunalen Entscheidungsstruktur in der quantitativen Analyse zu erheben.
Dabei wurden alle Dimensionen der kommunalen Konkordanz- und Konkurrenzdemokratie erhoben: die personelle, inhaltliche und prozedurale Parteipolitisierung
sowie die Ausprägung der exekutiven Führerschaft.
  Da eine vollumfängliche Befragung aus forschungspraktischen Gründen u. a.
aufgrund der über 11.000 Gemeinden in Deutschland nicht umsetzbar war und
die Aussagekraft der Ergebnisse möglichst hoch sein sollte, wurde sich für die
Befragung auf die Gemeindegrößenklasse 20.000–100.000 beschränkt. Zu dieser
Gruppe gehören deutschlandweit zum Zeitpunkt der Ziehung im Januar 2013 607
Kommunen und 320 Kommunen in den vier Untersuchungsländern. Von diesen
320 Gemeinden wurden insgesamt 120 Gemeinden durch eine einfache Stichpro-
benziehung zufällig ausgewählt.
  In den beiden bevölkerungsreichen westdeutschen Bundesländern wurde eine
Stichprobe von jeweils 40 Gemeinden gezogen. Bei den weniger dicht besiedelten
und urbanisierten ostdeutschen Ländern wurde mit der zufälligen Auswahl von
20 Gemeinden annähernd eine Vollerhebung ausgeführt, da beide Bundesländer
in dieser Gemeindegrößenklasse nur wenig mehr Gemeinden vorweisen.[12]

Tab. 8 Grundgesamt und Stichprobe in der standardisierten Befragung

	Grundgesamtheit	Stichprobe	Anteil Stichprobe an Grundgesamtheit
Baden-Württemberg	87	40	46 Prozent
Brandenburg	25	20 (+1)	80 Prozent
Nordrhein-Westfalen	179	40 (+1)	23 Prozent
Sachsen	21	20	95 Prozent

Stand 31.12.2012, Bevölkerungsfortschreibung nach neuem Zensus; die durchschnittliche
Gemeindegröße in der Grundgesamtheit liegt bei 38.497 Einwohnern (31.12.2012). Die der
Stichprobe liegt bei 38.540 und weist damit nur eine sehr geringfügige Abweichung auf.

---

12 Zusätzlich wurde jeweils eine Gemeinde aus Nordrhein-Westfalen und Brandenburg in
   das Sample aufgenommen, deren Einwohnerzahl bei knapp über 100.000 liegt, weil diese
   parallel eine Untersuchungskommune innerhalb der begleitenden Fallstudienforschung
   war.

Die Vorbereitungen zur Befragung begannen Ende 2012 mit der Konzeptionierung und Fertigstellung des Fragebogens. Anschließend wurde die Stichprobe gezogen. Im März 2013 wurden die vollständigen Namen aller Gemeindevertreter der gezogenen Gemeinden recherchiert (N=4.471). Da der Versand der Fragebögen Mitte Juni 2013 und damit etwa drei Monate nach der Namensrecherche startete, kam es zu einigen wenigen systematischen Ausfällen (z. B. durch Mandatswechsel oder Krankheit), wodurch nicht alle der 4.471 recherchierten Ratsmitglieder erreicht werden konnten.

Um die Kosten für den Versand und den Rechercheaufwand für die jeweiligen postalischen Anschriften der Ratsmitglieder nicht zu groß werden zu lassen, wurden die Fragebögen in Paketform an die örtlichen Ratsbüros bzw. den für Ratsangelegenheiten zuständigen Mitarbeiter oder Funktionsträger verschickt. Ein dem Paket beiliegendes Anschreiben war mit der Bitte versehen, die im Paket enthaltenen Fragebögen, an die Ratsmitglieder zusammen mit den persönlich adressierten Schreiben weiterzureichen. Eine ähnliche Vorgehensweise zu einer möglichst kostengünstigen Durchführung schriftlicher Befragungen findet sich bei der Studie von Egner et al. (2013).

Durch die besondere Form des Fragebogenversandes und aus pragmatischen und finanziellen Gründen wurde auf eine klassische Erinnerung zur Teilnahme an der Befragung verzichtet. Trotzdem wurde der Versuch unternommen, durch eine höfliche Form der Teilnahmeerinnerung die Umfrage in das Bewusstsein der Gemeindevertreter zu rufen. Hierfür wurden etwa 40 Ratsbüros mit der Bitte, in der kommenden Ratssitzung das Plenum an die Teilnahme an die Befragung zu erinnern, per E-Mail angeschrieben. Durch vereinzelte Kontakte mit den Ratsbüros im Nachklang dieser Bitte wurde deutlich, dass die Aufforderung zur Umfrageteilnahme in einem Teil der Kommunen tatsächlich erfolgte.

Wie bereits in ähnlicher Form bei Egner et al. (2013) nachzulesen ist, wurde die Erfahrung gemacht, dass beim paketgebundenen Versand der Fragebögen an die Ratsbüros, aus einzelnen Gemeinden, auch nach längerer Zeit, keine Rückläufer eintrafen. Bei einem Schnitt von über 30 Ratsmitgliedern pro Stadt ist es allerdings sehr unwahrscheinlich, dass sämtliche Adressaten keine Teilnahmebereitschaft zeigen. Für diese Fälle sind wir davon ausgegangen, dass es beim Versand und der Zustellung der Fragebögen zu Problemen gekommen ist. Aus diesem Grund wurden die Gemeindevertreter der Städte ohne Rückläufer (insgesamt fünf) ein zweites Mal angeschrieben, allerdings individuell an ihre persönliche oder geschäftliche Postadresse.

Zusätzlich wurden all jene Ratsmitglieder in den Städten ebenfalls auf diese Weise erinnert, in welcher die Rücklaufquote unter 20 Prozent und damit deutlich unterhalb des Durchschnitts lag. Die absolute Anzahl an Rückläufern lag in diesen Städten fast immer bei weniger als fünf Eingängen. Da es in einer der zufällig ausgewählten

Städte nur einen Monat nach der ersten Erhebungswelle zu einem Wechsel in der politisch-administrativen Spitze der Kommune kam, wurde auf eine Erinnerung der Ratsmitglieder dieser Stadt verzichtet, obwohl die Teilnahmebereitschaft gering war. Insgesamt wurden die Ratsmitglieder in zehn Städten erinnert (n=505).

Tab. 9   Zentrale Daten zur Erhebung und zum Rücklauf

Anzahl verschickter Fragebögen	4.471
, davon an Frauen	1.123
, davon an Mitglieder der CDU-Fraktion	1.309
, davon an Mitglieder der SPD-Fraktion	902
Anzahl eingegangener Fragebögen	1.842
, davon von Frauen	428
, davon von Mitgliedern der CDU-Fraktion	577
, davon von Mitgliedern der SPD-Fraktion	397
Anzahl gemeindescharf zurechenbarer Fragebögen	1.841
Rücklaufquote	
… brutto	41,2 %
… (Frauen)	38,1 %
… CDU-Fraktionsmitglieder	44,1 %
… SPD-Fraktionsmitglieder	44,0 %

Quelle: eigene Berechnung

Nach Abschluss der Erhebung im Oktober 2013 ergab sich eine Rücklaufquote von 41,2 Prozent. Im Vergleich zu ähnlichen vorangegangenen Untersuchungen (Egner et al. 2013) ist dies ein überdurchschnittlicher Wert, insbesondere wenn in Betracht gezogen wird, dass nur für etwa zehn Prozent der Gemeinden eine Erinnerungswelle gestartet wurde. Die Anzahl an eingegangen Fragebögen beträgt 1.842. Bei einem eingegangenen Fragebogen ist keine Rückführung auf die Gemeinde möglich. Die Nettoausschöpfung reduziert sich damit auf 1.841. Die Rückläufe verteilen sich zwar über die Bundesländer unterschiedlich, sind aber auf einem ähnlichen Niveau, so dass eine bundesländervergleichende Analyse realisierbar ist. Außerdem hält sich die Unter- und Überrepräsentation zwischen den Ländern im Rahmen. Im Datensatz sind Adressaten aus Nordrhein-Westfalen gegenüber ihrem eigentlichen Anteil in der Grundgesamtheit um 2,7 Prozent überrepräsentiert. Adressaten aus den anderen Ländern gemessen an ihrem eigentlichen Anteil sind dagegen leicht unterrepräsentiert.

Tab. 10   Verteilung der Rückläufer zwischen den Bundesländern

	Grund-gesamtheit	Rückläufer	Rücklauf-quote	Anteil d. Länder an der Grund-gesamtheit	Anteil der Länder an allen Antworten
Baden-Württemberg	1.330	541	40,7 %	29,7 %	29,4 %
Brandenburg	684	267	39,0 %	15,3 %	14,5 %
Nordrhein-Westfalen	1.849	811	45,1 %	41,4 %	44,1 %
Sachsen	586	222	37,9 %	13,1 %	12,1 %

Quelle: eigene Berechnung

Literatur

Banner, G. (1982). Zur politisch-administrativen Steuerung in der Kommune. *Archiv für Kommunalwissenschaften 29*, 26-46.

Banner, G. (1989). Kommunalverfassungen und Selbstverwaltungsleistungen. In D. Schimanke (Hrsg.), *Stadtdirektor oder Bürgermeister* (S. 37-61). Basel: Springer VS.

Benz, A. (2004). Institutionentheorie und Institutionenpolitik. In A. Benz, H. Siedentopf, K. P. Sommermann (Hrsg.), *Institutionenwandel in Regierung und Verwaltung* (S. 19-31), Berlin: Duncker & Humblot.

Berg, F., Nagelschmidt, M., & Wollmann, H. (1996). Kommunaler Institutionenwandel. Regionale Fallstudien zum ostdeutschen Transformationsprozeß. Opladen: Leske + Budrich.

Berkemeier, K.-H. (1972): Das kommunale Scheinparlament. Ausgeschaltet aus dem Entscheidungsprozeß. *Zeitschrift für Parlamentsfragen, 2*, 202-208.

Beyme, K. v. (2000). *Parteien im Wandel*. Opladen: Westdeutscher Verlag.

Beyme, K. v. (2011). Der Osten kann Vorreiter des Westens werden! In A. Lorenz (Hrsg.), *Ostdeutschland und die Sozialwissenschaften* (S. 43-57). Opladen: Verlag Barbara Budrich.

Biesten, R. (1996). Systemwandel und Gemeinde – Selbstverwaltung. Eine Untersuchung der kommunalen Macht- und Entscheidungsstrukturen in drei ostdeutschen Städten. Diss. Halle: o. V.

Bogumil, J. (2001). Modernisierung lokaler Politik. Kommunale Entscheidungsprozesse im Spannungsfeld zwischen Parteienwettbewerb, Verhandlungszwängen und Ökonomisierung. Baden-Baden: Nomos.

Bogumil, J. (Hrsg.) (2002). *Kommunale Entscheidungsprozesse im Wandel. Theoretische und empirische Analysen*. Opladen: Leske und Budrich.

Bogumil, J., & Heinelt, H. (Hrsg.). (2005). Bürgermeister in Deutschland. Politikwissenschaftliche Studien zu direkt gewählten Bürgermeistern. Wiesbaden: Springer VS.

Bogumil, J., & Holtkamp, L. (2013). *Kommunalpolitik und Kommunalverwaltung. Eine praxisorientierte Einführung*. Bonn: Bundeszentrale für politische Bildung.

Copus, C., & Erlingsson, G. (2012). Parties in Local Government – A Review. *Representation* 48, 235-247, Manchester, New York: Manchester University Press.

Czada, R. (2000). Konkordanz, Korporatismus und Politikverflechtung: Dimensionen der Verhandlungsdemokratie. In E. Holtmann, H. Voelzkow (Hrsg.), *Zwischen Wettbewerbs- und Verhandlungsdemokratie* (S. 23-49). Opladen: Westdeutscher Verlag.

Dalton, R. J., & Wattenberg, M. P. (Hrsg). (2000). *Parties without Partisans: Political Change in Advanced Industrial Democracies.* Oxford: Oxford University Press.

Dalton, R. J. (2002) Citizen Politics, Public Opinion and Political Parties in Advanced Western Democracies. Chatham: Cq Pr.

Decker, F., Best, V., & Knorr, D. (2014). *Rekrutierungswege moderner Volksparteien.* Resource document. http://library.fes.de/pdf-files/id/ipa/10651.pdf. Zugegriffen: 6. Juni 2015.

Egner, B. (2013). Do institutions matter? Der wahrgenommene Einfluss von Akteuren auf die Kommunalpolitik im Rahmen unterschiedlicher horizontaler Machtverteilung. In K. Harm, J. Aderhold (Hrsg.), *Die Subjektive Seite der Stadt* (S. 225-251). Wiesbaden: Springer VS.

Egner, B., Krapp, M.-C., & Heinelt, H. (2013). *Das deutsche Gemeinderatsmitglied.* Wiesbaden: Springer VS.

Ernst/Young (2013). Abschlussbericht: Forschungsprojekt Frauen in der Kommunalpolitik der neuen Länder. Resource document. http://frauen-macht-politik.de/fileadmin/eaf/Dokumente/Studie/abschlussbericht-forschungsprojekt-frauen-neue-laender.pdf. Zugegriffen: 11. Juli 2014.

Florack, M., Grunden, T., & Korte, K.-R. (2004). Lebendiger Ortsverband, politische Bildung und Partizipationsanreize. Voraussetzungen für erfolgreiche Rekrutierung und Aktivierung von Parteimitgliedern. In W. Kösters (Hrsg.), *Handbuch Erfolgreiche Kommunalpolitik* (Ergänzungslieferung Dezember 2004). Berlin: Raabe.

Freitag, M., & Vatter, A. (Hrsg.). (2008). Die Demokratien der deutschen Bundesländer. Politische Institutionen im Vergleich. Stuttgart: UTB.

Freitag, M., & Vatter, A. (Hrsg.). (2010). *Vergleichende subnationale Analysen für Deutschland.* Berlin: LIT.

Frey, R., & Naßmacher, K.-H. (1975). Parlamentarisierung der Kommunalpolitik? *Archiv für Kommunalwissenschaften 23*, 195-212.

Fürst, D. (1975). *Kommunale Entscheidungsprozesse: ein Beitrag zur Selektivität politisch-administrativer Prozesse.* Baden-Baden: Nomos.

Gabriel, O. W. (Hrsg.) (1983). *Bürgerbeteiligung und kommunale Demokratie.* München: Minerva Publikation.

Gabriel, O. W. (1991). Das lokale Parteiensystem zwischen Wettbewerbs- und Konsensdemokratie. In D. Oberndörfer, & K. Schmitt (Hrsg.), *Parteien und regionale politische Tradition in der Bundesrepublik Deutschland* (S. 371-396). Berlin: Duncker & Humblot.

Gabriel, O. W. (1994). Lokale Politische Kultur. In U. von Alemann, K. Loss, G. Vowe (Hrsg.), *Politik: Eine Einführung (Fachwissen für Journalisten) (S. 201-252).* Opladen: Westdeutscher Verlag.

Gabriel, O. W., & Voigt, R. (Hrsg.) (1994): *Kommunalwissenschaftliche Analysen.* Bochum: Brockmeyer.

Gehne, D. (2008). *Bürgermeisterwahlen in Nordrhein-Westfalen.* Wiesbaden: Springer VS.

Geißler, R. (2011). Kommunale Haushaltskonsolidierung – Einflussfaktoren lokaler Konsolidierungspolitik. Wiesbaden: VS Verlag.

Geser, H. (1999). The Local Party as an Object of Interdisciplinary Comparative Study. In M. Saiz, H. Geser (Hrsg.), *Local Parties in Political and Organizational Perspective* (S. 3-43), Oxford: Westview Press.

Geser, H. (2004). *Immer mehr Wettbewerb unter den lokalen Parteien?* Resource document. http://geser.net/par/ges_12.pdf. Zugegriffen: 9. Juni 2015.

Geser, H. (2011). *Parteipolitische Polarisierung in lokalen Parteiensystemen und kommunalen Exekutiven.* Resource document. http://www.geser.net/gem/t_hgeser17.pdf. Zugegriffen: 9. Juni 2014.

Grabow, K. (2000). Abschied von der Massenpartei – Die Entwicklung und Organisationsmuster von SPD und CDU seit der deutschen Vereinigung. Wiesbaden: Deutscher Universitätsverlag.

Grauhan, R.-R. (1970): Politische Verwaltung. Auswahl und Stellung der Oberbürgermeister als Verwaltungschefs deutscher Großstädte. Freiburg: Rombach

Häußermann, H. (1991). Lokale Politik und Zentralstaat. Ist auf kommunaler Ebene eine „alternative Politik" möglich? In H. Heinelt, & H. Wollmann, Hellmut (Hrsg.), *Brennpunkt Stadt. Stadtpolitik und lokale Politikforschung in den 80er und 90er Jahren* (S. 52-91). Basel: Birkhäuser Verlag.

Hartmann, K. (2003). Ist das nun Politik? Politikbegriff und Selbstverständnis von Bürgermeistern in Ost- und Westdeutschland. Wiesbaden: Hessische Landeszentrale für politische Bildung.

Holtkamp, L. (2000). Kommunale Haushaltspolitik in NRW. Haushaltslage, Konsolidierungspotentiale, Sparstrategien. Opladen: Leske + Budrich.

Holtkamp, L. (2003). Parteien in der Kommunalpolitik. Konkordanz- und Konkurrenzdemokratien im Bundesländervergleich. polis-Heft 58/03. Hagen: FernUniversität Hagen.

Holtkamp, L. (2006). Parteien und Bürgermeister in der repräsentativen Demokratie. Kommunale Konkordanz- und Konkurrenzdemokratie im Vergleich. *Politische Vierteljahresschrift 47,* 641-661.

Holtkamp, L. (2008). Kommunale Konkordanz- und Konkurrenzdemokratie. Parteien und Bürgermeister in der repräsentativen Demokratie. Wiesbaden: VS Verlag.

Holtkamp, L. (2009). Erneuerung der Parteien „von unten"? Zum Verhältnis von Lokalparteien und Kartellparteien. In U. Jun, O. Niedermayer, & E. Wiesendahl (Hrsg.), *Zukunft der Mitgliederpartei* (S. 229-248). Opladen: Verlag Barbara Budrich.

Holtkamp, L., & Eimer, T. (2006). Totgesagte leben länger... Kommunale Wählergemeinschaften in Westdeutschland. In U. Jun, H. Kreikenbom, & V. Neu (Hrsg.), *Kleine Parteien im Aufwind* (S. 249-276). Frankfurt: Campus Verlag.

Holtkamp, L., & Schnittke, S. (2010). Die Hälfte der Macht im Visier – Der Einfluss von Institutionen und Parteien auf die politische Repräsentation von Frauen. Berlin: Heinrich Böll Stiftung AKP.

Holtmann, E. (1992). Politisierung der Kommunalpolitik. *APuZ (B22-23),* 13-22.

Holtmann, E. (1998). Parteien in der lokalen Politik. In H. Wollmann, & R. Roth (Hrsg.), *Kommunalpolitik – Politisches Handeln in der Gemeinde* (S. 208-226). Opladen: Leske + Budrich Verlag.

Holtmann, E. (2013). Parteien auf der kommunalen Ebene. In O. Niedermayer (Hrsg.), *Handbuch Parteienforschung* (S. 791-815). Wiesbaden: Springer VS.

Holtmann, E. et al. (2012). „Die Anderen" – Parteifreie Akteure in der lokalen Risikogesellschaft. In H. Best, & E. Holtmann (Hrsg.), *Aufbruch der entsicherten Gesellschaft – Deutschland nach der Wiedervereinigung* (S. 151-171). Frankfurt: Campus Verlag.

Jaeck, T., Harm, K., & Aderhold, J. (2013). Einheit der Eliten? *Berliner Journal für Soziologie 23*, 229-256.

Katz, R. S., & Mair, P. (1995). Changing models of party organization and party democracy: the emergence of the cartel party. *Party Politics 1*, 5-28.

Kersting, N. (2002). Die Zukunft der Parteien in der Lokalpolitik. In: J. Bogumil (Hrsg.), *Kommunale Entscheidungsprozesse im Wandel* (S. 139-162). Opladen: Leske + Budrich Verlag.

Klein, A. (2014). *Bürgermeisterwahlen in Baden-Württemberg*, Stuttgart: Kohlhammer.

Klein, M., & Spier, T. (2011). Welche Zukunft hat das innerparteiliche Engagement der Bürger? In: T. Spier et al. (Hrsg.), *Parteimitglieder in Deutschland* (S. 203-213). Wiesbaden: Springer VS.

Kleinfeld, R. (1996): Kommunalpolitik. Eine problemorientierte Einführung. Opladen: Westdeutscher Verlag.

Knemeyer, F.-L. (1990). Erfahrungen mit der Süddeutschen Gemeindeverfassung. In: J. Ipsen (Hrsg.), *Kontinuität oder Reform – Die Gemeindeverfassung auf dem Prüfstand* (S. 37-55), Köln: Heymanns.

Knemeyer, F.-L., & Jahndel, K. (1991): *Parteien in der kommunalen Selbstverwaltung.* Stuttgart: Boorberg.

Köppl, S., Kranenpohl, U. (Hrsg). (2012). *Konkordanzdemokratie – Ein Demokratietyp der Vergangenheit?* Baden-Baden: Nomos.

Köser, H., & Caspers-Merk, M. (1987): Der Gemeinderat – Sozialprofil, Karrieremuster und Selbstbild von kommunalen Mandatsträgern in Baden-Württemberg. Freiburg: Unveröffentlicht.

Krapp, M.-C., & Egner, B. (2013). Parteien in der Kommunalpolitik. In: B. Egner, M.-C. Krapp, & H. Heinelt (Hrsg.), *Das deutsche Gemeinderatsmitglied* (S. 69-82), Wiesbaden: Springer VS.

Krapidel, A., Plassa, R., & Runberger, M. (2013). Organisationsidentitäten von kommunalen Wählergemeinschaften und Ortsparteien. In: K. Harm, J. Aderhold (Hrsg.), *Die Subjektive Seite der Stadt* (S. 377-404), Wiesbaden: Springer Fachmedien.

Kuhlmann, S. (2009). *Politik- und Verwaltungsreform in Kontinentaleuropa. Subnationaler Institutionenwandel im deutsch-französischen Vergleich.* Baden-Baden: Nomos-Verlag.

Kuhlmann, S. & Wollmann, H. (2013). *Verwaltung und Verwaltungsreformen in Europa: Einführung in die vergleichende Verwaltungswissenschaft.* Wiesbaden: Springer VS.

Kuhn, S., & Vetter, A. (2013). Die Zukunft der nationalen Parteien vor Ort. In: O. Niedermayer et al. (Hrsg.), *Abkehr von den Parteien?* (S. 93-123). Wiesbaden: Springer VS.

Langguth, G. (2003). Das Verhältnis von Parteien und zivilgesellschaftlichen Organisationen. In: Enquete-Kommision „Zukunft des Bürgerschaftlichen Engagements" (Hrsg.), *Bürgerschaftliches Engagement in Parteien und Bewegungen* (S. 177-190), Opladen: Springer VS.

Leggewie, C. (2011). *Mut statt Wut – Aufbruch in eine neue Demokratie*, Hamburg: edition Körber-Stiftung.

Legner, J. (2013). Politik im Nirgendwo – Parteipolitik in Ostdeutschland. In H. Burmester, & I. Pfaff (Hrsg.), *Politik mit Zukunft – Politik als Beruf* (S. 105-115). Wiesbaden: Springer VS.

Lehmbruch, G. (1967). Proporzdemokratie – Politisches System und politische Kultur in der Schweiz und in Österreich. Tübingen: J. C. B. Mohr Siebeck.

Lehmbruch, G. (1975). Der Januskopf der Ortsparteien. Kommunalpolitik und das lokale Parteiensystem. *Der Bürger im Staat 25*, 3-8.

Lehmbruch, G. (1987). Proporzdemokratie nach zwanzig Jahren: Überlegungen zur Theoriebildung in der komparatistischen Forschung über politische Strategien in der Schweiz und in Österreich. Resource document. Referat für den DVPW-Arbeitskreis „Politische Kulturforschung, Tutzing, 16.-18. Februar 1987. http://www.researchgate.net/profile/ Gerhard_Lehmbruch/publication/257652765_Proporzdemokratie_nach_zwanzig_Jahren_berlegungen_zur_Theoriebildung_in_der_komparatistischen_Forschung_ber_politische_Strategien_in_der_Schweiz_und_in_sterreich/links/00b7d5259a7eb3ecfd000000. pdf. Zugegriffen: 9. Juni 2015.

Lehmbruch, G. (1991). Konkordanzdemokratie. In D. Nohlen (Hrsg.), *Wörterbuch Staat und Politik* (S. 311-316), München: Piper.

Lehmbruch, G. (2012). Die Entwicklung der vergleichenden Politikforschung und die Entdeckung der Konkordanzdemokratie. In S. Köppl, & U. Kranenpohl (Hrsg.), *Konkordanzdemokratie – Ein Demokratietyp der Vergangenheit?* (S. 33-54). Baden-Baden: Nomos.

Mair, P., & van Biezen, I. (2001). Party membership in twenty european democracies, 1980-2000. *Party Politics 2001(1)*, 5-21.

Maier, J., & Schmitt, K. (2008). Kommunales Führungspersonal im Umbruch – Austausch, Rekrutierung und Orientierung in Thüringen. Wiesbaden: Springer VS.

Merkel, W., & Petring, A. (2011). *Demokratie in Deutschland 2011 – Partizipation und Inklusion.* Resource document. http://www.demokratie-deutschland-2011.de/common/ pdf/Partizipation_und_Inklusion.pdf. Zugegriffen: 30. Juni 2014.

Mielke, G. (2003). Parteien zwischen Kampagnenfähigkeit und bürgerschaftlichem Engagement. In: Enquete-Kommission „Zukunft des Bürgerschaftlichen Engagements" (Hrsg.), *Bürgerschaftliches Engagement in Parteien und Bewegungen* (S. 157-166). Opladen: Springer VS.

Mielke, G. (2005). „I'll get by with a little help from my friends" – Zum Verhältnis von Parteien und bürgerschaftlichem Engagement. In D. Dettling (Hrsg.), *Parteien in der Bürgergesellschaft – Zum Verhältnis von Macht und Beteiligung* (S. 117-130). Wiesbaden: Springer VS.

Naßmacher, H. (1989). Kommunale Entscheidungsstrukturen. In: D. Schimanke (Hrsg.), *Stadtdirektor oder Bürgermeister* (S. 62-83). Basel: Springer VS.

Naßmacher, H. (1997). Parteien und Wählergruppen in der Kommunalpolitik. In O. W. Gabriel, O. Niedermayer, & R. Stöss (Hrsg.), *Parteiendemokratie in Deutschland* (S. 427-442). Bonn: Bundeszentrale fur Politische Bildung.

Naßmacher, K.-H. (1981). Parteien in der Lokalpolitik – Strukturen, Funktionen, Defizite. In *Sozialwissenschaftliche Informationen für Unterricht und Studium 10*, 19-25.

Naßmacher, H., & Naßmacher, K.-H. (2007). *Kommunalpolitik in Deutschland.* Wiesbaden: Springer VS.

Neckel, S. (1995). Die ostdeutsche Doxa der Demokratie. *Kölner Zeitschrift für Soziologie und Sozialpsychologie 47*, 658-680.

Newiger-Addy, G. (2002). Politik und Verwaltung in brandenburgischen Kommunen. Berlin: Weißensee-Verlag.

Niedermayer, O. (2013). *Parteimitglieder in Deutschland: Version 2013*, Resource Document. http://www.diss.fu-berlin.de/docs/servlets/MCRFileNodeServlet/FUDOCS_derivate_000000002602/ahosz20.pdf Zugegriffen: 9. Juni 2015

Olk, T. / Gensicke, T. (2013). Stand und Entwicklung des bürgerschaftlichen Engagements in Ostdeutschland. Studie im Auftrag des Bundesministeriums des Inneren; https:// www.beauftragte-neue-laender.de/BNL/Redaktion/DE/Downloads/Publikationen/ buergerschaftliches_engagement_ostdeutschland.pdf?__blob=publicationFile&v=6 Zugegriffen: 13.6.14

Pähle, K. (2011). Kommunale Mandatsträger in der Herausforderung von Bürgerideal *und Mandatspraxis*. Hamburg: Dr. Kovac Verlag.

Patzelt, W. J. (2008). Politische Kultur und innere Freiheit – Eine Bilanz der Wiedervereinigung. In: E. Jesse, & E. Sandschneider (Hrsg.), *Neues Deutschland – Eine Bilanz der deutschen Wiedervereinigung* (S. 27-54). Baden-Baden: Nomos.

Pollach, G., Wischermann, J., & Zeuner, B. (2000). Ein nachhaltig anderes Parteiensystem – Profile und Beziehungen von Parteien in ostdeutschen Kommunen. Opladen: Leske + Budrich Verlag.

Roth, R. (2001). Besonderheiten des bürgerschaftlichen Engagements in den neuen Bundesländern. *APuZ (B39-40)*, 15-22.

Schmitt, K., & Wolff, J. (2011). *Politische Kultur im Freistaat Thüringen, Ergebnisse des Thüringer-Monitorings*. Resource document. Jena: https://www.thueringen.de/mam/th1/tsk/thuringen-monitor_2014.pdf. Zugegriffen: 9. Juni 2015

Schneider, C. (2013). Regionale Unterschiede der politischen Kultur in Deutschland und Europa. Frankfurt: Peter Lang.

Schniewind, A. (2010). Kommunale Parteiensysteme zwischen Mehrheits- und Verhandlungsdemokratie. Ein Vergleich der Kreise und kreisfreien Städte Deutschlands. In M. Freitag, A. Vatter (Hrsg.), *Vergleichende subnationale Analysen für Deutschland* (S. 131-176), Berlin: LIT.

Schoon, S. (2007). Das Parteiensystem in Ostdeutschland. *Forschungsjournal NSB 2007(4)*, 37-46.

Schubert, T. (2011). *Wahlkampf in Sachsen*. Wiesbaden: VS Verlag für Sozialwissenschaften.

Simon, K. (1988). Repräsentative Demokratie in großen Städten. Sankt-Augustin: Knoth.

Statistisches Bundesamt (2015): *Gemeindeverzeichnis*. Wiesbaden: o. V..

Thumfart, A. (2001). *Bürgerschaftliches Engagement in den Kommunen – Erfahrungen aus Ostdeutschland*. Resource document. http://library.fes.de/pdf-files/stabsabteilung/01926.pdf. Zugegriffen: 9. Juni 2014.

Timm-Arnold, K.-P. (2010). Bürgermeister und Parteien in der kommunalen Haushaltspolitik. Wiesbaden: Springer VS.

Vetter, A., & Kuhn, S. (2013). (Nationale) Parteien in der lokalen Politik: Wandel oder Krise. In M. Haus, S. Kuhlmann (Hrsg.), *Lokale Politik und Verwaltung im Zeichen der Krise?* (S. 28-46). Wiesbaden: Springer VS.

Wagner, W. (2006). *Kulturschock Deutschland – revisited*. Hamburg: Europäische Verlagsanstalt.

Waschkuhn, A., & Thumfart, A. (1999). *Politik in Ostdeutschland*. München: Oldenbourg Verlag.

Wegweiser Kommune (2014): *Gemeindetypisierung – Wegweiser Kommune. Methodisches Vorgehen und empirische Befunde*. Resource document. http://www.wegweiser-kommune.de/documents/10184/10615/Methodik_Clusterung.pdf/05a1b137-7dbf-4bf4-828d-9a097a4f3805. Zugegriffen: 9. Juni 2015.

Wehling, H.-G. (1987). Die Bedeutung regionaler politischer Kulturforschung. In D. Berg-Schlosser, & J. Schissler (Hrsg.), *Politische Kultur in Deutschland, PVS-Sonderheft 18*, 259-266.

Wehling, H.-G. (1989). Kommunalpolitik und Regierungslehre. In: G. Wewer (Hrsg.), Regierungssystem und Regierungslehre (S. 193-206.), Opladen: Westdeutscher Verlag,

Wehling, H.-G. (1991). ‚Parteipolitisierung' von lokaler Politik und Verwaltung? Zur Rolle der Parteien in der Kommunalpolitik. In H. Heinelt, & H. Wollmann, Hellmut (Hrsg.),

Brennpunkt Stadt – Lokale Politikforschung in den 80er und 90er Jahren: Zwischenbilanz und Perspektiven (S. 149-166). Basel: Birkhäuser Verlag.

Wehling, H.-G. (2010). Rat und Bürgermeister in der deutschen Kommunalpolitik. Ein Rückblick auf Reformprozesse. In A. Kost, & H.-G. Wehling (Hrsg.), *Kommunalpolitik in den deutschen Ländern* (S. 351-366). Wiesbaden: VS Verlag für Sozialwissenschaften.

Wehling, H.-G. (2012). Bürgermeister. In B. Remmert, & H.-G. Wehling (Hrsg.), *Die Zukunft der kommunalen Selbstverwaltung* (S. 61-77). Stuttgart: Kohlhammer.

Winkler-Haupt, U. (1988). *Gemeindeordnung und Politikfolgen.* München: Minerva-Publ.

Witt, P. (2012). Position und Situation der Gemeinderäte in Baden-Württemberg. In B. Remmert, & H.-G. Wehling (Hrsg.), *Die Zukunft der kommunalen Selbstverwaltung* (S. 90-116). Stuttgart: Kohlhammer.

Zapf, W. (1991). Modernisierung und Modernisierungstheorien. In W. Zapf (Hrsg.), *Die Modernisierung moderner Gesellschaften* (S. 23-39). Frankfurt, New York: Campus Verlag.

Zeuner, B. (2003): Besonderheiten des politischen Engagements in Ostdeutschland. In Enquete-Kommission „Zukunft des Bürgerschaftlichen Engagements" (Hrsg.), *Bürgerschaftliches Engagement in Parteien und Bewegungen* (S. 167-176). Opladen: VS Verlag für Sozialwissenschaften.

Quantitative Analyse der Entscheidungsstrukturen im Ost –Westvergleich

Lars Holtkamp, Jörg Bogumil und Marc Seuberlich

1 Einleitung

Im Folgenden werden die Ergebnisse der Ratsbefragung mit Fokus auf die unterschiedlichen Formen der Parteipolitisierung und der exekutiven Führerschaft präsentiert. Im Mittelpunkt der Analyse wird die Frage stehen, ob die Kommunen sich hinsichtlich des Grades der Parteipolitisierung unterscheiden und ob dies möglicherweise auf die variierenden Formen der Konkordanz- und Konkurrenzdemokratie, auf die Gemeindegröße, den Kommunalverfassungsindex oder die politische Kultur in Ost- und Westdeutschland zurückgeführt werden können. Durch die Auswahl der Kommunen zwischen 20.000 und 100.000 Einwohner ist zu erwarten, dass die Gemeindegröße nicht einen so starken Einfluss nehmen kann, als wenn man auch deutlich größere oder kleinere Kommunen einbezogen hätte. Insgesamt werden in der quantitativen Analyse lediglich die exogenen Variablen betrachtet, während endogene Variablen für die beiden Demokratieformen, wie z. B. der Politik- und Verwaltungshintergrund der Bürgermeister, den Fallstudienanalyen vorbehalten bleiben. Ziel der quantitativen Analyse ist es somit nicht, die Konkordanz- und Konkurrenzdemokratie möglichst umfassend zu erklären, sondern die aus Theorie und empirischem Forschungsstand abgeleiteten Hypothesen zu den exogenen Variablen auf Signifikanz zu testen.[1]

Die im letzten Kapitel formulierten Hypothesen gelten als bestätigt, wenn, wie üblich, eine Irrtumswahrscheinlichkeit von 5 Prozent unterschritten wird. Man spricht also von einer signifikanten Beziehung und damit einer bestätigten Hypo-

---

1 Hierfür wurden die einzelnen Fragebogenitems als abhängige Variable in einer multiple Regressionsanalyse verwendet. Die unabhängigen Variablen waren konstant die gleichen: Der Kommunalverfassungsindex von 2003 und die Gemeindegröße von 2012 sind metrisch skalierte Variablen, der Ost-West-Dummy ist dichotom skaliert.

these, wenn die Signifikanz unter 0,05 liegt. Eine hoch signifikante Beziehung liegt vor bei einer Signifikanz von unter 0,01. Angelehnt an andere Regressionsanalysen in der lokalen Politikforschung (Kunz 1998; 2000) ist von einem starken Einfluss einer unabhängigen Variable auf die abhängige die Rede, wenn der standardisierte Regressionskoeffizient Beta den Wert von 0,20 überschreitet. Das adjustierte oder korrigierte R-Quadrat (R^2) ist ein Maß der Varianzaufklärung. Je höher dieser Wert, desto größer ist der Anteil der Varianz, welche durch die Regressionsgleichung erklärt wird. Höhere Werte sprechen für eine höhere Varianzaufklärung.

Im Folgenden werden die Items einzeln betrachtet. Zunächst erfolgt eine visuelle Darstellung des individuellen Antwortverhaltens der Befragten im Bundesländervergleich. Im Anschluss daran erfolgt eine Vorstellung der Ergebnisse der multivariaten Analyse. Für diese wurden allerdings nicht die Individualdaten der Befragten wie in der deskriptiven Darstellung, sondern der Mittelwert auf der Gemeindeebene als abhängige Variable genommen. Hierfür wurde für jede der 122 Gemeinden und für jedes Fragebogenitem der Mittelwert vom Antwortverhalten der jeweiligen Ratsmitglieder berechnet. Dies ist dem Umstand geschuldet, dass es aufgrund unterschiedlicher Rücklaufquoten zu Über- und Unterrepräsentationen einzelner Gemeinden kommt und damit verzerrende Effekte bei einer multivariaten Analyse auf Basis der Individualdaten auftreten können. Außerdem besitzen sehr große Datensätze, und dieser gehört mit mehr als 1.800 Fällen dazu, die Neigung, sehr frühzeitig signifikante Ergebnisse zu produzieren, weil die Chance auf signifikante Ergebnisse mit der Größe des Datensatzes ansteigt.

2   Personelle Parteipolitisierung

Die personelle Parteipolitisierung wird häufig durch den Anteil der Wählergemeinschaften gemessen, die in der Regel eine größere Distanz zu den Parteien aufweisen (Holtkamp und Eimer 2006). In unserer Ratsbefragung ergaben sich erhebliche Unterschiede zwischen den Bundesländern, welchen Anteil die Wählergemeinschaften an allen Parteien in den Gemeinderäten der 122 Untersuchungskommunen besitzen. In Abbildung 1 ist zu sehen, dass in NRW die Wählergemeinschaften den kleinsten und in Baden-Württemberg den größten Anteil stellen.

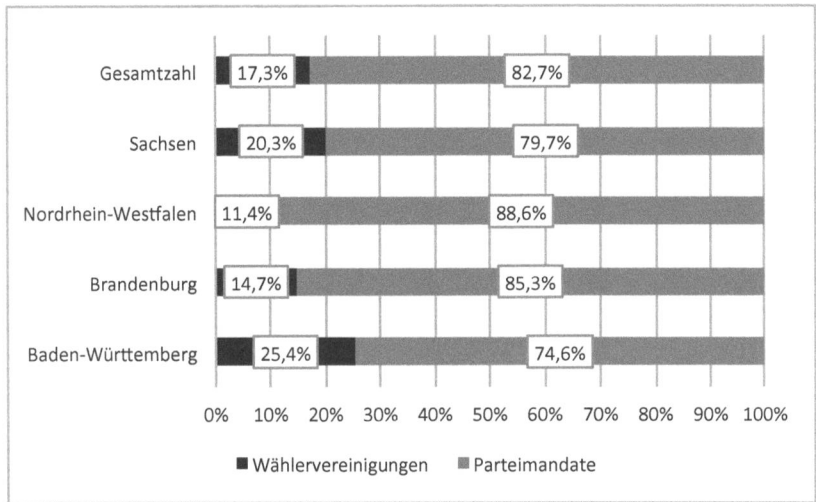

Abb. 1 Ratsanteil der Wählergemeinschaften in den 122 Untersuchungskommunen der vier Bundesländer

Quelle: Eigene Darstellung und Berechnung; Projektdatensatz „Ratsbefragung"

Abbildung 2 zeigt die Stimmenanteile der Wählervereinigungen in den 122 Gemeinderäten anhand von Boxplots[2] in den vier Bundesländern. Die Spannweite der Mandatsanteile der Wählervereinigungen sind überall sehr groß. In jedem Bundesland gibt es zumindest einen Gemeinderat, in denen die Wählervereinigungen mindestens 30 Prozent erreichen. Auch in Nordrhein-Westfalen sind Kommunen im Untersuchungssample, in denen rund 35 Prozent der Ratsmandate auf Wählervereinigungen entfallen. Allerdings sind in NRW die meisten Wählervereinigungen sehr klein, was der niedrige Median (10 %) zeigt. Schließlich verbergen sich unter dem Anteil der Wählervereinigungen nicht nur eine einzelne Gruppierung, sondern häufig auch mehrere. In Baden-Württemberg dagegen ist in keiner der 40 Städte im Sample keine Wählervereinigung vertreten, wie dies in den übrigen Ländern der Fall ist. In Baden-Württemberg gibt es auch mehrere Ausreißer nach oben,

---

2 Ein Box-Plot ist Methode zur Visualisierung von Merkmalsverteilungen bestimmter Gruppen und gibt einen guten Überblick darüber, wie sich die Daten über einen bestimmten Bereich verteilen. In der „Box" liegen die mittleren 50 Prozent der Daten. Die in der Box eingezeichnete Querlinie stellt den Median dar. Die Werte, die außerhalb der ober- und unterhalb herausragenden Antennen als Punkte dargestellt sind, werden als Ausreißer bezeichnet.

d. h. Räte, in denen die Wählvereinigungen als Ausreißer mehr als 50 Prozent der Mandate für sich einvernehmen.

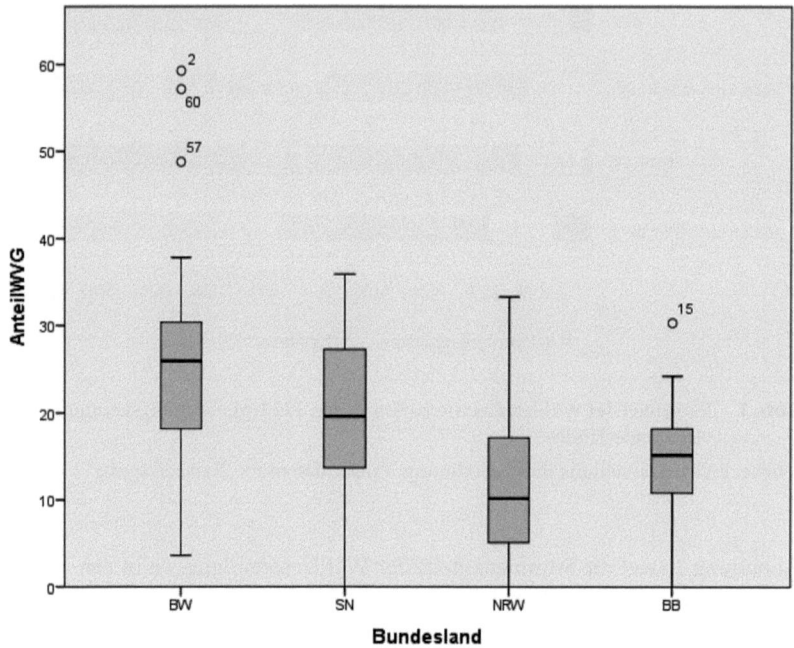

Abb. 2 Boxplot der Anteile der Wählervereinigungen im Bundesländervergleich
Quelle: Eigene Darstellung und Berechnung; Projektdatensatz „Ratsbefragung"

In der multivariaten Analyse zeigt sich, bei insgesamt mäßig erklärter Varianz (28, 4 %) durch das Gesamtmodell, ein hochsignifikanter Einfluss des Kommunalverfassungsindex, der auch das für Wählergemeinschaften positive, personenorientierte Wahlrecht enthält. Je höher der Wert auf dem Kommunalverfassungsindex (der dann auch eher konkordanzdemokratische Entscheidungsstrukturen erwarten lässt), desto höher fällt auch der Ratsanteil der Wählergemeinschaften aus. Auch für die politische Kultur in Ost- und Westdeutschland ist ein knapp signifikanter Zusammenhang zu konstatieren. In Ostdeutschland sind die Wählergemeinschaften signifikant stärker vertreten, was bei Berücksichtigung des Einflusses der Gemeindegröße und des Kommunalverfassungstyps als schwacher Einfluss der politischen Kultur eingeordnet werden kann.

Tab. 1 Multiple Regression zum Anteil der Wählervereinigungen[3]

	Modell[4]
Einwohnerzahl 2012	-,146 (-1,780)
Kommunalverfassung 2003	,508 (6,388)***
Ost-West-Dummy	-,192 (-2,373)*
Adj. R^2	0,284
N	122
Abhängige Variable	Anteil Wählervereinigungen

* p<0,05, ** p<0,01, *** p<0,001

Die personelle Parteipolitisierung kann man auch dadurch erfassen, dass man die Ratsmitglieder nach der Motivation für ihre Kandidatur fragt und als eine Antwortmöglichkeit die Umsetzung des Parteiprogramms angibt. Abbildung 2 zeigt, dass die Ratsmitglieder in NRW und Brandenburg diesem Item als Indikator für Konkurrenzdemokratie eher zustimmen, wie es nach dem Kommunalverfassungsindex zu erwarten war.

---

3 In dieser und den folgenden Regressionstabellen gilt: Die Werte sind die standardisierten Regressionskoeffizienten, weil das Skalenniveau der Variablen unterschiedlich ist. In Klammern steht die t-Statistik. In keiner der Regressionsberechnungen liegt Multikollinearität vor. Der VIF-Wert als ein Indikator ist stets kleiner als 1,5. Der Ost-West-Dummy ist 0 (West) und 1 (Ost) codiert. Ein steigender Kommunalverfassungswert spricht für konkordantere Strukturen.

4 Angewendet wurde bei dieser und den folgenden Regressionsgleichungen eine multivariate Regression nach der Einschluss-Methode.

Abb. 3 Kandidatur zur Umsetzung des Parteiprogramms

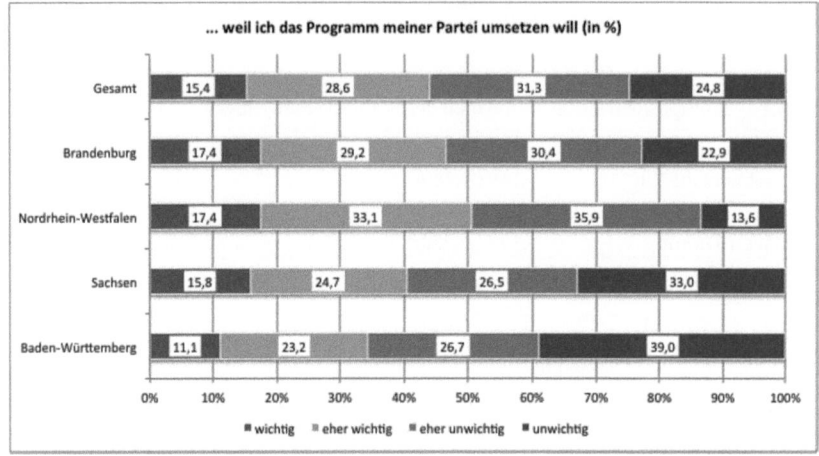

Quelle: Eigene Darstellung und Berechnung; Projektdatensatz „Ratsbefragung"

Die multivariate Analyse ergibt erwartungsgemäß einen hochsignifikanten Zusammenhang den Kommunalverfassungsindex, während die Gemeindegröße und die politische Kultur keinen signifikanten Zusammenhang mit dem Kandidaturmotiv aufweisen. Durch die Kommunalverfassungsvariable gibt es aber insgesamt einen mäßigen Erklärungswert des Gesamtmodells (R^2 = 31,7 %).

Tab. 2 Multiple Regression zur Umsetzung des Parteiprogramms

	Modell
Einwohnerzahl 2012	-,158 (-1,969)
Kommunalverfassung 2003	,534 (6,873)**
Ost-West-Dummy	-,187 (-2,365)
Adj. R^2	0,317
N	122
Abhängige Variable	Umsetzung Parteiprogramm

* p<0,05, ** p<0,01, *** p<0,001

Danach haben wir den Ratsmitgliedern die Frage gestellt, was ihrer Meinung nach ausschlaggebend für ihre Wahl war. In Abbildung 4 ragt insbesondere NRW deutlich hervor, wo die Ratsmitglieder ihre eigene Wahl am stärksten auf ihre parteipolitische Tätigkeit zurückführen, gefolgt von Brandenburg, wie es entsprechend dem Kommunalverfassungsindex zu erwarten war. Demgegenüber meinen die Kommunalparlamentarier in Sachsen und Baden-Württemberg mehrheitlich, dass ihre eigene Wahl (eher) nicht mit der parteipolitischen Tätigkeit in Zusammenhang steht. Speziell in Baden-Württemberg ist die Zustimmung hierzu sehr niedrig.

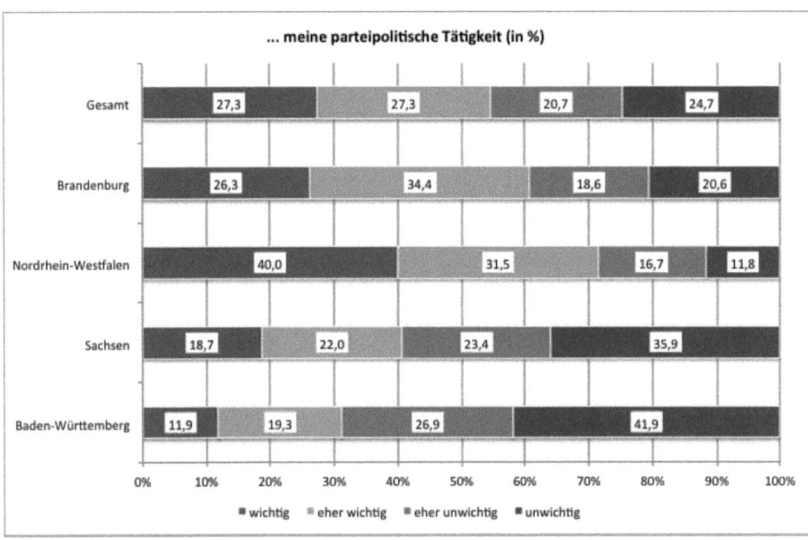

Abb. 4   Parteipolitische Tätigkeit als ausschlaggebender Grund für die Wahl zum Ratsmitglied

Quelle: Eigene Darstellung und Berechnung; Projektdatensatz „Ratsbefragung"

Die multivariate Analyse bestätigt diesen sehr starken Zusammenhang zwischen dem Kommunalverfassungsindex und der parteipolitischen Tätigkeit. Die anderen Erklärungsvariablen weisen wie bei den vorigen Items keinen signifikanten Zusammenhang auf, so dass die sehr hohe Varianzaufklärung von 65,3 Prozent (fast) allein auf die Erklärungsleistung des Kommunalverfassungstyps zurückfällt.

Tab. 3 Multiple Regression zur parteipolitischen Tätigkeit

	Modell
Einwohnerzahl 2012	-,137 (-2,410)
Kommunalverfassung 2003	,789 (14,233)**
Ost-West-Dummy	-,154 (2,744)
Adj. R^2	0,653
N	122
Abhängige Variable	Parteipolitische Tätigkeit

* p<0,05, ** p<0,01, *** p<0,001

Dies spiegelt sich auch in einem anderen Grund wider, den die Ratsmitglieder für ihre Wahl angeben konnten. Bei konkordanten Kommunalverfassungen geben die Ratsmitglieder eher ihren ausgeübten Beruf als Grund für ihre Wahl an. Das deckt sich mit den Ergebnissen älterer Fallstudien, in denen Ratsmitglieder in Baden-Württemberg ihren Wahlerfolg in viel stärkerem Maße auf ihre Persönlichkeit als auf ihr Engagement in der Partei zurückführen, während dies in NRW tendenziell eher umgekehrt ist (Bogumil und Holtkamp 2002, S. 26; Schneider 1991, S. 163).

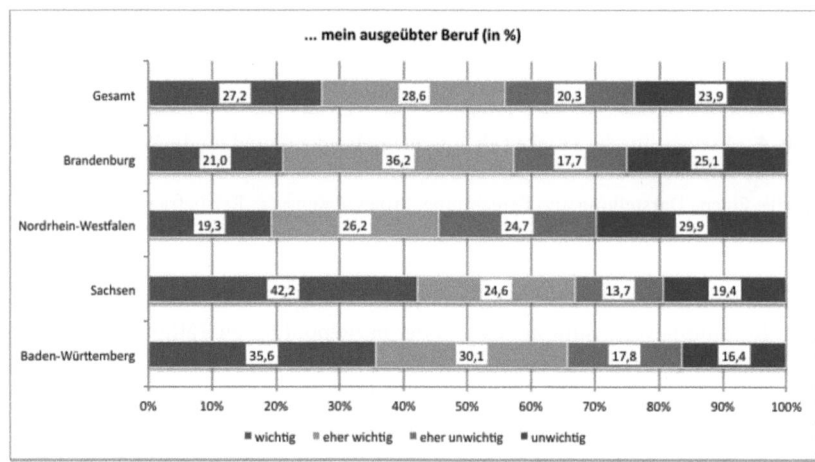

Abb. 5 Der Beruf als ausschlaggebender Grund für die Wahl zum Ratsmitglied

Quelle: Eigene Darstellung und Berechnung; Projektdatensatz „Ratsbefragung"

In der multivariaten Analyse (Tab. 4) ergibt sich nur für den Kommunalverfassungsindex ein hochsignifikanter und zudem starker Zusammenhang. Die politische Kultur und die Gemeindegröße spielen bei diesem Item offensichtlich keine Rolle. Insgesamt lässt sich der Zusammenhang mit dem Kommunalverfassungsindex so interpretieren, dass die Ratsmitglieder bei konkordanter Kommunalverfassung eher meinen, dass sie aufgrund ihres Berufs und nicht ihrer parteipolitischen Tätigkeit gewählt werden. Dies ließe in der Regierungsphase eine niedrigere Fraktionsdisziplin erwarten, weil die Ratsmitglieder sich als nicht so stark abhängig von der Partei sehen wie beispielsweise ihre Kollegen in NRW.

Tab. 4   Multiple Regression zum ausgeübten Beruf

	Modell
Einwohnerzahl 2012	-,024 (-,304)
Kommunalverfassung 2003	,585 (-7,570)**
Ost-West-Dummy	-,023 (,765)
Adj. R^2	0,325
N	122
Abhängige Variable	Ausgeübter Beruf

* p<0,05, ** p<0,01, *** p<0,001

Aber unterscheiden sich die Berufe der Ratsmitglieder zwischen den Bundesländern tatsächlich voneinander in Abhängigkeit vom Kommunalverfassungsindex? Hans-Georg Wehling hat schon früh die These aufgestellt, dass bei konkordanten Kommunalverfassungen und bei der Möglichkeit des Kumulierens und Panaschierens in Baden-Württemberg die örtlichen Honoratioren dominieren, die häufig als Selbständige (Bäcker, Fleischer etc.) über viele Kundenkontakte verfügen. Sie würden damit aufgrund ihrer höheren Bekanntheit und ihrer sozialen Beziehungen bei personenorientiertem Wahlrecht eher gewählt. Daher sind sie wiederum in der Regierungsphase weniger zur Fraktionsdisziplin zu motivieren, weil sie von allen Parteien als „Stimmmagneten" umworben werden. Zudem würden sich örtlich tätige Selbstständige parteipolitisch nicht stark profilieren wollen, weil dies einige Kundenkreise systematisch ausschließen könne, was noch mal auf die Nähe der kommunalen Ebene als Grund für Konfliktvermeidung verweise (vgl. ausführlicher Wehling 1999; 2003). In Abbildung 6 wird deutlich, dass in allen Bundesländern der öffentliche Dienst ähnlich stark überrepräsentiert ist (25 % durchschnittlich). Insgesamt ergeben die meisten Studien, dass gerade eine Beschäftigung im öffentlichen Dienst häufig die beste Voraussetzung ist, um überhaupt für ein Parteiamt oder ein Ratsmandat zu kandidieren.

> „Der Zeitaufwand, der für die Wahrnehmung von Funktionen notwendig ist, kann im öffentlichen Dienst leichter aufgebracht werden als in der Privatwirtschaft (…) Man trifft sich mittags in den Kantinen der Verwaltung und kann dort schon vorbesprechen, in welche Richtung die Versammlung am Abend laufen soll. Durch ihren Beruf erwerben Angehörige des öffentlichen Dienstes Erfahrungen und auch Informationen, die sie politisch nutzen können: sie wissen wie man eine Geschäftsordnung geschickt handhabt, wie man eine Diskussion leitet oder einen Redebeitrag wirkungsvoll formuliert." (Lösche und Walter 1992, S. 166)

Unterschiede zwischen den Bundesländern sind demgegenüber bei der Gruppe der Selbständigen (Handwerker, Landwirte, Unternehmer) festzustellen. In Baden-Württemberg ist deren Anteil an den befragten Ratsmitgliedern besonders groß (26 %) und reicht fast an den Anteil des öffentlichen Dienstes heran, während diese Gruppe in NRW relativ klein ist.

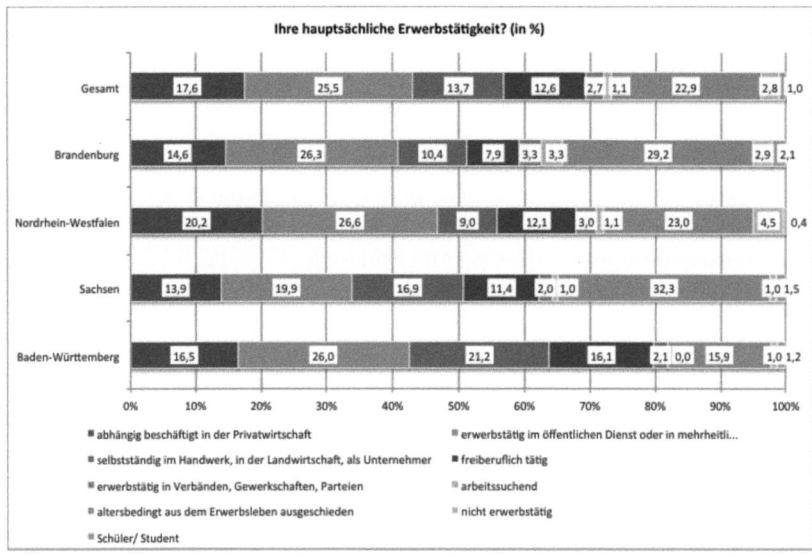

Abb. 6　Erwerbstätigkeit der Ratsmitglieder
Quelle: Eigene Darstellung und Berechnung; Projektdatensatz „Ratsbefragung"

In der multivariaten Analyse des Items „selbständig erwerbstätig im Handwerk"
ergab sich ein signifikanter Zusammenhang zwischen der Kommunalverfassung
inklusive Wahlrecht und dem Anteil der Selbständigen, so dass Wehlings These
bestätigt wurde. Die anderen unabhängigen Variablen weisen demgegenüber keine
signifikante Beziehung mit der Selbständigkeit auf. Insgesamt ist die Erklärungsleistung des Modells auch sehr gering.

Tab. 5 Multiple Regression zur hauptsächlichen Erwerbstätigkeit

	Modell
Einwohnerzahl 2012	,106 (1,450)
Kommunalverfassung 2003	-,169 (-2,431)*
Ost-West-Dummy	-,029 (-,408)
Adj. R^2	0,038
N	122
Abhängige Variable	Erwerbstätig als selbstständiger Handwerker

* $p<0,05$, ** $p<0,01$, *** $p<0,001$

Des Weiteren ließe sich ein Zusammenhang zwischen Konkurrenzdemokratie
und Mandatsdauer vermuten. Wer einmal über das Parteiticket, insbesondere bei
personalisiertem Verhältniswahlrecht, in den Rat gewählt wurde, könnte dann bei
Befolgung der Fraktionsdisziplin immer wieder von der Partei aufgestellt und über
die Liste abgesichert werden, während bei Kumulieren und Panaschieren immer
auch mal Ratskarrieren durch die Wählerschaft beendet werden können. Ein Blick
auf Abbildung 7 zeigt aber, dass sich die Kommunen zwischen den Bundesländern
nicht stark unterscheiden. Überall sind gut 50 Prozent der Ratsmitglieder seit fünf
bis zehn Jahren im Kommunalparlament, aber immerhin sind auch durchschnittlich mehr als fünfzehn Prozent länger als 20 Jahre in der Gemeindevertretung.

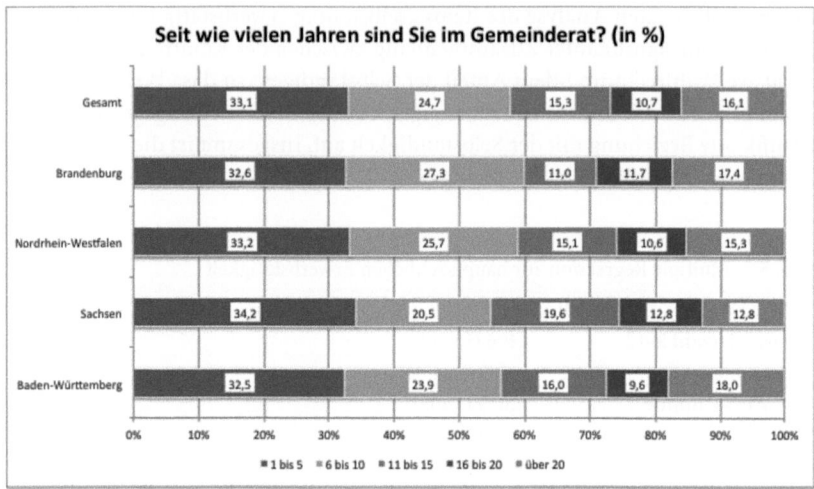

Abb. 7   Kommunale Mandatsdauer

Quelle: Eigene Darstellung und Berechnung; Projektdatensatz „Ratsbefragung"

Demensprechend leisten alle drei Erklärungsvariablen keinen signifikanten Erklärungsbeitrag. 25 Jahre nach der Wende hat sich auch die Mandatsdauer zwischen Ost- und Westdeutschland offensichtlich angeglichen.

Tab. 6   Multiple Regression zur kommunalen Mandatsdauer

	Modell
Einwohnerzahl 2012	-,081 (-,836)
Kommunalverfassung 2003	,075 (,792)
Ost-West-Dummy	-,058 (-,603)
Adj. R²	-,011
N	122
Abhängige Variable	Dauer Ratsmitgliedschaft

* p<0,05, ** p<0,01, *** p<0,001

3   Prozedurale Parteipolitisierung und exekutive Führerschaft

Eine starke prozedurale Parteipolitisierung zeichnet sich dadurch aus, dass bereits in der Fraktion die politische Position für das Kommunalparlament festgelegt wird und beim Abstimmungsverhalten die Fraktionsdisziplin eingehalten wird. Zwischen den Fraktionen sind härtere Konflikte zu erwarten und Entscheidungen im Kommunalparlament werden nach der Mehrheitsregel und nicht im Konsens getroffen. Abbildung 8 zeigt, dass insbesondere in NRW die Vorentscheidungen zumeist in den kommunalen Fraktionen fallen, während dies besonders in Sachsen, aber auch in den übrigen Bundesländern aus Sicht der Befragten nur begrenzt der Fall ist.

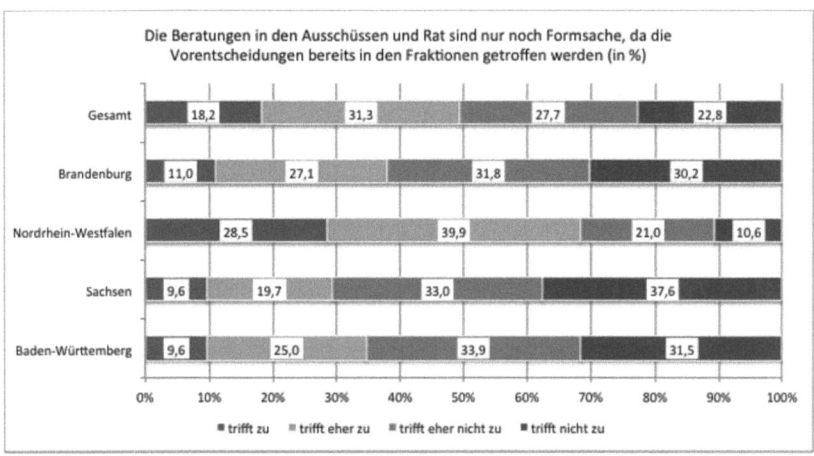

Abb. 8   Vorentscheidungen in den Fraktionen

Quelle: Eigene Darstellung und Berechnung; Projektdatensatz „Ratsbefragung"

In der multivariaten Analyse (Tab. 7) wird wiederum der hochsignifikante und sehr starke positive Einfluss der Kommunalverfassung deutlich, wobei bei diesem Item auch der politischen Kultur eine ebenfalls hochsignifikante, aber nicht ganz so starke Rolle zukommt. Vorentscheidungen in den Fraktionen sind in den westdeutschen Kommunen gängiger. Beide Variablen erzeugen zusammen eine hohe Varianzaufklärung von 53,5 Prozent.

Tab. 7   Multiple Regression zu Vorentscheidungen in den Fraktionen

	Modell
Einwohnerzahl 2012	-,095 (-1,442)
Kommunalverfassung 2003	,622 (9,692)***
Ost-West-Dummy	,241 (3,704)***
Adj. R^2	0,535
N	122
Abhängige Variable	Vorentscheidungen in Fraktionen

* p<0,05, ** p<0,01, *** p<0,001

Als nächstes haben wir durch verschiedene Fragen die Stärke der Fraktionsdiszi-plin nach Bundesländern erhoben. Auch hier liegen die Kommunen in NRW weit vorne. Gut 88 Prozent der befragten Ratsmitglieder in NRW geben an, dass die Ratsmitglieder ihrer Fraktion fast immer (eher) geschlossen abstimmen, während dies in Sachsen (53 %), Baden-Württemberg (53 %) und Brandenburg (55 %) in deutlich geringerem Ausmaß der Fall ist (Abb. 9).

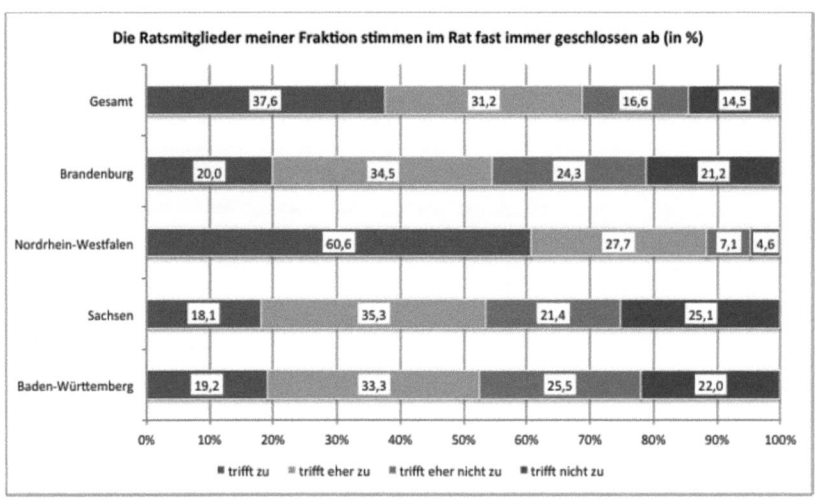

Abb. 9   Abstimmungsdisziplin in der eigenen Fraktion

Quelle: Eigene Darstellung und Berechnung; Projektdatensatz „Ratsbefragung"

In der multivariaten Analyse wird wiederum der sehr starke und hochsignifikante Einfluss der Kommunalverfassung deutlich. Hier dürften auch die beim Kumulieren und Panaschieren typischen Rekrutierungsmuster für lokale Honoratioren eine Rolle spielen, nach deren Meinung, ihre Wahl eher ihrem Beruf als dem Engagement in der Partei zu verdanken ist. Aber auch die politische Kultur hat einen hochsignifikanten Zusammenhang mit der Fraktionsdisziplin in der erwarteten Richtung. Zusammen wird eine hohe Varianzaufklärung von 52 Prozent erreicht. Nur die Einwohnerzahl hat wiederum keinen statistischen Effekt.

Tab. 8 Multiple Regression zur Abstimmungsdisziplin in den Fraktionen

	Modell
Einwohnerzahl 2012	-,113 (-1,690)
Kommunalverfassung 2003	,600 (9,209)***
Ost-West-Dummy	,246 (3,723)***
Adj. R²	0,520
N	122
Abhängige Variable	Abstimmungsdisziplin in der Fraktion

* p<0,05, ** p<0,01, *** p<0,001

Schließlich bestätigen die Ratsmitglieder in NRW auch, dass ihre Fraktion von ihnen eine starke Abstimmungsdisziplin als Normverhalten erwarte, während dies in Sachsen, Baden-Württemberg und Brandenburg kaum berichtet wird (Abb. 10).

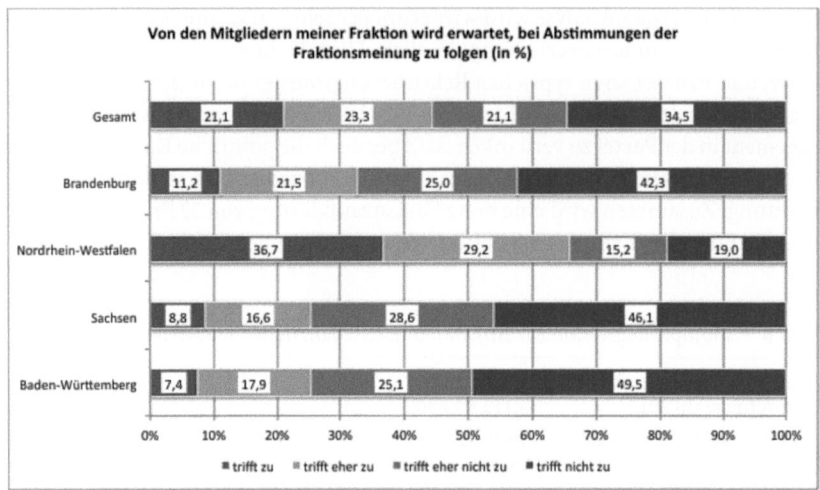

Abb. 10 Fraktionsdisziplin als Norm

Quelle: Eigene Darstellung und Berechnung; Projektdatensatz „Ratsbefragung"

In der multivariaten Analyse wird der starke und hochsignifikante Einfluss der Kommunalverfassung erneut bestätigt, während die Gemeindegröße einen leichten und hochsignifikanten Zusammenhang mit der erwarteten Fraktionsdisziplin aufweisen. Das R-Quadrat ist mit 58,7 Prozent Varianzaufklärung sehr hoch. Die politische Kultur spielt dagegen keine Rolle.

Tab. 9   Multiple Regression zur Fraktionsdisziplin

	Modell
Einwohnerzahl 2012	-,296 (-4,758)***
Kommunalverfassung 2003	,618 (10,225)***
Ost-West-Dummy	,087 (1,420)
Adj. R²	0,587
N	122
Abhängige Variable	Fraktionsdisziplin

* p<0,05, ** p<0,01, *** p<0,001

Bei der Verabschiedung des Haushaltsplans ist in NRW die Erwartung ebenfalls sehr hoch, dass entsprechend dem Votum des Fraktionsvorstands geschlossen abgestimmt wird (Abb. 11). In den übrigen Bundesländern sind die Antwortmuster recht ähnlich und zeigen im Vergleich zu NRW eine eindeutig niedrigere Bedeutung der Fraktionsdisziplin.

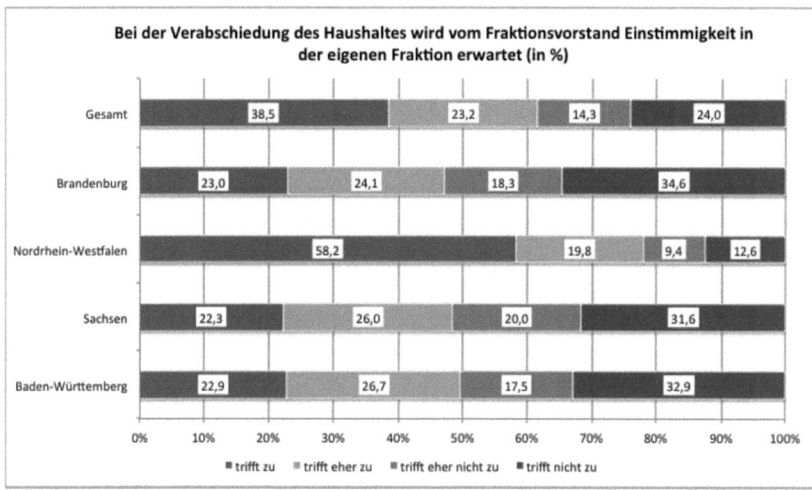

Abb. 11 Fraktionsdisziplin bei Haushaltsverabschiedung

Quelle: Eigene Darstellung und Berechnung; Projektdatensatz „Ratsbefragung"

Auch bei der Fraktionsdisziplin im Rahmen der Haushaltsverabschiedung ergab sich in der Regressionsanalyse ein sehr starker und hochsignifikanter Zusammenhang mit der Kommunalverfassung. Die Gemeindegröße und die politische Kultur wiesen ebenfalls mit der Fraktionsdisziplin einen hochsignifikanten und leichten Zusammenhang in der Weise auf, dass in kleineren und ostdeutschen Kommunen die Fraktionsdisziplin bei der Haushaltsverabschiedung geringer ausgeprägt ist.

Tab. 10 Multiple Regression zur Fraktionsdisziplin in der Haushaltsverabschiedung

	Modell
Einwohnerzahl 2012	-,234 (-3,326)**
Kommunalverfassung 2003	,520 (7,624)***
Ost-West-Dummy	,204 (2,947)**
Adj. R^2	0,474
N	122
Abhängige Variable	Fraktionsdisziplin beim Haushalt

* $p<0,05$, ** $p<0,01$, *** $p<0,001$

Schließlich war zu erwarten, dass diese starke fraktionelle Vorstrukturierung der Kommunalpolitik in NRW für die Ratsmitglieder relativ zeitaufwendig ist und diese für die Mandatsausübung mehr Stunden ehrenamtlichen Einsatz benötigen als ihre Kollegen im eher konkordanzdemokratischen Baden-Württemberg, wie es sich bereits in einigen vergleichenden Untersuchungen gezeigt hat (Simon 1988; Holtkamp 2008). In Abbildung 12 wird deutlich, dass NRW und Baden-Württemberg sich in der erwarteten Weise unterscheiden, aber der Zeitbedarf in den neuen Bundesländern noch niedriger ist.

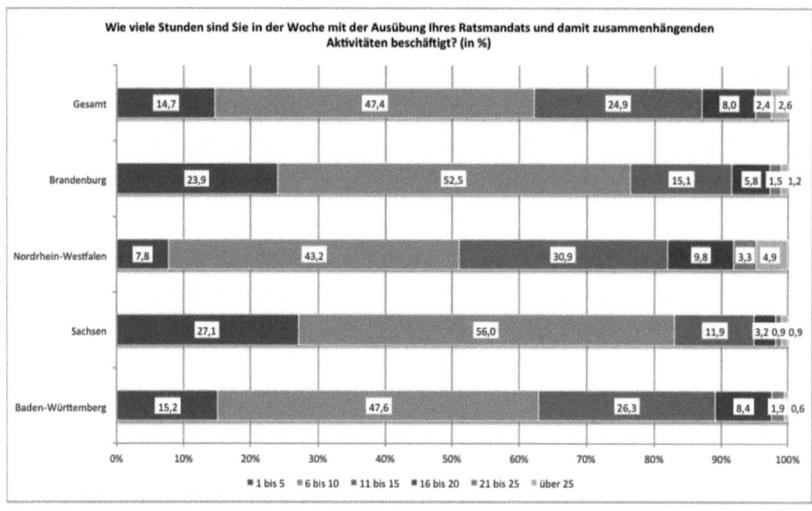

Abb. 12 Zeitbedarf des ehrenamtlichen Ratsmandats

Quelle: Eigene Darstellung und Berechnung; Projektdatensatz „Ratsbefragung"

In den neuen Bundesländern kommen immerhin gut 80 Prozent der Kommunalparlamentarier mit fünf bis zehn Stunden in der Woche für ihr Ratsmandat aus.
Die gerade in der Transformationsforschung betonte hohe zeitliche Belastung der
Ratsmitglieder (Pähle 2011, S. 244 ff.) ist in unserer Befragung deutlich weniger
dramatisch. Das dürfte auch daran liegen, dass die Fraktionen in Ostdeutschland
nur eine wenig vorstrukturierende Funktion haben und damit der Beratungsdarf
in den Fraktionen durchaus limitiert sein dürfte. Die geringere personelle Parteipolitisierung legt zudem nah, dass der Zeitbedarf für Parteiarbeit in Ostdeutschland
nicht so hoch ausfällt wie in NRW. Wie wir aus früheren Befragungen wissen, ist
vorwiegend die zeitliche Belastung der Fraktionsvorsitzenden in dieser Gemeindegrößenklasse problematisch, wenn man die Kommunalpolitik nicht nur formal
als ehrenamtlich einstufen will (Holtkamp 2010).

In der multivariaten Analyse konnte bei allen drei unabhängigen Variablen
eine hochsignifikante Beziehung und hohe Erklärungsleistung (51,7 %) festgestellt
werden, wobei in diesem Fall die Gemeindegröße den mit Abstand stärksten Einfluss hat. Bei mit der Gemeindegröße zunehmenden kommunalen Aufgaben und
zu erwartenden ausdifferenzierten Ausschuss- und Fraktionsstrukturen wächst
der Zeitbedarf der Ratsmitglieder somit stark an. Außerdem wird der Zeitbedarf
in stärker konkurrenzdemokratischen Gemeinden und in den westdeutschen
Kommunen höher eingeschätzt.

Tab. 11 Multiple Regression zum Zeitbedarf in der Ratsarbeit

	Modell
Einwohnerzahl 2012	,523 (7,771)**
Kommunalverfassung 2003	-,206 (-3,151)**
Ost-West-Dummy	-,257 (-3,862)**
Adj. R^2	0,517
N	122
Abhängige Variable	Zeitbedarf für die Ratsarbeit

* p<0,05, ** p<0,01, *** p<0,001

Schließlich befragten wir die Ratsmitglieder nach dem wahrgenommenen Konfliktniveau in Rat und Ausschüssen (Abb. 13). Auch bei diesem Item führen die
nordrhein-westfälischen Ratsmitglieder und geben damit eine höhere Konfliktorientierung im Rat an. Allerdings wäre hier angesichts der bisherigen Ergebnisse
ein größerer Abstand zwischen den Bundesländern zu erwarten gewesen.

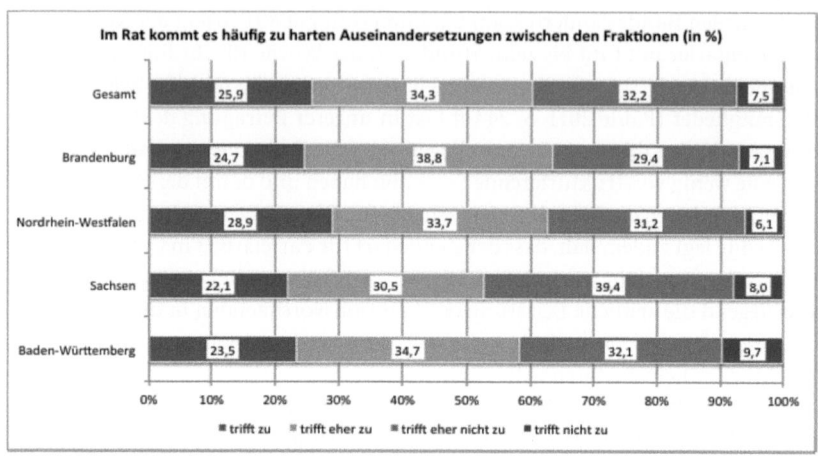

Abb. 13 Konfliktniveau im Stadtrat

Quelle: Eigene Darstellung und Berechnung; Projektdatensatz „Ratsbefragung"

Die multiple Regression kommt schließlich auch zu dem Ergebnis, dass die Gemein-degröße einen signifikanten Einfluss auf die Konflikte im Rat hat. Mit steigender Größe steigt demnach das Konfliktniveau. Die politische Kultur ist zwar auch signifikant, aber der Effekt ist nur sehr klein. Die gesamte Varianzaufklärung des Modells ist sehr gering (6,5 %).

Tab. 12 Multiple Regression zum Konfliktniveau im Stadtrat

Modell	
Einwohnerzahl 2012	-,244 (-2,609)*
Kommunalverfassung 2003	,146 (7,624)
Ost-West-Dummy	,101 (2,947)*
Adj. R²	0,065
N	122
Abhängige Variable	Konfliktniveau im Stadtrat

* p<0,05, ** p<0,01, *** p<0,001

Hierbei könnte es auch eine Rolle spielen, dass die Kommunalparlamente mit stei-genden Einwohnerzahlen größer werden. Dieser Effekt wurde beispielsweise in der klassischen Wertheimstudie von Ellwein und Zoll deutlich herausgearbeitet. Die

Akteure schildern die Veränderungen in dieser kleineren baden-württembergischen Kommune anschaulich wie folgt:

> „Vor der Gemeindegebietsreform war das Klima im Gemeinderat sehr gut. Genauso war es in den Ausschüssen. Man hat sich immer zusammengerauft und viele Gespräche nach den Sitzungen geführt. Wenn einer Geburtstag hatte, war das immer ein Anlaß. Nach der Gebietsreform hörte das auf. Der Gemeinderat war zu groß. Nun gab es plötzlich harte Worte und auch Beleidigungen" (Ellwein und Zoll 1982, S. 247).

Der Rat der Stadt war also nicht mehr eine relativ homogene Kleingruppe, sondern durch die durchschnittlich größere Zahl der Ratsmitglieder änderten sich die Kommunikationsstrukturen gravierend. Ein weiterer Grund für den Einfluss der Gemeindegröße könnte darin liegen, dass mit der Gemeindegröße die Aufgaben und die Abstimmungsgegenstände zunehmen, so dass auch die Wahrscheinlichkeit von Konflikten steigt.[5]

In den Ausschüssen kommt es wiederum in NRW zu den härteren Konflikten mit etwas deutlicherem Abstand zu den anderen Bundesländern, als dies im Stadtrat der Fall ist (Abb. 14).

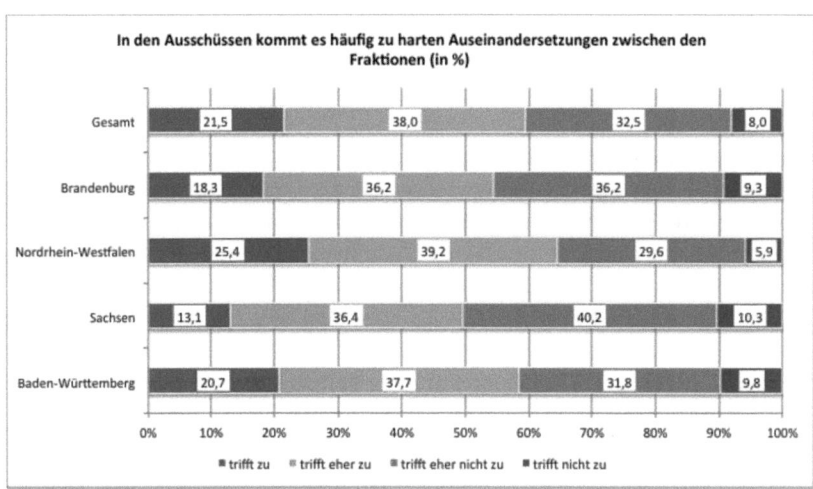

Abb. 14 Konfliktniveau in den Fachausschüssen

Quelle: Eigene Darstellung und Berechnung; Projektdatensatz „Ratsbefragung"

---

5   Analog zur mit der Gemeindegröße steigenden Einleitungshäufigkeit von Bürgerbegehren vgl. Bogumil 2001

Die multivariate Analyse ergibt für alle drei unabhängigen Variablen einen signifikanten, aber wenig starken Zusammenhang. Dass die Unterschiede bei der Konfliktorientierung zwischen den Bundesländern nicht so groß sind, könnte erstens darauf zurückgeführt werden, dass es sich hierbei um die subjektive Einschätzung des Klimas durch die Ratsmitglieder handelt, die unter Umständen in den Bundesländern von unterschiedlichen Kriterien und Erwartungen ausgehen. Ein weiterer Grund könnte zweitens sein, dass es insbesondere in NRW weniger zu entscheiden gibt als in den anderen Bundesländern. So gehen die Ratsmitglieder in NRW deutlich weniger als ihre baden-württembergischen Kollegen davon aus, dass man tiefgreifende Veränderungen in der Kommunalpolitik noch mitgestalten kann.

Tab. 13 Multiple Regression zum Konfliktniveau in den Ausschüssen

	Modell
Einwohnerzahl 2012	-0,185 (-2,019)*
Kommunalverfassung 2003	,205 (2,300)*
Ost-West-Dummy	,116 (1,289)
Adj. R^2	0,106
N	122
Abhängige Variable	Konfliktniveau in den Ausschüssen

* $p<0,05$, ** $p<0,01$, *** $p<0,001$

Das dürfte auch daran liegen, dass gut 76 Prozent der nordrhein-westfälischen Ratsmitglieder über massive Haushaltsprobleme der Kommunen durch die Ausweisung von Kassenkrediten berichten, während dies in Baden-Württemberg nicht ein Ratsmitglied feststellt. Durch diese geringen Haushaltsspielräume in NRW sind zumindest starke parteipolitische ideologische Konflikte unwahrscheinlicher (Holtkamp 2008; 2010), die man eigentlich in der Konkurrenzdemokratie (ohne Berücksichtigung der intervenierenden Drittvariable Kassenkredite) erwarten müsste. Mittlerweile wurden in NRW sogar zwei Staatskommissare bestellt, die alle haushaltspolitischen Kompetenzen des Rates an sich ziehen und an deren nichtöffentlichen Sitzungen nicht mal die Ratsmitglieder teilnehmen dürfen. Die in der lokalen Politikforschung im Zuge der starken vertikalen Politikverflechtung seit Jahrzehnten konstatierten geringen kommunalen Handlungsspielräume wurden durch die tiefgreifende Haushaltskrise in vielen NRW-Kommunen weiter eingeschränkt. Deutlich wird diese in Abbildung 15. Während in NRW nur 46 Prozent der Befragten die Möglichkeit tiefgreifender Veränderungen sehen, sind es in Baden-Württemberg 67 Prozent und auch in Sachsen (49 %) und Brandenburg (57 %) liegen die Anteile höher.

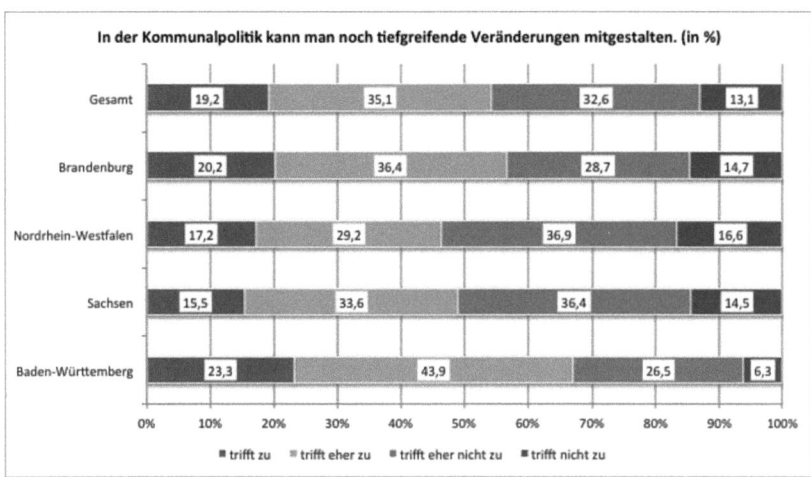

Abb. 15 Möglichkeit von tiefgreifenden Veränderungen
Quelle: Eigene Darstellung und Berechnung; Projektdatensatz „Ratsbefragung"

In einem weiteren Schritt haben wir die Ausprägung der exekutiven Führerschaft in allen vier Bundesländern untersucht. In den in dieser Untersuchung verwendeten Extremtypen der Konkordanz- und Konkurrenzdemokratie wird davon ausgegangen, dass exekutive Führerschaft Teil des konkordanten Musters von Kommunalpolitik ist und dass insbesondere ein geringer Grad der Parteipolitisierung die Machtposition des Bürgermeisters stärkt. Die Mandatsträger haben bei niedriger Parteipolitisierung eine schwache Position, weil sie nur von gering organisierten Parteien gestützt werden und weil in den Fraktionen ein uneinheitliches Abstimmungsverhalten dominiert und so der Bürgermeister seine eigenen Mehrheiten organisieren kann (Newiger-Addy 2002).

In unserer Ratsbefragung in NRW wird erwartungsgemäß der Bürgermeister weniger als bestimmende Person angesehen und die exekutive Führerschaft ist aus Sicht der Befragten damit weniger ausgeprägt (Abb. 16). Aber auch dort geben rund zwei Drittel der befragten Kommunalvertreter an, dass dieser eher die bestimmende Person sei. In den übrigen Ländern ist die Zustimmung höher.

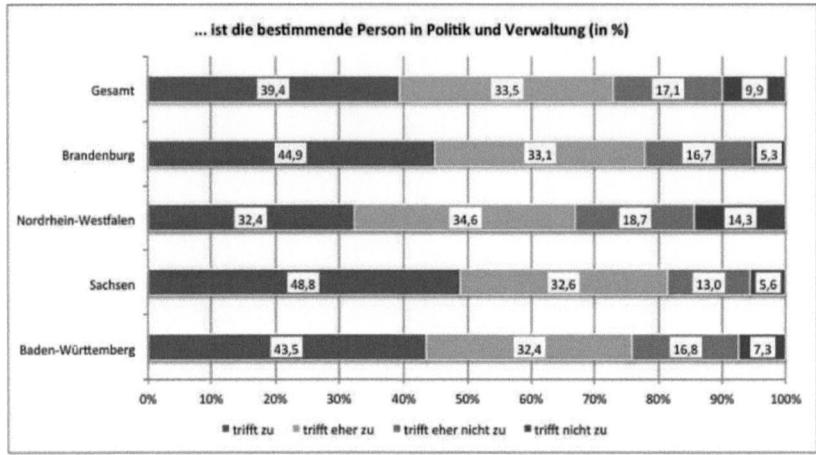

Abb. 16 Der Bürgermeister als bestimmende Person

Quelle: Eigene Darstellung und Berechnung; Projektdatensatz „Ratsbefragung"

In der anschließenden multivariaten Analyse wird schließlich deutlich, dass für den Kommunalverfassungsindex und die politische Kultur ein signifikanter Zusammenhang mit der exekutiven Führerschaft zu verzeichnen ist, wobei der Kommunalverfassungsindex wiederum den stärksten, wenn auch nur einen schwachen Einfluss hat. Insgesamt ist die Varianzaufklärung durch dieses Modell sehr klein (5,6 %).

Tab. 14 Multiple Regression zum Bürgermeister als bestimmende Person

	Modell
Einwohnerzahl 2012	-,194 (-,795)
Kommunalverfassung 2003	-,196 (-2,126)*
Ost-West-Dummy	-,075 (2,112)*
Adj. R²	0,056
N	122
Abhängige Variable	Bürgermeister als bestimmende Person

* p<0,05, ** p<0,01, *** p<0,001

Dabei schafft es der Bürgermeister in NRW weniger als in den neuen Bundesländern Ratsmehrheiten zu organisieren (Abb. 17). Dies kann auch auf die ausgeprägtere

Fraktionsdisziplin in NRW zurückgeführt werden, die es erschwert einzelne Rats-mitglieder aus den Fraktionen „herauszubrechen". Beim Kumulieren und Panas-chieren erwartet Wehling demgegenüber für den Bürgermeister keine Probleme bei Verhandlungen über Fraktionsgrenzen hinweg, seine politischen Mehrheiten zu suchen (Wehling 1989, S. 88), wobei sich dies in unserer Befragung in Bezug auf Baden-Württemberg weniger als für Sachsen bestätigt hat.

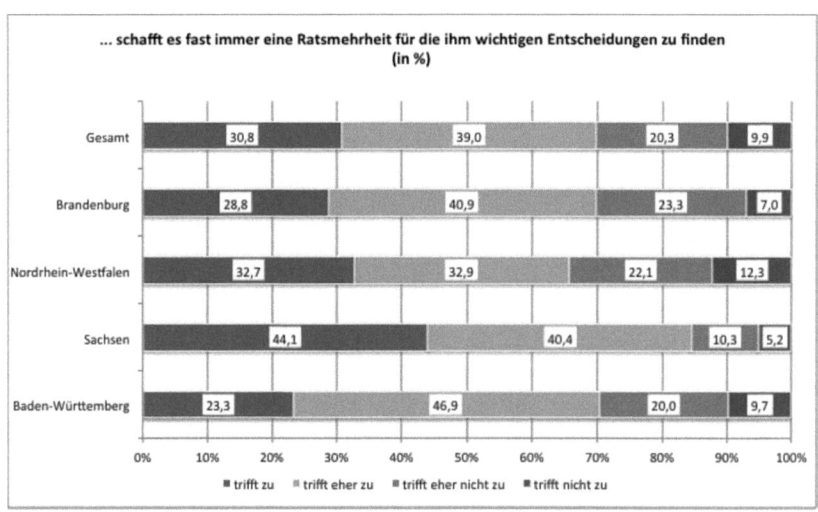

Abb. 17 Der Bürgermeister bekommt seine Ratsmehrheiten zusammen

Quelle: Eigene Darstellung und Berechnung; Projektdatensatz „Ratsbefragung"

In der multivariaten Analyse bestätigt sich im signifikanten Maße der Einfluss der politischen Kultur in Ost- und Westdeutschland, während für die anderen Erklärungsvariablen kein nennenswerter Einfluss konstatiert werden kann. Auch in anderen empirischen Untersuchungen wurde in ostdeutschen Kommunen eine ausgeprägte exekutive Führerschaft konstatiert, die teilweise auf die geringe pro-zedurale Parteipolitisierung in Ostdeutschland zurückgeführt wird (vgl. Müller 2006, S. 29, 32; Duve 2005, S. 96f.; Newiger-Addy 2002).

Tab. 15   Multiple Regression zum Mehrheiten organisierenden Bürgermeister

	Modell
Einwohnerzahl 2012	-,005 (-,052)
Kommunalverfassung 2003	-,066 (-,712)
Ost-West-Dummy	-,189 (-1,996)*
Adj. R^2	0,019
N	122
Abhängige Variable	BM organisiert Mehrheiten

* p<0,05, ** p<0,01, *** p<0,001

Auch für die Haushaltspolitik haben wir nach der Stellung der Bürgermeister gefragt (Abb. 18). Hier hat der Bürgermeister ebenfalls eine dominante Position in allen Bundesländern, wobei dies allerdings vorwiegend auf die verwaltungsinterne Haushaltsaufstellung bezogen sein könnte. Aber auch bei dem Zustandekommen des Haushaltsplans hat der nordrhein-westfälische Bürgermeister die schwächste Position im Vergleich zu den anderen Amtsinhabern.

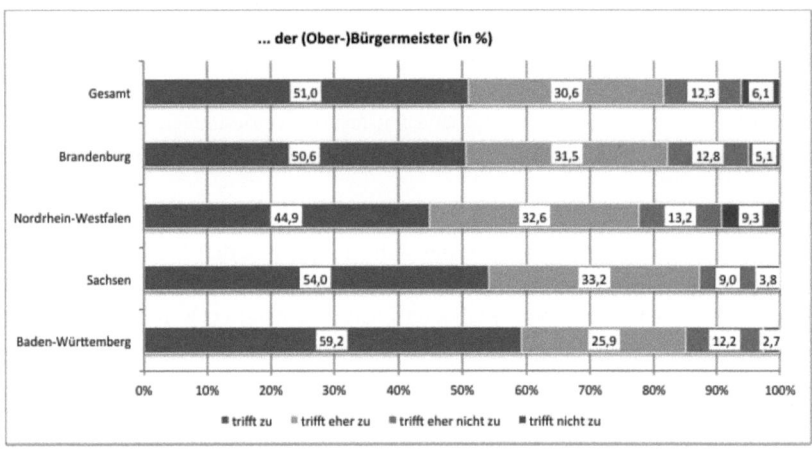

Abb. 18   Wer nimmt beim Zustandekommen des Haushaltsplans eine besonders starke Stellung ein (OB)?

Quelle: Eigene Darstellung und Berechnung; Projektdatensatz „Ratsbefragung"

In der multivariaten Analyse hat keine Erklärungsvariable eine signifikante Beziehung zur perzipierten Machtposition des Bürgermeisters in der Haushaltspolitik. Die Gemeindegröße, die Kommunalverfassung sowie die politische Kultur spielen im Hinblick auf die exekutive Führerschaft in diesem Politikfeld offensichtlich keine Rolle. Eine Varianzaufklärung durch dieses Modell findet praktisch nicht statt (0,1 %).

Tab. 16 Multiple Regression zum Bürgermeister in der Haushaltspolitik

	Modell
Einwohnerzahl 2012	-,023 (-,241)
Kommunalverfassung 2003	-,136 (-1,444)
Ost-West-Dummy	-,074 (-,776)
Adj. R^2	0,001
N	122
Abhängige Variable	Bürgermeister Haushaltspolitik

* $p<0,05$, ** $p<0,01$, *** $p<0,001$

Bei den Fraktionen verhält es sich umgekehrt. Sie haben in NRW und tendenziell auch in Baden-Württemberg eine relativ starke Position im Haushaltsberatungsprozess, während ihnen in Ostdeutschland mehrheitlich (eher) keine starke Stellung zugebilligt wird (Abb. 19).

In der multivariaten Analyse haben der Kommunalverfassungsindex und die politische Kultur eine hochsignifikante Beziehung zur Stärke der Fraktionen im Haushaltsprozess, während die Gemeindegröße bei diesem Item keine signifikante Rolle spielt. Der Einfluss der politischen Kultur ist mit Abstand am stärksten und kann als mittelstark eingeschätzt werden, während der Einfluss des Kommunalverfassungstyps eher schwach ist. Gegenüber der Stellung des Bürgermeisters im Haushaltsverfahren kann mit diesen Variablen die Stellung der Fraktionen deutlich besser erfasst werden.

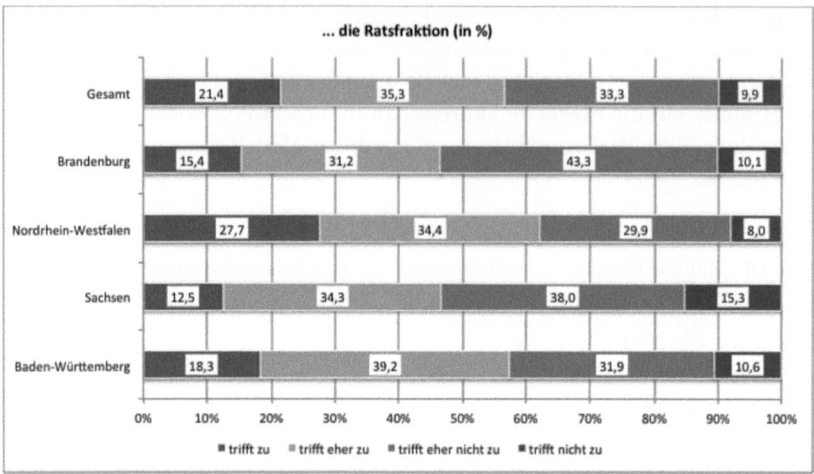

Abb. 19 Wer nimmt beim Zustandekommen des Haushaltsplans eine besonders starke Stellung ein (Fraktion)?

Quelle: Eigene Darstellung und Berechnung; Projektdatensatz „Ratsbefragung"

Tab. 17 Multiple Regression zu den Fraktionen in der Haushaltspolitik

	Modell
Einwohnerzahl 2012	-,067 (-,749)
Kommunalverfassung 2003	,175 (2,027)*
Ost-West-Dummy	,327 (3,734)**
Adj. R^2	0,159
N	122
Abhängige Variable	Fraktionen Haushaltspolitik

* p<0,05, ** p<0,01, *** p<0,001

4 Inhaltliche Parteipolitisierung und konkordante Einstellungen

Abschließend sollen die inhaltliche Parteipolitisierung und die konkordanten Einstellungen auf Divergenzen zwischen den Bundesländern untersucht und in Bezug zu den drei unabhängigen Variablen gesetzt werden.

4.1 Konkordante und konkurrenzdemokratische Einstellungen

In Ratsuntersuchungen werden häufig ähnliche Fragen gestellt, um konkordante Einstellungen zu messen (vgl. Gabriel 1984; Gehne/Holtkamp 2005), die wir in dieser Studie auch verwendet haben. Wie es zu erwarten war, stimmen mehr Ratsmitglieder in NRW als in den anderen Bundesländern der Aussage zu, dass ohne Parteien die Kommunalpolitik zur Kirchturmpolitik mutiert (Abb. 20). Darauf folgen die brandenburgischen Ratsmitglieder und das Schlusslicht bildet hinsichtlich der Zustimmung zu diesem Item Baden-Württemberg, wie es auch der Kommunalverfassungsindex erwarten ließ.

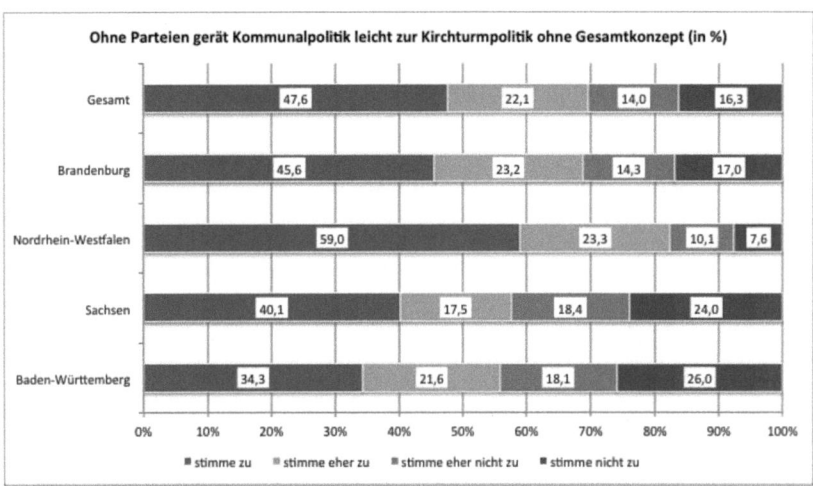

Abb. 20 Parteien in der Kommunalpolitik I
Quelle: Eigene Darstellung und Berechnung; Projektdatensatz „Ratsbefragung"

In der multiplen Regressionsrechnung ergibt sich ein sehr starker und hochsignifikanter Einfluss des Kommunalverfassungstyps, während die Gemeindegröße und die politische Kultur in Ost- und Westdeutschland demgegenüber die Unterschiede zwischen den Befragten nicht erklären können. Aber der Einfluss der Kommunalverfassung sorgt für eine gute Erklärungskraft des Modells (42,2 %).

Tab. 18　Multiple Regression zur Notwendigkeit von Parteien für die Kommunalpolitik

	Modell
Einwohnerzahl 2012	-,092 (-1,254)
Kommunalverfassung 2003	,631 (8,826)***
Ost-West-Dummy	,009 (,129)
Adj. R^2	0,422
N	122
Abhängige Variable	Notwendigkeit für Parteien für Kommunalpolitik

* p<0,05, ** p<0,01, *** p<0,001

Auch der Wunsch nach Einigkeit in der Kommunalpolitik und eine negative Bewertung von harter Oppositionspolitik findet in NRW die niedrigste Unterstützung (Abb. 21). Gerade in Ostdeutschland wird diese negative Bewertung der funktionalen Gewaltenteilung zwischen Mehrheits- und Oppositionsfraktionen von den meisten Ratsmitgliedern geteilt.

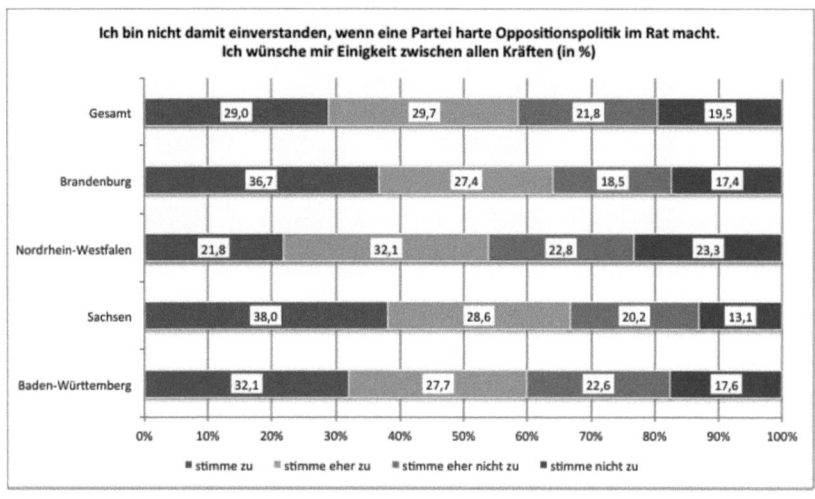

Abb. 21　Parteien in der Kommunalpolitik II
Quelle: Eigene Darstellung und Berechnung; Projektdatensatz „Ratsbefragung"

In der multivariaten Analyse haben alle drei unabhängigen Variablen einen signifikanten, schwach bis mäßigen Einfluss in der erwarteten Richtung. Die Zustimmung zu diesem Item steigt mit sinkender Einwohnerzahl, konkordanterer Kommunalverfassung sowie in Ostdeutschland.

Tab. 19 Multiple Regression zur Akzeptanz von harter Oppositionspolitik

Modell	
Einwohnerzahl 2012	-,243 (2,843)**
Kommunalverfassung 2003	-,280 (3,364)***
Ost-West-Dummy	-,170 (2,008)*
Adj. R^2	0,219
N	122
Abhängige Variable	Akzeptanz von harter Oppositionspolitik

* p<0,05, ** p<0,01, *** p<0,001

Mit großer Mehrheit wird von allen Ratsmitgliedern betont, dass die Sacharbeit vor der Parteipolitik im Stadtrat Vorrang haben sollte, wobei erwartungsgemäß in NRW die Zustimmung zu diesem Item etwas geringer ausfällt (Abb. 22). Diese hohen Zustimmungswerte könnten auch auf „sozial erwünschtes Antwortverhalten" zurückgeführt werden, weil die Mandatsträger schon wissen, dass Parteipolitik im Vergleich zur „Sacharbeit" in der lokalen Öffentlichkeit negativ konnotiert ist.

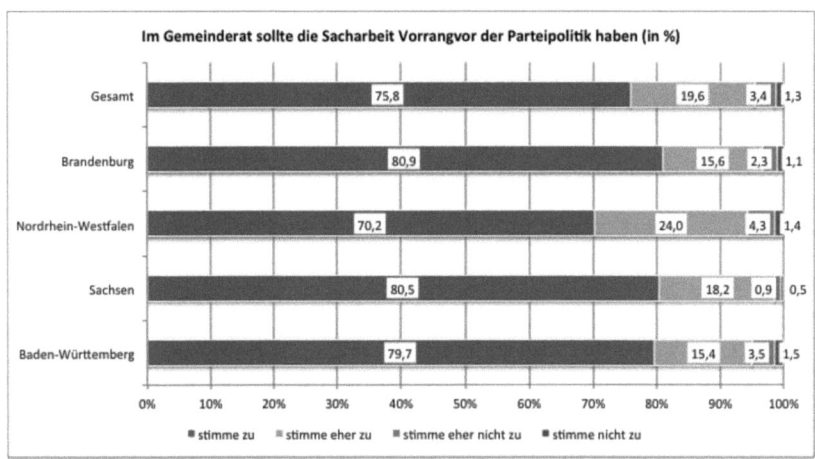

Abb. 22 Parteien in der Kommunalpolitik III
Quelle: Eigene Darstellung und Berechnung; Projektdatensatz „Ratsbefragung"

Signifikante, aber eher schwache Beziehungen, sind bei diesem Item für den Kommunalverfassungsindex in der erwarteten Richtung zu konstatieren. Die Gemeindegröße hat dagegen, anders als es erwartbar wäre, keinen signifikanten Einfluss. Die politische Kultur spielt bei dieser Frage keine Rolle. Die Varianzaufklärung in diesem Modell ist gering (15,2 %).

Tab. 20 Multiple Regression zur Sacharbeit vor Parteipolitik

	Modell
Einwohnerzahl 2012	,217 (2,432)
Kommunalverfassung 2003	-,236 (-2,718)*
Ost-West-Dummy	-,136 (-1,543)
Adj. R^2	0,152
N	122
Abhängige Variable	Sacharbeit vor Parteipolitik

* $p<0,05$, ** $p<0,01$, *** $p<0,001$

Auch auf ausgesprochene Parteipolitiker wollen in NRW weniger Ratsmitglieder verzichten als es besonders in Sachsen und auch in den übrigen Ländern der Fall ist (Abb. 23).

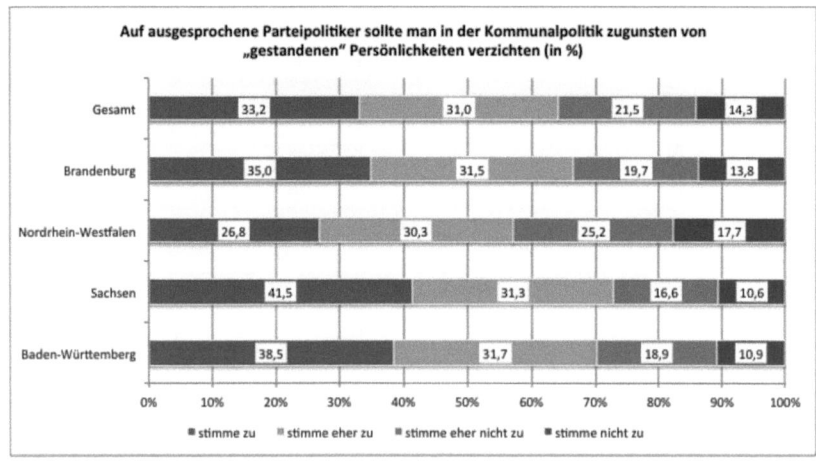

Abb. 23 Parteien in der Kommunalpolitik IV
Quelle: Eigene Darstellung und Berechnung; Projektdatensatz „Ratsbefragung"

In der multivariaten Analyse hat lediglich der Kommunalverfassungsindex einen hochsignifikanten und starken Einfluss auf die Zustimmung zu diesem Item. Politische Kultur und Gemeindegröße haben demgegenüber keinen signifikanten Einfluss. Die Varianzaufklärung in diesem Modell ist gering (19,8 %) und wird allein durch die Kommunalverfassungsvariable getragen.

Tab. 21 Multiple Regression zum Verzicht auf ausgesprochene Parteipolitikern

	Modell
Einwohnerzahl 2012	,055 (,638)
Kommunalverfassung 2003	-,418 (-4,961)**
Ost-West-Dummy	-,106 (-1,233)
Adj. R^2	0,198
N	122
Abhängige Variable	Verzicht auf ausgesprochene Parteipolitiker

* $p<0,05$, ** $p<0,01$, *** $p<0,001$

Die vorherige Bewährung der Ratsmitglieder in der Parteiarbeit wird noch am stärksten von den nordrhein-westfälischen Kommunalparlamentariern unterstützt, während dies in Baden-Württemberg kaum denkbar ist (Abb. 24). In Brandenburg und Sachsen ist man mehrheitlich ebenfalls kritisch, allerdings nicht ganz so stark wie in Baden-Württemberg.

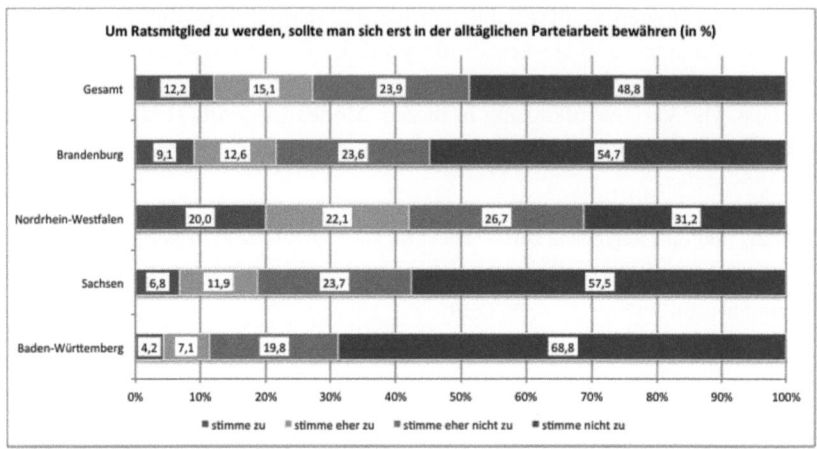

Abb. 24 Parteien in der Kommunalpolitik V

Quelle: Eigene Darstellung und Berechnung; Projektdatensatz „Ratsbefragung"

In der statistischen Analyse ist ein sehr starker und hochsignifikanter Einfluss des Kommunalverfassungsindex zu konstatieren, der für eine hohe Varianzaufklärung sorgt (50,4 %). Demgegenüber haben die politische Kultur und die Gemeindegröße keinen signifikanten Zusammenhang mit der Aussage zur Bewährung in der Parteiarbeit.

Tab. 22T Multiple Regression zur Voraussetzung sich in der Parteiarbeit zu bewähren

	Modell
Einwohnerzahl 2012	-,172 (-2,523)
Kommunalverfassung 2003	,654 (9,872)**
Ost-West-Dummy	,016 (,241)
Adj. R^2	,504
N	122
Abhängige Variable	Parteiarbeit bewähren

* p<0,05, ** p<0,01, *** p<0,001

4.2   Inhaltliche Parteipolitisierung

Als weitere Hypothese gingen wir davon aus, dass in Bundesländern mit eher konkurrenzdemokratischer Kommunalpolitik, wie beispielsweise in NRW, die Differenz zwischen eher linken und eher rechten[6] Parteien ausgeprägter ist als beispielsweise in Baden-Württemberg. Dies ist aber bei allen Items zur Haushaltspolitik und zu allgemeinen politischen Zielen nicht der Fall, so dass diese Hypothese zu verwerfen ist.

Beispielhaft soll hier die Parteidifferenz bei den allgemeinen politischen Zielen aufgeführt werden. Die Ratsmitglieder wurden gebeten eine Rangfolge zwischen fünf kommunalpolitischen Ziele zu bilden, je nachdem wie wichtig sie die Ziele für sich einschätzen. In Abbildung 24 ist die Höhe und Richtung der Mittelwertdifferenz zwischen rechten und linken Parteien abgetragen. Ein Wert nahe 0 bedeutet, dass es kaum oder gar keinen Unterschied zwischen den Angehörigen rechts- und linksgerichteter Parteien in der Wichtigkeit eines allgemeinen politischen Ziels gibt. Die Differenz ist bei langen Balken höher. Bewegen sich die Balken im Plus-Bereich des Diagramms, ist dieses Ziel für die linksgerichteten Parteien wichtiger als für die rechtsgerichteten. Bewegen sich die Balken in den Minus-Bereich verhält es sich genau umgekehrt.

Abbildung 24 verdeutlicht *erstens*, dass sich die Parteiangehörigen hinsichtlich der Bewertung der Förderung von Wirtschaftsunternehmen und der Verwirklichung von sozialer Gerechtigkeit sehr stark und hinsichtlich der Sicherstellung eines sparsamen Wirtschaftens sichtbar unterscheiden. Im Durchschnitt wird die Verwirklichung von sozialer Gerechtigkeit von Mitgliedern der linksgerichteten Parteien um 1,6 Ränge wichtiger bewertet als von den Mitgliedern rechtsgerichteter Parteien. Diese wiederum bewerten die Förderung von Wirtschaftsunternehmen um ca. 1,2 Ränge durchschnittlich wichtiger. Die anderen beiden Ziele weisen zwischen den Parteigruppen nur geringfügige Unterschiede auf. *Zweitens* wird deutlich, dass diese Unterschiedlichkeit in der Bewertung der politischen Ziele in allen Bundesländern in dieselbe Richtung gehen und dass das Niveau in den Unterschieden auch vergleichbar hoch ist. Davon ist selbstverständlich das Ziel „Erhaltung und Ausbau der Gemeinde als attraktiver Wohnort" ausgenommen, weil die Mittelwertdifferenz um den Nullpunkt streut.

Drittens verdeutlicht die Abbildung, dass zwischen konkurrenz- und konkordanzdemokratischen Parteiensystemen kein nennenswerter Unterschied zwischen

---

6   Bei dieser Variable wurden Wählergemeinschaften ausgeklammert und sie ist dichotomisiert als eher rechts (CDU, FDP) und eher links (SPD, Grüne, Linke).

den Parteien besteht, wie es angenommen wurde. Gerade in Baden-Württemberg mit seiner wenig politisierten Kommunallandschaft ist die Mittelwertdifferenz bei der sozialen Gerechtigkeit unter allen Bundesländern am höchsten. Dagegen ist die Mittelwertdifferenz hinsichtlich der Förderung von Wirtschaftsunternehmen unter allen Ländern in Baden-Württemberg am geringsten. Zwischen den Bundesländern lassen sich demnach keine durchgängigen Muster erkennen. Mal weisen eher konkordanzdemokratische Bundesländer eine eher geringe Mittelwertdifferenz auf, mal haben sie wiederum eine größere Mittelwertdifferenz.

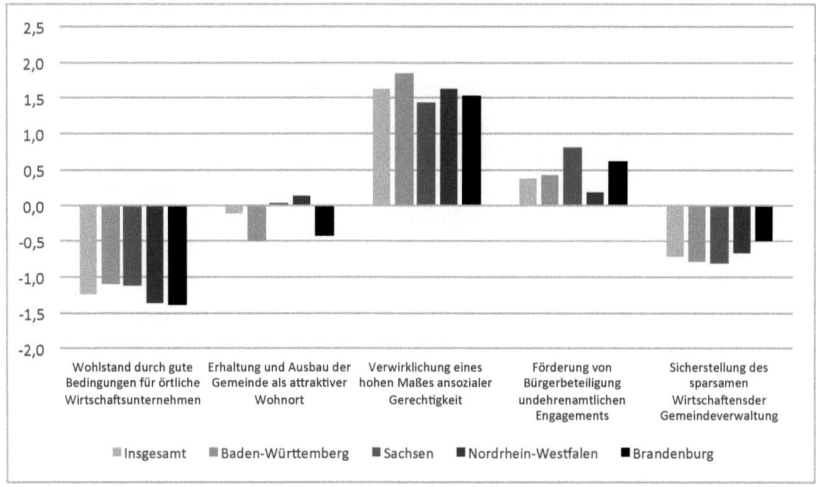

Abb. 25 Mittelwertdifferenz zwischen eher linken und eher rechten Parteien im Bundesländervergleich

Quelle: Eigene Darstellung und Berechnung; Projektdatensatz „Ratsbefragung"

Anschließend wurde eine einfaktorielle Varianzanalyse vorgenommen, um zu überprüfen, ob die Unterschiede im Antwortverhalten zwischen den Parteiblöcken zufällig oder systematisch sind. Bei den Items mit höheren Mittelwertdifferenzen sind die Unterschiede zwischen den Parteigruppen fast immer signifikant, d. h. es handelt sich nicht um einen zufälligen Unterschied, sondern die Ratsmitglieder von CDU und FDP sowie von SPD, Grünen und Linken unterscheiden sich hinsichtlich einzelner allgemeiner politischer Ziele nachweislich voneinander. Ratsmitglieder linksgerichteter Parteien halten danach die Wirtschaftsförderung für weniger wichtig und die soziale Gerechtigkeit für deutlich wichtiger als die Kollegen der anderen Parteien. Dieser signifikante Unterschied gilt für alle Bundesländer.

Tab. 23 Varianzanalyse zwischen links- und rechtsgerichteten Parteien

	BB	NW	SN	BW
Wohlstand durch gute Bedingungen für örtliche Wirtschaftsunternehmen	Mittelwerte			
rechts	1,67	1,99	1,72	2,13
links	3,06	3,35	2,84	3,22
Mittelwertdifferenz	-1,39*	-1,37*	-1,13*	-1,09*
Signifikanz	,00 / ,00	,00 / ,00	,00 / ,00	,00 / ,00
Verwirklichung eines hohen Maßes an sozialer Gerechtigkeit	Mittelwerte			
rechts	4,16	4,04	4,21	4,05
links	2,62	2,41	2,77	2,20
Mittelwertdifferenz	1,54*	1,63*	1,44*	1,85*
Signifikanz	,00 / ,00	,00 / ,00	,00 / ,00	,00 / ,00
Erhaltung und Ausbau der Gemeinde als attraktiver Wohnort	Mittelwerte			
rechts	2,22	2,54	2,41	2,29
links	2,63	2,40	2,38	2,78
Mittelwertdifferenz	-0,42	0,15	0,03	-0,50*
Signifikanz	,18 / ,21	,38 / ,37	,74 /,074	,02 / ,02
Förderung von Bürgerbeteiligung und ehrenamtlichen Engagements	Mittelwerte			
rechts	4,10	3,93	4,28	4,04
links	3,47	3,03	3,47	3,63
Mittelwertdifferenz	0,62*	0,18	0,82*	0,41
Signifikanz	,00 / ,00	,11 / ,12	,01 / ,01	,08 / ,06
Sicherstellung des sparsamen Wirtschaftens der Gemeindeverwaltung	Mittelwerte			
rechts	2,69	2,36	2,38	2,29
links	3,19	3,03	3,18	3,08
Mittelwertdifferenz	-0,50	-0,67*	-0,80*	-0,78*
Signifikanz	,11 / ,09	00 / ,00	,03 / ,04	,00 / ,00

* Mittelwertdifferenz ist auf der Stufe 0.05 signifikant
Die Signifikanztests sind das Welch-Verfahren und das Bron-Forsythe-Verfahren.

Diese Parteiendifferenz bei politischen Einstellungen wurde bereits in einigen anderen Untersuchungen festgestellt (z. B. Ahlstich und Kunz 1994, S. 200). Allerdings muss dies nicht zugleich zu einer Parteiendifferenz beim Policy-Output führen. Bisherige Untersuchungen zur Parteiendifferenz in der kommunalen Haushaltspolitik zeigen überwiegend, dass linke Parteien nicht zu höheren Ausgaben oder höheren Steuern tendieren (Wagschal 1996, Holtkamp 2000, Holtkamp 2008). Dies hat sich in unserem DFG-Projekt auch in der Aggregatdatenanalyse bestätigt (Bogumil/Holtkamp/Junkernheinrich/Wagschal 2015). Es gibt also unterschiedliche ideologische Prioritäten der Ratsmitglieder, aber diese sind nicht in NRW größer als in Baden-Württemberg und führen aufgrund der restriktiven Rahmenbedingungen der kommunalen Ebene (Politikverflechtung, Haushaltsaufsicht etc.) kaum zu variierenden materiellen Politikergebnissen[7].

5   Fazit

Die multiplen Regressionen haben die Hypothesen zum Zusammenhang zwischen den drei unabhängigen Variablen und den Ausprägungen der Konkordanz- und Konkurrenzdemokratie überwiegend – mit Ausnahme der Parteiendifferenz – bestätigt. Mit niedrigen Werten auf dem Kommunalverfassungsindex (durch schwächere rechtliche Kompetenzen des Bürgermeisters und starre Ratslisten bei der Kommunalwahl) gehen eher konkurrenzdemokratische Konstellationen einher, die mit steigender Gemeindegröße und mit Lage in Westdeutschland noch mal forciert werden. Hervorzuheben ist insbesondere der nicht nur hochsignifikante, sondern auch häufig starke Zusammenhang zwischen Kommunalverfassungsindex und Konkurrenz- bzw. Konkordanzdemokratie. Institutionen machen also für die Akteurskonstellationen vor Ort durchaus einen Unterschied, ohne diese zu determinieren. Die häufiger in der lokalen Politikforschung vorgetragene Hypothese, dass die Kommunalverfassung keinen größeren Unterschied macht (vgl. zuletzt Egner 2013, S. 246), ist damit aus unserer Sicht widerlegt. Kommunalverfassungen, die dem Bürgermeister mehr formale Kompetenzen einräumen, führen zu

---

7   Zu anderen Ergebnisse kommt lediglich Volker Kunz (2000), der aber in seiner quantitativen Analyse der kommunalen Haushaltspolitik den variierenden Einfluss der Haushaltsaufsicht nicht berücksichtigt und diesen systematisch unterschätzt, wenn er z. B. davon ausgeht, dass die Hebesätze von Grundsteuern und Gewerbesteuern kommunal autonom festgesetzt werden, während die Aufsicht in der Praxis gerade bei Kommunen mit Kassenkrediten bis hin zur Bestellung von Staatskommissaren massiv Einfluss nehmen.

einer ausgeprägten exekutiven Führerschaft, wobei dann vor Ort zusätzlich viele endogene Variablen, wie z. B. die erworbene Fach- und Führungskompetenz des Bürgermeisters, ins Spiel kommen (Banner 2006).

Für die Gemeindegröße sind hingegen kaum starke, aber immerhin signifikante Beziehungen zu konstatieren. Das ist auch darauf zurückzuführen, dass hier „nur" die Gemeindegrößenklasse zwischen 20.000 und 100.000 betrachtet wurde. Gerade die durchschnittlichen Unterschiede zwischen den Bundesländern dürften noch deutlicher ausfallen, wenn man alle Gemeindegrößenklassen in die Analyse miteinbeziehen würde, weil gerade in NRW die Kommunen über 100.000 Einwohner schwer ins Gewicht fallen, während beispielsweise in Baden-Württemberg gerade die Gemeinden unter 5.000 Einwohner am häufigsten vertreten sind, die es nach der Gebietsreform in den 1970er Jahren in NRW kaum noch gibt. Bei der Betrachtung aller Gemeindegrößenklassen wären also wahrscheinlich die baden-württembergischen Kommunen im Vergleich zu den nordrhein-westfälischen durchschnittlich noch deutlicher konkordanzdemokratisch geprägt, was allerdings in weiteren empirischen Untersuchungen zu verifizieren wäre.

Die politische Kultur in Ost- und Westdeutschland, die durch die räumliche Lage unter Berücksichtigung des Einflusses der Gemeindegröße und Kommunalverfassung operationalisiert wurde, hat schließlich auch keine starken, aber immerhin einige signifikante Beziehungen mit der abhängigen Variable Konkordanz- und Konkurrenzdemokratie zu verzeichnen. Gerade kleinere Kommunen in Sachsen (mit einer konkordanten Kommunalverfassung) tendieren unter Berücksichtigung der drei unabhängigen Variablen besonders stark zur Konkordanzdemokratie. Dafür allerdings, dass bisher in der Literatur die besonderen Eigenschaften des Parteiensystems und der politischen Kultur in Ostdeutschland so hervorgehoben wurden, ist der Einfluss der politischen Kultur doch relativ gering. Das dürfte insbesondere darauf zurückzuführen sein, dass in der Transformations- und Parteienforschung der überlagernde Einfluss der Kommunalverfassung häufig zu wenig berücksichtigt wurde.

Insgesamt ist der Erklärungswert der drei unabhängigen Variablen in den Regressionsmodellen niedrig bis mittel ausgeprägt, was einen relativ großen Einfluss der endogenen Variablen (durch Eigenschaften und Handeln der kommunalen Akteure) erwarten lässt. So sind die drei unabhängigen Variablen sicherlich zwar für eine erste hypothesenartige Einordnung aller Kommunen in Deutschland als eher konkordanz- und konkurrenzdemokratisch geeignet, aber dies entbindet die lokale Politikforschung nicht von detaillierteren Untersuchungen der Akteurskonstellation vor Ort. Diese können von der durchschnittlich aufgrund der Ausprägungen der drei unabhängigen Variablen vorgenommenen Einordnung abweichen, was sich in den nächsten Kapiteln in den Fallstudien zeigen wird.

Literatur

Ahlstrich, K., & Kunz, V. (1994). Die Entwicklung kommunaler Aufgaben. In O. Gabriel, & R. Voigt (Hrsg.), *Kommunalwissenschaftliche Analysen* (S. 167-201). Bochum: Universitätsverlag Dr. N. Brockmeier.

Banner, G. (2006). Führung und Leistung der Kommune. *Deutsche Zeitschrift für Kommunalwissenschaften 45*, 57-69.

Bogumil, J. (2001). *Modernisierung lokaler Politik. Kommunale Entscheidungsprozesse im Spannungsfeld zwischen Parteienwettbewerb, Verhandlungszwängen und Ökonomisierung.* Baden-Baden: Nomos.

Bogumil, J., & Holtkamp, L. (2002). *Die Bürgerkommune als Zusammenspiel von repräsentativer, direkter und kooperativer Demokratie. Erste Ergebnisse einer explorativen Studie.* Hagen: FernUniversität Hagen.

Bogumil, J., Holtkamp, L., Junkernheinrich, M., & Wagschal, U. (2014): Ursachen kommunaler Haushaltsdefizite. *Politische Vierteljahresschrift 55*, 614-647.

Duve, T. (2005). *Kommunale Entscheidungsprozesse in Einheitsgemeinden. Auswirkungen der Gebietsreform auf den kommunalen Entscheidungsprozess in den neuen Einheitsgemeinden im Land Brandenburg.* Hamburg: Dr. Kovac.

Ellwein, T., & Zoll, R. (1982). *Wertheim. Politik und Machtstruktur einer deutschen Stadt.* München: Juventa-Verlag.

Gabriel, O. W. (1984). Parlamentarisierung der Kommunalpolitik. In O. W. Gabriel, P. Haungs, & M. Zender (Hrsg.), *Opposition in Großstadtparlamenten* (S. 101-160). Melle: Konrad-Adenauer-Stiftung.

Gehne, D., & Holtkamp, L. (2005). Fraktionsvorsitzende und Bürgermeister in NRW und Baden-Württemberg. In J. Bogumil, & H. Heinelt (Hrsg.), *Bürgermeister in Deutschland. Politikwissenschaftliche Studien zu direkt gewählten Bürgermeistern* (S. 87-141). Wiesbaden: Springer VS.

Holtkamp, L. (2000). *Kommunale Haushaltspolitik in NRW. Haushaltslage – Konsolidierungspotentiale – Sparstrategien.* Opladen: Leske + Budrich.

Holtkamp, L. (2008). *Kommunale Konkordanz- und Konkurrenzdemokratie. Parteien und Bürgermeister in der repräsentativen Demokratie.* Wiesbaden: Springer VS.

Holtkamp, L. (2010). *Kommunale Haushaltspolitik bei leeren Kassen.* Berlin: edition sigma.

Holtkamp, L., & Eimer, T. (2006). Totgesagte leben länger… Kommunale Wählergemeinschaften in Westdeutschland. In: U. Jun, H. Kreikenbom, & V. Neu (Hrsg.), *Kleine Parteien im Aufwind* (S. 249-276). Frankfurt: Campus Verlag.

Kunz, V. (1998). Die Hebesatzpolitik der kreisfreien Städte in den 80er Jahren. In: H. Mäding, & R. Voigt (Hrsg.), *Kommunalfinanzen im Umbruch* (161-184), Opladen: Leske + Budrich.

Kunz, V. (2000). *Parteien und kommunale Haushaltspolitik im Städtevergleich.* Opladen: Leske + Budrich Verlag.

Lösche, P., & Walter, F. (1992). *Die SPD: Klassenpartei – Volkspartei – Quotenpartei.* Darmstadt: Wissenschaftliche Buchgesellschaft.

Müller, T. (2006). *‚Exekutive Führerschaft' in der Gemeinde?* DemokratiePolitik – Politikwissenschaftliche Arbeitspapiere aus dem Arbeitsbereich Politische Theorie und Ideengeschichte Heft 1. Greifswald: o. V..

Newiger-Addy, G. (2002). *Politik und Verwaltung in brandenburgischen Kommunen.* Berlin: Weißensee-Verlag.

Pähle, Katja (2011). *Kommunale Mandatsträger in der Herausforderung von Bürgerideal und Mandatspraxis.* Hamburg: Dr. Kovac.

Schneider, H. (1991). *Kommunalpolitik auf dem Lande.* München: Minerva.

Simon, K. (1988). *Repräsentative Demokratie in großen Städten.* Sankt-Augustin: Knoth.

Wagschal, U. (1996). Der Einfluss von Parteien und Wahlen auf die Staatsverschuldung. *Swiss Political Science Review 2,* 305-328.

Wehling, H.-G. (1989). Auswirkungen der Kommunalverfassung auf das lokale politisch-administrative Handeln. In D. Schimanke (Hrsg.), *Stadtdirektor oder Bürgermeister* (S. 84-96), Basel: Springer VS.

Wehling, H.-G. (1999). Wer wird gewählt? Das Auswahlverhalten von Wählerinnen und Wählern bei Kommunalwahlen in Baden-Württemberg. *Der Bürger im Staat 49,* 180-183.

Wehling, H.-G. (2003). Kommunalpolitik in Baden-Württemberg. In: A. Kost, H.-G. Wehling (Hrsg.), *Kommunalpolitik in deutschen Ländern. Eine Einführung* (S. 23-40). Opladen: Springer VS.

Kommunale Entscheidungsstrukturen in Sachsen

Marc Seuberlich

1 Stand und Entwicklung der Haushaltslage

Nach Jahren des Schuldenaufbaus in allen Untersuchungskommunen in den 1990er Jahren, der seinen Peak in den späten 1990er oder frühen 2000er Jahren erreichte, gelang diesen mit wenigen Ausnahmen die kontinuierliche Aufstellung ausgeglichener Kernhaushalte und der Abbau von Altverschuldung und ggf. von Kassenkrediten. Dabei sprechen die sozioökonomischen Rahmenbedingungen (Abwärtsspirale bei den Einwohnerzahlen und im Gewerbe) eigentlich gegen finanzielle Konsolidierungserfolge. Diese waren wiederum aber das entscheidende Motiv, den Konsolidierungspfad zu beschreiten.

2 Allgemeine Akteurskonstellation

Wie für die kommunale Parteienlandschaft Sachsens typisch gibt es in den Untersuchungskommunen eine strukturelle CDU-Dominanz (mit lediglich einer Ausnahme), die in Verbindung mit stimmenstarken, gewöhnlich eher konservativen Wählervereinigungen und den Freidemokraten meist bürgerlich geprägte Mehrheiten bilden. Den Linken, der SPD und noch weniger den Grünen gelingt es in den Fallkommunen prägend, innerhalb der kommunalen Entscheidungsstrukturen, zu wirken. Allerdings ist eine für die staatlichen Ebenen sicherlich zutreffende ideologische Trennung in ein bürgerliches und ein linkes Lager in den sächsischen Kommunen nicht angebracht. Neben zwar einzelnen Abweichungen in konkreten inhaltlichen Detailfragen, sind die grundlegenden Interessen und Ziele der Parteien und Entscheidungsträger in den wichtigsten stadtpolitischen Fragen kongruent bzw. werden parteibasierte Partikularinteressen gesamtstädtischen Interessen untergeordnet. Thesen zur Parteiendifferenz können somit, was die großen Ziele der Stadtentwicklung bzw. auch die finanzielle Haushaltssituation angehen, keine Gültigkeit beanspruchen. Parteien haben zwar unterschiedliche Ausgabepräferenzen oder Einnahmeprioritäten, es dominieren aber die Ziele Haushaltsausgleich und Kreditvermeidung.

Auch wenn die bürgerlichen Parteien häufig eigene Mehrheiten bilden können, sind in den Fallkommunen jedoch viel eher wechselnde oder übergroße Mehrheiten anzutreffen, da es neben den fehlenden ideologischen Lagerbildungen, keine vertraglich fixierte Regierungskoalitionen und intensive Oppositionsarbeit gibt. Dazu trägt auch die traditionell hohe Fragmentierung und die damit verbundene große Zahl (sehr) kleiner Fraktionen in den sächsischen Gemeinderäten bei, die die Zusammenarbeit auch zwischen inhaltlich entfernt stehenden Parteien und Wählervereinigungen notwendig machen kann. In den Untersuchungskommunen sind für gewöhnlich mindestens drei Parteien für Mehrheiten notwendig, deren Bildung durch das eher entspannte als angespannte kommunalpolitische Verhandlungsklima normalerweise gelingt. Der weitgehend fehlende Fraktionszwang passt zu den stark konkordanten zwischenparteilichen Verhältnissen im Rat sowie zu den häufig stattfindenden Zweckgründungen von Fraktionen durch Kleinstparteien und –gruppierungen, die selbst zwischen solchen Gruppierungen gelingen, die gemäß ihrer Natur eigentlich nicht zusammengehören. Da sich die Ratsmitglieder für gewöhnlich nicht aus klassischen Parteiarbeitern, sondern eher aus technokratischen Pragmatikern rekrutieren, und sie zusätzlich noch in Räten mit überschaubarer Größe sitzen (max. 34 Mandate), ist die Hürde für fraktionsübergreifendes Denken und Handeln niedrig und der Grad persönlicher Bekanntschaften groß.

3   Rolle des Bürgermeisters und der Verwaltung

Qua Gemeindeordnung hat der Bürgermeister bereits eine starke Position in Sachsen. Dies ist auch bei den Bürgermeistern in den meisten Untersuchungskommunen zu beobachten, unabhängig, ob parteigebunden oder nicht. Während von den parteilosen Oberbürgermeistern eine gewisse Überparteilichkeit erwartet wird, postieren sich auch die parteigebundenen Bürgermeister in Wahlkampfzeiten wie auch in dem täglichen Politikgeschäft als überparteiliche Vertreter. Aufgrund des hohen Fragmentierungsgrades im Gemeinderat gibt es weder klare Bürgermeistermehrheiten noch Kohabitationen. Daher ist der Bürgermeister i. d. R. angehalten, Mehrheiten eigenständig zu organisieren.

Die im Untersuchungszeitraum regierenden Bürgermeister wurden fast ausnahmslos von mehreren, wenn nicht allen Ratsfraktionen unterstützt. Als entscheidend für die Unterstützung durch die Ratsfraktionen gelten neben der erwähnten Überparteilichkeit, Fachkenntnisse und Führungsqualitäten. Bürgermeister mit Verwaltungshintergrund besitzen in den Fallkommunen Vorteile und höheres Durchsetzungsvermögen. Eine auffällige Beobachtung war, dass nach dem Ausscheiden von Bürgermeistern mit Politikhintergrund bzw. einer stark parteipolitisch aufgeladenen Attitüde sich nicht nur das politische Klima verbesserte, sondern sich erst dann auch eine gemäßigte Haushaltspolitik durchsetzte. Die meist negativen Erfahrungen mit politikzentrierten Bürgermeistern in den 1990er Jahren, die in politischen Blockaden, Fehlinvestitionen und einer rauen Debattenkultur mündeten, haben den Anforderungskatalog an künftige Stelleninhaber nachhaltig verschoben.

Die Implementation der Haushaltspolitik ist Aufgabe des Finanzbürgermeisters bzw. der Kämmerei (wenn es keinen Finanzbürgermeister gibt). Dies gilt insbesondere dann, wenn der Oberbürgermeister selbst nicht vom Fach ist. Der Finanzbürgermeister ist noch seltener als der Verwaltungschef an ein Parteibuch gebunden und wird auch nicht als politischer Akteur wahrgenommen. Den Finanzbürgermeistern und Kämmereien wird gegenüber den einzelnen Ratsmitgliedern kooperatives Verhalten bescheinigt, sobald das Ratsmitglied Auskunft wünscht. Allerdings ist durch Ratsmitglieder hohes Eigenengagement erforderlich, um Informationen zu erhalten oder Investitionsvorschläge erfolgreich vorzubringen. Investitionsvorschläge müssen mit fundierten Gegenfinanzierungmodellen vorgebracht werden, was eine Herausforderung für die Ratsmitglieder mangels entsprechenden Wissens darstellt. Von sich aus geben die Verwaltungen selten preis, worauf die finanzielle Entwicklung in Haushaltsjahren beruht, um nicht im Falle höherer Steuereinnahmen lange Wunschlisten vorgelegt zu bekommen. In der Haushaltspolitik behält die Verwaltung damit eindeutig die Zügel in der Hand und versucht durch zeitlich eng befristete Haushaltsauslagen, nicht ausufernde Beratungsprozesse sowie nicht allzu üppiger Informationsausstattung den Daumen auf die Ausgabenpolitik zu halten.

4   Interaktionen am Beispiel der Haushaltspolitik

Der Charakter der Haushaltspolitik in den sächsischen Fallkommunen im Untersuchungszeitraum wird bestimmt durch konkordante Entscheidungsstrukturen, einer dominanten Verwaltung und einem freiwilligen Commitment zu Sparsamkeit und ggf. Konsolidierung. Anstoß für das in den Fallkommunen breit getragene Commitment bildete die Erkenntnis einer zunehmend dramatischen Gesamtsituation der Städte, die sich aus den ausgabefreudigen und schuldentreibenden Investitionsmaßnahmen in der Nachwendezeit ergaben, verbunden mit einer schwierigen demographischen Entwicklung, sinkenden (prognostizierten) Einnahmen aus dem Solidaritätszuschlag und dem eher unsicheren Zugriff auf EU-Fördermittel. Der Pfadwechsel von einer ausgabefreudigen zu einer eher sparsamen, kreditverneinenden Politik gelang in den Untersuchungskommunen in einem engen zeitlichen Rahmen zwischen den späten 1990er und frühen 2000er Jahren.

Der initiierende Akteur war in allen Fällen der Oberbürgermeister, in finanziell wenig performanten Kommunen kam die Kommunalaufsicht hinzu. Der für Sachsen eher repressive Charakter in der kommunalen Haushaltsaufsicht spielte für die Fallkommunen letztlich aber nur in den ersten Konsolidierungsjahren eine Rolle, da schon nach kurzer Zeit das von den lokalen Akteuren getragene Commitment die Rolle der Kommunalaufsicht einnahm. Diese haben sich die Ratsmitglieder z. T. automatisch gegeben, dennoch sind es in allen Kommunen die Kämmereien, die dieses jedes Jahr aufs Neue in Erinnerung rufen. Das Commitment als mittelfristige Strategie besteht aus der Vermeidung von Kreditaufnahmen und der Bedingung, dass Investitionen nur in Kopplung mit Fördermitteln erfolgen sollen. Neben Maßnahmen, die frühzeitig positive finanzielle Erfolge generierten, sollte trotzdem immer genügend Spielgeld vorhanden sein, welches durch Bedürfnisbefriedigungen der Fraktionen den Hausfrieden sichert.

Zudem wurde die Zentralisierung der Haushaltspolitik in der Verwaltungsspitze (Bürgermeister, Finanzbürgermeister, Kämmerei) vorangetrieben, da durch die uneindeutigen Mehrheitsverhältnisse, überwiegend kleinen Fraktionen und wenig an Haushaltsfragen interessierte und informierte Ratsmitglieder, es für die Ratspolitik kaum möglich ist, einen fundierten Überblick in Haushaltsfragen zu behalten. Die beherrschende Rolle der Verwaltung im Haushaltsaufstellungsverfahren fußt in allen Kommunen auf dem Vorsprung an Fachwissen, welches die Räte zu Vertrauen in die Verwaltung zwingt. Da ausgeglichene Etats erreicht werden und der Politik im gewissen Maß Bedürfnisse zur öffentlichen Profilierung erfüllt werden (Bezuschussung von Vereinen etc.), pocht die Politik auch nicht auf eine Stärkung ihrer Verantwortung in der lokalen Haushaltspolitik. Die Beratungen verlaufen bis auf Detailfragen meist einmütig und obwohl keine oder selten Fraktionsdisziplin ausgesprochen wird, gibt es kaum abweichendes Stimmverhalten in den Fraktionen bzw. generell eine große Zustimmung zu Haushaltsentwürfen. Die wesentlichen Haushaltsentscheidungen werden nur in einem kleinen Kreis getroffen, üblicherweise im Akteursdreieck Oberbürgermeister-Finanzbürgermeister/Kämmerei-Finanzausschuss, so dass die abschließende Haushaltsberatung im Gemeinderat im Wesentlichen der parteipolitischen Profilierung nach außen, z. B. durch Änderungsanträge von geringem finanziellen Wert, dient. Durch den verhältnismäßig kleinen Akteurskreis vermeidet man letztlich Expansionstendenzen, denn haushälterische Nebengeschichten wie Deals zwischen zwei Fraktionen sind die absolute Ausnahme und Anträge anderer Fraktionen zu Bagatellsummen werden für gewöhnlich stattgegeben.

Als ein zentraler Erfolgsfaktor gilt die einsetzende pfadabhängige Entwicklung, sobald die Entscheidung zur Konsolidierung und Genügsamkeit getroffen wurde. Neu gewählte Ober- und Finanzbürgermeister führten das von ihren Amtsvorgängern geschaffene Credo vom langfristigen Schuldenabbau und dem Verbot von Kreditaufnahmen automatisch fort, weil dieses mittlerweile sehr stark in den Verwaltungen und bei den politischen Führungskräften in den Räten verankert war. Allerdings ist es angesichts sinkender Einnahmen aus bisher recht sicheren Geldquellen wie den Zuweisungen fraglich, ob dieses Commitment noch lange Bestand hat, wenn die Investitionsmöglichkeiten aufgrund fehlender Finanzmittel mittelfristig geringer werden und nicht mehr zur Bedürfnisbefriedigung beitragen können. Dann ist es auch möglich, dass die kommunale Haushaltslage zu einem öffentlichen Thema im politischen Alltag und zu Wahlkampfzeiten wird, was heute nicht der Fall ist. Aus diesem Grund sind alle Kommunen bestrebt bis zum Ende des Jahrzehnts, wenn der Solidaritätszuschlag ausläuft, der Nullverschuldung möglichst nahe zu kommen.

5 Fallstudien

5.1 Fallstudie Stadt M

5.1.1 Kurzcharakterisierung

Als stark wachsende Stadt investieren Politik und Verwaltung weiterhin in die Aufwertung des Standorts als Wohn- und Freizeitdestination. Die rege Einwerbung von Fördermitteln und intensive Debatten um die Finanzierbarkeit kommunaler Großinvestitionen stehen immer unter dem Stern der finanziellen Machbarkeit. Ein langjähriger, politikzentrierter Bürgermeister wird durch seine eigene Mehrheitsfraktion gestützt. Die hohe Politisierung im politischen Alltagsgeschäft führt zwar zu inhaltlich und medial ausgetragenen Kontroversen, die finanzielle Situation und Leistungsfähigkeit sowie die Sachbetonung kommunaler Politik bleiben allerdings parteiübergreifend Leitlinien des Handelns.

5.1.2   Allgemeine Akteurskonstellation

Die demographisch wachsende Untersuchungsgemeinde mit rund 25.000 Einwohnern grenzt an eines der großen Zentren des Landes. Die Zusammensetzung des Stadtrates ist für Sachsen bemerkenswert, weil er nur aus den klassischen fünf Parteien besteht und die SPD traditionell und aktuell mit neun von 26 Sitzen die stärkste Kraft bildet. Der SPD folgt seit drei Ratsperioden dicht die CDU (8 Sitze), wobei die großen Parteien zuletzt zugunsten der kleinen (Linke (4), Grüne (2), FDP(3)) sukzessiv an Sitzen verloren haben. Die wenig eindeutigen Konstellationen führen dazu, dass es keine klassischen Mehrheitskoalitionen oder Oppositionsfraktionen, sondern wechselnde Mehrheiten gibt. Eine gewisse Lagerbildung an ideologischen Grenzen (rot-rot-grün bzw. schwarz-gelb) ist erstens inhaltlich und zweitens bei der Unterstützung der Kandidaten für die Oberbürgermeisterwahl erkennbar. Neben den inhaltlichen Differenzen gibt es im Rat z. T. (informelle) Arbeitsteilungen, je nachdem welche Interessen und Kompetenzen die einzelnen Parteien haben. Die SPD-Fraktion ist beispielsweise als einzige inhaltlich breit aufgestellt, die CDU konzentriert sich besonders auf die Themen Stadtentwicklung und bauliche Erschließung, während die Linke sehr stark auf die sozialen Themen achtet und auch bewusst sagt, zu den Themen der CDU würde man mangels eigenen Interesses nur begleitend aktiv sein.

Das Binnenverhältnis im Rat sei trotz inhaltlicher Differenzen entspannt. Man habe eben nur 26 Ratsmitglieder und das sei *„hier nicht die ganz große Politik"* (FV Linke), so dass das Verhältnis der Ratsmitglieder untereinander parteiübergreifend gut sei.

> „In manchen Punkten geht's dann hart her oder ein bisschen contra gegeneinander. Aber gut, dann kann man sich hinterher auch wieder in die Augen gucken. Man muss nicht sagen, dass da zwei Lager sind: ,Die sind da und wir sind da'." (FV SPD)

Durch die Größe der Stadt würden sich die Ratsmitglieder der Parteien über z. B. Sportvereine kennen oder auf der Straße treffen, was die kommunale Ratsarbeit prägt. In den politischen Gremien dominiert daher sachliche Zusammenarbeit und auch bei Oberbürgermeisterwahlen wird entweder auf die Aufstellung eigener Kandidaten verzichtet oder dies dient nur der Profilierung in der Öffentlichkeit.

Die Befürwortung von Fraktionszwängen ist aufgrund der geringen Parteienzahl und manchmal knapper Mehrheitsbildungen zu einem gewissen Grad vorhanden, wird jedoch sehr unterschiedlich gehandhabt. Generell wird aber erwartet, dass die Fraktionskollegen wie die Fraktionsspitze abstimmen, damit es keine Quälgeister gibt. Es sei aber selbst in kleineren Fraktionen meist recht schwierig, alle Mitglieder auf eine Fraktionsmeinung einzuordnen. Am ehesten gelingt dies noch der SPD, deren Fraktionsmitglieder durchweg geschlossen abstimmen, obwohl darunter auch parteilose Mitglieder sind.

5.1.3 Rolle des Bürgermeisters und der Verwaltung

Von 1994 bis 2013 füllte dieselbe Person das Bürgermeisteramt aus. Der in einem naturwissenschaftlichen Fachgebiet promovierte Sozialdemokrat konnte sich bei seiner letzten Wiederwahl, bei welcher seine Wahlplakate keine Logos der SPD schmückten, auf eine komfortable Bevölkerungsmehrheit stützen und war zum Untersuchungszeitpunkt einer der wenigen sozialdemokratischen Bürgermeister Sachsens. Noch seltener ist der Fall anzutreffen, dass der sozialdemokratische Bürgermeister die größte Fraktion im Rat hinter sich weiß. Zwar unterstützten ihn auch die anderen linken Fraktionen, aber bei diesen galt er nicht als unumstritten. Bei Stadtratswahlen hielt er sich für gewöhnlich ebenfalls heraus, warb nicht zu offenkundig für seine SPD und versuchte damit Überparteilichkeit auszustrahlen. Von der SPD-Fraktion im Rat wird diese Position akzeptiert. In der Bevölkerung genoss er bis zuletzt hohes Ansehen.

Anders als es seine Popularität im Volk und seine nach außen vertretene Überparteilichkeit erwarten ließen, galt sein Führungsstil im Bürgermeisteramt als autoritär, in einem Interview wird dieser gar als „demagogisch" beschrieben. Dies gilt sowohl für die Organisation der internen Verwaltung wie auch für die Leitung der politischen Gremien. In der Verwaltung sind persönliche Spannungen, Blockaden und Unzufriedenheit bei den Mitarbeitern sowie häufige Personalwechsel in Leitungspositionen festzustellen, da dem Oberbürgermeister eine gewisse „Kontrollsucht" nachgesagt wird. Sämtliche Entscheidungen gehen über seinen Tisch und Aufgaben werden nur selten delegiert. In der Politik übt der Oberbürgermeister Alleingänge und wird bei Meinungsdissensen gerne lauter. Bei manchen Ratsmitgliedern ist er mittlerweile ein *„rotes Tuch"* (FV Linke). Die langjährigen Vorsitzenden der nicht-sozialdemokratischen Fraktionen wissen mittlerweile, wie sie Debatten anheizen können und wenden dies strategisch an. Der Oberbürgermeister wird als ein Grund gesehen, dass es häufig überhaupt erst zu intensiven Debatten in den Gremien kommt. Seine persönliche Art und sein Führungsstil lüden zu Auseinandersetzungen ein. Die Fraktionsführung der SPD bleibt meist im Hintergrund und lässt den Oberbürgermeister agieren. Aus diesem Grund stößt die SPD-Fraktion bei den übrigen Fraktionen auf Akzeptanzprobleme, da ihnen die Eigenständigkeit abgesprochen wird. Beim Oberbürgermeister sind Abnutzungserscheinungen durch die langjährige Arbeit erkennbar, die dazu führen, dass weniger auf Verhandlung und Konsens, sondern stärker auf rückhaltlose Durchsetzung und Polarisierung gesetzt wird. Nur bei wenigen, meist Entscheidungen von hoher Relevanz oder bei nicht eindeutiger Zustimmungslage versucht der Oberbürgermeister durch vorige informelle, bilaterale Telefonate mit den Vorsitzenden der übrigen Fraktionen Unterstützung einzuwerben, was ihm wegen seiner sonst eher wenig kooperativen Art selten gelang. Der Oberbürgermeister war also für gewöhnlich auf seine Fraktion angewiesen.

Der Finanzbürgermeister ist seit der Wende im Amt und damit wie der Oberbürgermeister eine Konstante in der Verwaltung und Politik. Zu seinem Amtsantritt war er als studierter Naturwissenschaftler völlig fachfremd und hatte keine Erfahrung mit der Aufstellung und Führung eines kommunalen Haushalts. Schulungen halfen ihm, den Haushaltsprozess und die Haushaltsführung korrekt auszuüben. Dabei entwickelte er von Anbeginn ein sehr technokratisches Verständnis. In konkreten Fragen vertraut er auf seine operative Kämmerin, die den Daumen auf dem Haushalt hat. Er wird als unpolitischer Akteur wahrgenommen und genießt großen Respekt in der Politik. Der Baubürgermeister gilt als sehr rege und geschickt, was die Akquise von Fördermitteln betrifft, ohne die in der Stadt fast gar nichts läuft. Durch die dem Baubürgermeister eigene Fähigkeit erfolgreich Fördergelder einzuwerben, ist das Investitionsniveau sehr hoch und die Liste an Investitionsvorhaben aufgrund der guten finanziellen Prognose wegen steigender Einwohnerzahlen lang.

5.1.4   Interaktion am Beispiel der Haushaltspolitik

Die finanzielle Lage der Stadt ist angesichts guter Rahmenbedingungen kein Thema, was besondere Beachtung erfährt. Das Denken der Akteure ist aber durch die schwierige Nachwendezeit geprägt, da man auch weniger gute Zeiten kennengelernt hat. Aus diesem Grund wird versucht, solchen Entwicklungen frühzeitig gegenzusteuern. Wichtiges Thema in der Stadt ist die Stadtentwicklung, um als Wohn- und Freizeitstandort für Neubürger und Tagesausflügler interessant zu werden. Da dies auch gelingt, spielt die finanzielle Situation keine große Rolle. Dennoch wird bei Vorschlägen für Investitionsvorhaben intensiv auf eine fundierte Finanzierung geachtet. Da man um die sinkenden Solidareinnahmen und die wahrscheinlich steigenden Kreditzinsen weiß, ist man nicht nur versucht den Haushalt auszugleichen, sondern auch ein wenig die Schulden abzutragen. Eine aktive Entschuldung wird jedoch nicht in der Intensität verfolgt, wie es theoretisch angesichts der kommunalen Finanzlage wahrscheinlich möglich wäre. Schließlich verbessert sich mit den wachsenden Einwohnerzahlen die Einnahmesituation. Die Konsolidierung der Stadtfinanzen erfolgt damit als eher beiläufiger, denn als ein aktiv verfolgter Prozess, der weder Verwaltung noch Stadträten einschneidende Entscheidungen abverlangt, sondern sich aus einer gesunden Haushaltspolitik mit laufend ausgeglichen Etats ergibt. Die Implementation des Haushalts ist komplett Aufgabe des Finanzbürgermeisters und seines Fachbereichs. Der Oberbürgermeister mischt sich nur selten ein und vertraut auf seinen Finanzbürgermeister.

Es wird weiterhin darauf geachtet, strategisch, nachhaltig, und reichlich zu investieren, um den Standort attraktiv zu halten, denn Neubürger füllen der Erfahrung nach gutes Geld in die Kassen. Abgabe- und Steuererhöhungen zur Verbesserung der Einnahmesituation und zum zügigeren Schuldenabbau kommen für die Stadtratsfraktionen nicht infrage, weil keine Notwendigkeit gesehen wird und auch unnötige Konfliktherde vermieden werden sollen. Die Verwaltung startete zwar wiederholt Versuche über solche Maßnahmen zur Verbesserung der Einnahmesituation beizutragen, traf dabei jedoch auf Widerstand im Rat. So wurde eine von der Verwaltung initiierte Grundsteuerhebesatzerhöhung abgelehnt, obwohl diese nur von den CDU- und FDP-Fraktionen, die nicht die Mehrheit haben, offen abgelehnt wurde. Trotz der Möglichkeit auf seine SPD-Fraktion zuzugreifen und sich evtl. Unterstützung aus anderen Fraktionen zu sichern, verzichtete der Oberbürgermeister – wohlweißlich des darauf folgenden öffentlichen Konflikts – auf diesen Vorschlag und zog ihn zurück. Wenn eine Erhöhung unausweichlich ist, wie dies vor kurzem beim Gewerbesteuerhebesatz der Fall war, werden die Debatten üblicherweise sehr scharf geführt, auch wenn dies die erste Hebesatzerhöhung seit mehr als einem Jahrzehnt war.

Auf der Ausgabenseite agiert die Verwaltung dagegen als Bremser. Sie gilt zwar im Haushaltsaufstellungsprozess als kooperativ, auch was die Möglichkeiten zur Einbringung von Änderungsvorschlägen betrifft. Allerdings müssen Ratsmitglieder einen spürbaren Aufwand betreiben, um detaillierte Haushaltsauskünfte zu erhalten. Denn die im Vorfeld von Haushaltsberatungen zur Verfügung gestellten Materialien und Informationen werden als eher dünn beschrieben. Eigenständiges Nachfragen ist aus Sicht der Ratsmitglieder dringend geboten, um überhaupt einen konkreten Überblick zu erhalten. Ausgabenwünsche aus Reihen des Rates, selbst von nur marginaler Höhe wie Mieterlasse von Sportvereinen, werden von der Verwaltung üblicherweise abgelehnt, selbst wenn die von Verwaltungsseite eingeforderten Gegenfinanzierungsvorschläge vorgelegt werden. Dabei sind die Forderungen der Politik meist nicht sonderlich groß. Die Überzeugungen zur Kreditaufnahme sind parteiübergreifend kongruent (möglichst vermeiden). Investitionen mit Kreditaufnahmen erfolgen nur in absoluten Ausnahmefällen, wie vor einigen Jahren beim Neubau eines Gymnasiums, was aber dem Ziel untergeordnet wurde, sich als lebenswerte Stadt gegenüber dem benachbarten Landeszentrum zu positionieren. Die Kreditaufnahme war dabei gar keine kritische Frage, denn der Beschluss erfolgte einstimmig. In den öffentlichen Haushaltsberatungen im Stadtrat werden am Ende zuvor von der Verwaltung abgelehnte Investitions- und Zuschusswünsche in Bagatellhöhe üblicherweise genehmigt. Es werden dann meist auch von allen Seiten Vorschläge aufgenommen, die umgesetzt werden sollen. Um des Hausfriedens Willen achtet man bei der Beschlussfassung nur wenig darauf, von welcher Partei der jeweilige Investitionsantrag gestellt wurde. Dadurch vermeidet man im Budgetierungsprozess Pakete aushandeln zu müssen.

Der Haushalt der Stadt, dessen Volumen von Jahr zu Jahr wächst, wird in den meisten Jahren so mit einer deutlichen Mehrheit bei nur seltenen Gegenstimmen vom Stadtrat beschlossen. Kürzungen in den freiwilligen Ausgaben kamen im vergangenen Jahrzehnt nicht vor. Allenfalls die CDU mahnt mehr als andere Parteien zum Sparen, lehnt aber nicht automatisch die Haushaltsentwürfe ab. Ansonsten vertrauen die Ratsmitglieder auf die Aushandlungsergebnisse zwischen Oberbürgermeister, Finanzbürgermeister und Finanzausschuss.

Die Öffentlichkeit und auch die Wahlkämpfe blenden das Thema städtischer Haushalt wegen fehlenden Interesses und mangelnder Aktualität weitgehend aus. Nur in Ausnahmefällen von größeren Investitionsvorhaben gibt es breiter ausgetragene Diskurse (Bau einer Schwimmhalle, Bewerbung um Landesgartenschau). Hierauf folgen öffentlich ausgetragene, monate- bis jahrelange Debatten zwischen den Parteien, wodurch sich in der Folge der Ton auch verschärft hat.

5.1.5 Fazit

Zusammenfassend kann für die ökonomisch und soziostrukturell privilegierte Untersuchungsgemeinde eine sehr hohe Investitionstätigkeit und ein Ausschöpfen der aktuell positiven finanziellen Lage festgehalten werden: Es gibt zwar ein (informelles) Commitment, aber im Unterschied zu anderen Kommunen keine wirkliche Konsolidierungsstrategie. Der Zugriff auf Fördertöpfe hält viele ruhig, während die Politisierung stark ansteigt. Die Politisierung tangiert allerdings nicht die Finanzgeschäfte der Kommune, weil in diesem Bereich eine hohe Interessenkongruenz besteht. Die Sicherung der kommunalen Finanzlage geht entscheidend von kommunalen Führungspersönlichkeiten aus – dem Oberbürgermeister, dem Finanzbürgermeister und gestandenen Ratsmitgliedern. Sie ist allerdings ein Resultat der guten sozioökonomischen Umstände und nicht wie in den übrigen sächsischen Fallkommunen, ein Ergebnis besonnener, fraktionsübergreifender Politik. Der quantitative Rückgang an geförderten Investitionen wird in den politischen Gremien allerdings absehbar zu intensiven Diskussionen über die Rangfolge der einzelnen Investitionen führen, so dass der durch die die staatliche Förderung mitgesicherte Burgfrieden gefährdet ist.

5.2 Fallstudie Stadt N

5.2.1 Kurzcharakterisierung

Die ökonomisch wenig leistungsfähige Gemeinde profitiert noch heute von der mittlerweile beendeten Amtszeit eines ausgesprochen starken, weitläufig anerkannten, aber politikzentrierten Bürgermeisters. Sein eingeschlagener Weg der Konsolidierung wurde auch nach seinem Ausscheiden aus dem Amt konsequent von der Kämmerei fortgesetzt, so dass der neue Amtsinhaber keine gegenläufige Strategie entwickeln konnte. Die Ratsfraktionen dagegen haben sich inhaltlich parteipolitisiert und tragen ihre ideologischen Grabenkämpfe unter der (informellen) Verpflichtung für einen ausgeglichenen Haushalts aus.

5.2.2 Allgemeine Akteurskonstellation

Die Untersuchungsgemeinde N hat zurzeit knapp 38.000 Einwohner und ist eine Umlandgemeinde eines der großen Landeszentren. Der Stadtrat ist deutlich fragmentiert, da acht Parteien und Wählervereinigungen den Einzug in den Rat geschafft haben. Die Stadträte haben sich daraufhin in fünf Fraktionen organisiert: CDU/FDP (9 Mitglieder), Die Linke (5), Freie Wähler (4), Bürgerinitiativen (3) und SPD/Grüne (3), während die NPD (2) keinen Fraktionsstatus besitzt. Die hohe Fragmentierung hat sich erst in jüngster Zeit entwickelt. Zwei Ratsperioden zuvor waren lediglich fünf Parteien bzw. vier Fraktionen im Rat vertreten.

Die Zusammensetzung des Rates entspricht damit dem sächsischen Durchschnitt. Die CDU ist traditionell mit einem gewissen Abstand die stärkste Kraft in der Stadt und konnte sich viele Jahre, bis zur Oberbürgermeisterwahl 2008, auf einen christdemokratischen Oberbürgermeister stützen. Mittlerweile ist ihr Abstand zu der zweitgrößten Fraktion von Periode zu Periode deutlich kleiner geworden, weswegen sie stärker auf Kooperationen angewiesen ist. Die Unterstützung kann sie sich im konservativ-liberal geprägten Block holen, denn die Freien Wähler als zweitstärkste Kraft, die auch den Oberbürgermeister stellen, sehen sich inhaltlich in der Nähe zur CDU und konnten noch bis zur letzten Ratsperiode mit der Union eine sichere absolute Mehrheit bilden. Durch eigene Mandatsverluste und jene der CDU zugunsten neu in den Rat getretener Parteien und Gruppierungen, sind für Ratsbeschlüsse mittlerweile Kooperationen mit der FDP notwendig.

Die zunehmende Fragmentierung und die Schwäche der linksgerichteten Parteien hat sich die Lagerbildung zwischen einem konservativen Block und einem rot-roten Block, die vor einiger Zeit in Ratsdebatten und Beschlussfassungen noch eine gewisse Rolle gespielt hat, etwas aufgelöst. Trotzdem gibt es noch nicht wirklich eine lagerübergreifende Zusammenarbeit, aber das Verhältnis untereinander ist gut.

Die SPD bildet mit den Grünen eine Fraktion und ist trotzdem noch kleiner als die Linke, der wichtigeren Kraft im linken Lager. Eine Unterscheidung in Mehrheits- und Oppositionsfraktionen ist so heute nicht mehr möglich und in der politischen Gremienarbeit auch nicht feststellbar.

5.2.3   Rolle des Bürgermeisters und der Verwaltung

Dem Vorgänger des jetzigen Oberbürgermeisters wird die wichtigste Rolle in der Entwicklung der Stadt in der Nachwendezeit zugeschrieben. Der Christdemokrat wurde 2001 gewählt und stand bis zu seinem beruflichen Aufstieg in die Landespolitik (2009) der Stadt vor. Bei seiner Wiederwahl 2008 konnte er hohe Zustimmungswerte auf sich vereinigen. Ihm wird ein zentraler Einfluss auf mehrere positive Entwicklungen in der Stadt zugeschrieben, von denen der Kampf gegen den ehemals lokal sehr präsenten Rechtsextremismus wie auch eine gesunde Finanzpolitik die wichtigsten und nachhaltigsten sind. Man ist sich parteiübergreifend einig, dass der Oberbürgermeister einige wichtige Pflöcke geschlagen und Strukturen eingeführt hat, die der Stadtentwicklung nachhaltig geholfen haben.

Der aktuelle Verwaltungsvorstand besteht lediglich aus zwei Personen, nachdem ein Beigeordnetenposten im Zuge der Konsolidierung eingespart wurde. Dem parteilosen Oberbürgermeister (seit 2010, Handwerker) steht ein Beigeordneter für Bauen, Stadtentwicklung und Schulen zur Seite. Damit konzentrieren sich relativ viele Politikfelder, wie auch die Haushaltspolitik, auf das Amt des Oberbürgermeisters. Er ist nicht bestrebt, dieses Geschäftsfeld wie in anderen Kommunen einem eigenen Bürgermeister zuzuordnen, da aus seiner Sicht, seit der Einsparung der Beigeordnetenstelle, die Arbeit in der Finanzpolitik sehr gut läuft. Der Oberbürgermeister selbst ist politikorientiert, Gründer der Freien Wähler, die seit 1994 als zweitstärkste Kraft im Rat sitzen, und war bis zu seiner Direktwahl deren Vorsitzender sowie ihr Vertreter im Kreistag. Bei seiner Wahl zum Oberbürgermeister trat er als unabhängiger Kandidat an. Seine politischen Ziele, die er in seinem Wahlkampf und in den ersten Amtsjahren verfolgte, waren vor allem Stadtentwicklung, Tourismus und Altstadtsanierung und, im Unterschied zu seinem Vorgänger, weniger die finanzielle Konsolidierung. Als Amtsnachfolger behielt er den eingeschlagenen Kurs der Haushaltskonsolidierung bei. Es wird die These vertreten, dass die Konsolidierung mittlerweile so stark in den Strukturen und Prozessen in der Verwaltung und in den Gremien verankert ist, dass eine Beendigung der Konsolidierung oder gar gegenläufige Strategien nicht von Erfolg gekrönt wären.

Der Oberbürgermeister gilt als weniger stark, da er nicht fraktionsübergreifend Anerkennung genießt, in der Verwaltungsführung unerfahren ist und sich in seinen ersten Amtsjahren noch keine Meriten erworben hat. Seine Durchsetzungskraft wird kritisch beurteilt, weil er selbst kaum neue Richtungen vorgibt, Visionen entwickelt und im Rat auf keine große Mehrheit zurückgreifen kann. Bei der Direktwahl zum Oberbürgermeisteramt traten fünf Kandidaten aus vier Fraktionen an, in dessen ersten Wahlrunde der aktuelle OB, der nur von den FW gestützt wurde, das beste Ergebnis erzielen konnte. Der Kandidat von CDU und FDP trat wegen seines schwachen Abschneidens im ersten Wahlgang nicht wieder an. Der jetzige OB wurde daraufhin von den bürgerlichen Fraktionen offen unterstützt und konnte mit über 60 Prozent der Stimmen den zweiten Wahlgang deutlich vor den Kandidaten der Linken (24 Prozent) und der Grünen (9 Prozent) gewinnen. Dabei wird die These vertreten, dass die Wahl des aktuellen Oberbürgermeisters von CDU und FDP im zweiten Wahlgang vor allem deswegen geduldet wurde, weil man einen weniger dominanten Bürgermeister erwartete, der durch die Fraktionen leichter zu steuern sei. Letztlich bestätigt die vergangene Bürgermeisterwahl die Blockbildung im Rat wie auch die Dominanz konservativer Politik in der Stadt.

Da dem Oberbürgermeister das Geschäftsfeld Finanzen untersteht, kommt seiner operativen Kämmerin eine zentrale Rolle in der Haushaltspolitik zu. Diese wird als stark und kompetent beschrieben. Nach eigener Aussage achtet sie im engen Austausch mit dem OB auf die Einhaltung des Konsolidierungspfades, hätte diesen aber nicht von sich aus und ohne Unterstützung der Verwaltungsspitze entwickeln können. Die Initiative bei der Durchsetzung von Konsolidierungsentscheidungen musste vom Amtsvorgänger ausgehen. Da das Haushaltsthema nicht zu den Steckenpferden des Oberbürgermeisters gehört und die Kämmerin ihm direkt untersteht, ist ihre Macht- und Gestaltungsbasis sehr groß. Diese hat sich wegen anhaltender Konsolidierungserfolge und ihrer hohen fachlichen Akzeptanz zuletzt verstärkt.

5.2.4 Interaktion am Beispiel der Haushaltspolitik

Die Finanzlage der Stadt N ist durch die wendezeitbedingte Altschuldensituation leicht angespannt, aber in den vergangenen Jahren gelang der Schuldenabbau, so dass man sich noch hinreichend die Finanzierung freiwilliger Ausgaben leisten kann. Um die heutige Finanzsituation zu erreichen, waren viele Jahre der Sparsamkeit notwendig. Die Erkenntnis zur Haushaltskonsolidierung setzte ein als nicht nur der Abwärtstrend in der Einwohnerzahl nicht gestoppt werden konnte, sondern auch das primäre Ziel der Förderung der Tourismuswirtschaft in der ansonsten eher strukturschwachen Gemeinde nicht die Erfolge zeigte, die man sich davon erhofft hatte. Die im Jahr 2003 aktuelle und prognostizierte Finanzlage der Stadt führte dazu, dass sich zur Aufstellung eines freiwilligen Haushaltssicherungskonzeptes im selben Jahr unter Zustimmung des Stadtrates entschieden wurde (Laufzeit 2004 – 07, Volumen: 11 Mio. €). Seitdem wird Haushaltskonsolidierung nicht als einmalige Angelegenheit, sondern als Daueraufgabe angesehen. Die Umsetzung des Haushaltssicherungskonzepts fand sehr zügig statt. Grundlage bildete ein

Gutachten, welches die Interessen und Wünsche aller relevanten Interessengruppen der Stadt (Stadträte, Stadtverwaltung, Bürger, städtische Beteiligungen) zumindest dokumentierte. Ziele des Haushaltssicherungskonzeptes waren erstens strukturelle Reformen, die nachhaltig die Kosten niedrig halten sollten. Neben einer sukzessive Reduzierung der Stadtratsmitglieder von ursprünglich 34 auf das gesetzliche Minimum von 26 Mitgliedern und einer Reduzierung der Beiräte wurde eine Beigeordnetenstelle eingespart, was, so das Urteil heute, zu keinen handfesten Problemen in der Verwaltungsorganisation und ihren Prozessen geführt hat. Zweitens gab es eine massive Reduktion der Personalausgaben, die durch die Privatisierung verschiedener kommunaler Leistungen (Straßenreinigung, Kultur) und Einrichtungen (Kindertagesstätten) gelang. Beide Pfeiler der Konsolidierung wurden fraktionsübergreifend getragen. Klassische Einmaleffekte durch den Verkauf von Tafelsilber sollten zwar auch erzielt werden, spielten aber insgesamt nur eine geringe Rolle. Anfang 2012 wurde die Konsolidierungsstrategie durch die Einsetzung eines neuen Haushaltsstrukturkonzepts mit einem angepeilten Einsparvolumen von vier Mio. € wiederholt, da sich die Einnahmesituation aufgrund einer hohen Abhängigkeit von staatlichen Zuweisungen verschlechtert hat.

Es werden drei Gründe angeführt, warum die Konsolidierung in den vergangenen Jahren funktioniert hat. Erstens wird die Haushaltspolitik von der Verwaltungsseite dominiert. Eine nach außen hin kompetent und transparent auftretende Finanzverwaltung kann sich das Vertrauen von dem übrigen Verwaltungsvorstand und der Lokalpolitik eher sichern. Die Kämmerin hat den Rat bei Konsolidierungsentscheidungen immer teilhabenlassen, selbst wenn den Ratspolitikern nur in Einzelfällen bescheinigt wird, Interesse an der lokalen Haushaltspolitik oder die Folgekosten von Investitionsvorschlägen wirklich im Blick zu haben. Eher wird ihnen wenig Sinn für die kommunale Finanzlage und die Beachtung des Haushaltsausgleichs nachgesagt. Zweitens konnte 2005 – nach weitgehender Umsetzung des Konsolidierungs- und Reformkurses – bereits ein ausgeglichener und schuldentilgender Haushalt erstellt werden. Dieser schnelle Erfolg war wichtig, um die Akzeptanz des eingeschlagenen Weges bei den Stadträten und der Verwaltung zu erhalten. Drittens richtet man die Politik nach aktuellen Gegebenheiten aus. So konnte Mitte der 2000er Jahre für die Einnahmeseite eine Erhöhung der Hebesätze erreicht werden. In den Jahren ab 2007 trug diese Maßnahme Früchte, begünstigt durch den vorübergehenden konjunkturellen Aufschwung und den damit verbundenen Steuermehreinnahmen. Nachdem diese Früchte geerntet wurden, wurde recht umgehend wieder die Herabsenkung des Hebesatzniveaus vom Stadtrat gefordert und von der Verwaltung umgesetzt.

Die Mehrheitsfindungen zu den vergangenen Doppelhaushalten wurden allerdings zuletzt schwieriger, da die verfügbaren Mittel weniger werden. Die Notwendigkeit zur Konsolidierung wird zwar von allen Fraktionen gesehen, die jeweiligen Umsetzungsvorschläge werden allerdings unterschiedlich bewertet. Insbesondere von linksgerichteten Parteien gab es zuletzt Ablehnungen, die jedoch nicht als eine Fundamentalopposition zu verstehen sind, sondern als Unzufriedenheit mit einzelnen Elementen des Haushalts und nicht berücksichtigten Investitionsvorschlägen interpretiert werden können. Bisher war es üblich, auf Enthaltung und nicht auf Ablehnung als Abstimmungsvotum zu setzen, um das Diskussionsklima im Rat nicht nachhaltig zu beschädigen. Dies hat sich in den vergangenen Jahren verändert. Zwar ist die Diskussionskultur im Rat der Stadt N vordergründig am Sachgegenstand orientiert, doch ideologische Überzeugungen prägen viele der Streitthemen. Und besonders die nunmehr viele Jahre andauernde Dominanz des Sparkurses (kategorische Ablehnung von Kreditaufnahmen) wird zunehmend von politischer Seite kritisiert und hat das Diskussionsklima erhärtet. Dies trifft beispielsweise auf Schul- und Kindergärtensanierungen zu, die von der Ratspolitik beschlossen werden, und im Nachhinein von der Verwaltung abgelehnt werden, weil diese nur über Kredite zu finanzieren sind.

5.2.5 Fazit

Zentrales Merkmal dieser Stadt ist das vor zehn Jahren gestartete, ausgesprochen umfassende Konsolidierungsprogramm, welches vor allem bei den eigenen Pflichtaufgaben ansetzte. Unter Mithilfe der Kommunalaufsicht, einem starken Oberbürgermeister sowie einer fachlich fähigen Kämmerei konnte dieser Weg eingeschlagen werden, der von den Fraktionen gestützt wurde. Aufgrund der Einbeziehung aller Interessengruppen in die Ausarbeitung der Konsolidierungsmaßnahmen, konnten Widerstände bei Ausgabenkürzungen und Einnahmensteigerungen weitgehend vermieden werden. Dabei war auch hilfreich, dass man sich die Hintertür offen ließ, die Maßnahmen nach einigen Jahren wieder zurückzunehmen, sobald der Konsolidierungserfolg eingetreten war, und dass trotzdem in die Attraktivitätssteigerung des Standorts investiert wurde. Die langjährigen Sparbemühungen, vor allem in der Verwaltung, sind mittlerweile so weit gediehen, dass eine neuerliche Evaluation von Einsparpotenzialen durch eine interne Verwaltungsstrukturreform nicht mehr erforderlich ist, da die Potenziale weitgehend aufgebraucht sind und eine weitere Reduzierung des operativen Geschäfts nur zulasten der Qualität gehen kann. Dieser immer noch hohe Handlungsdruck zeigt, dass es für die ökonomisch nur durchschnittlich leistungsfähige Gemeinde kurz- bis mittelfristig sehr schwer sein wird, einen konstanten Haushaltsausgleich ohne weitere Konsolidierungsmaßnahmen zu erreichen, z. B. durch die Stärkung der Einnahmeseite.

5.3   Fallstudie Stadt O

5.3.1   Kurzcharakterisierung

Die nur durchschnittlich performante Stadt profitiert von einem geringen politischen Konfliktniveau sowie einem unantastbaren Bürgermeister, der seinen Laden im Griff hat. Die überwiegend konsensuale politische Debattenkultur sowie die fraktionsübergreifende Zustimmung zu einer nachhaltigen Finanzpolitik unter Beibehaltung eines gewissen Investitionsniveaus garantieren politischen Frieden. Die stabile und starke Dominanz des konservativen Lagers in der Gemeinde verringert die Chance auf politische Kurswechsel.

Allgemeine Akteurskonstellation

Die Stadt O gehört mit ihren 40.000 Einwohnern zu den Umlandgemeinden eines der großen Landeszentren. Bei der vergangenen Kommunalwahl 2009 schafften sieben Parteien und Gruppierungen den Einzug in den Stadtrat. Von den 34 Ratsmitgliedern kommen 15 aus der CDU-Fraktion. Zusammen mit den der CDU nahestehenden Freien Wählern, der zweitgrößten Fraktion, gibt es eine deutliche Mehrheit der konservativen Kräfte. Unterstützung erhalten sie von einer mit drei Sitzen ebenfalls recht starken FDP. Die Fraktionen der Linken und SPD haben zusammengenommen nur neun Sitze und sind deswegen in den politischen Willensbildungsprozessen weitgehend marginalisiert. Der traditionell großen CDU-Fraktion steht ein seit 2001 amtierender christdemokratischer Oberbürgermeister zur Seite.

Parteipolitisch wird die Stadt bereits seit der Wiedervereinigung von der CDU dominiert, keine andere Kraft kommt nur annähernd an die Wahlergebnisse und Mandatszahl der Christdemokraten heran. Waren noch in den 1990er Jahren (knappe) absolute Mehrheiten oder große relative Mehrheiten möglich, ist dieses Übergewicht in den vergangenen Ratsperioden etwas verloren gegangen. Die mehrheitstragende Funktion geht der CDU jedoch nicht verloren, weil die zweitstärkste Kraft im Rat (FW) zuletzt (2009) auf gerade einmal 16 Prozent der Stimmen kam. Durch eine hohe Zersplitterung des Rates und die nur schwachen linksgerichteten Fraktionen, ist bisher allerdings keine kohärente Gegenopposition entstanden, die die abnehmende Dominanz der CDU ausnutzen kann. Dies wird auch nicht bedauert, denn „*es gibt, zum Glück, keine Opposition und keine Regierungspartei*" (FV Freie Wähler).

Durch interne Querelen bildet die CDU jedoch keine geschlossene Einheit, weswegen der Oberbürgermeister gezwungen ist, sich seine Unterstützung aus den übrigen Parteien zu holen. Das stellt aber anscheinend kein großes Problem dar, denn die Themen und die Ziele der Parteien werden im Großen und Ganzen als ähnlich betrachtet. Einzig der SPD wird aufgrund ihrer marginalen Position nachgesagt, „*Opposition um der Opposition willen*" (OB) zu betreiben und Angebote zur Kooperation auszuschlagen.

Fraktionsdisziplin und Fraktionszwang werden selten und wenn dann am ehesten in der Haushaltspolitik angewendet und als Instrument generell kritisch beäugt. Die Ratsmitglieder sind zu großen Teilen Techniker, Handwerker oder Selbstständige, zumeist in Rente, die einen – nach verschiedenen Beschreibungen – wenig politikorientierten Kurs fahren. Sofern nötig, schließen sich Kleinstgruppierungen nach der Wahl aus pragmatischen Erwägungen zusammen, um den Fraktionsstatus zu erhalten, so bspw. nach der Wahl 2004 als die ideologisch eher entfernt stehenden Freien Wählern mit den Grünen zusammengingen. Auch ein wirkliches Parteileben findet in der Stadt nicht statt. Wer politisch mitgestalten möchte, braucht keine Ochsentouren gehen.

5.3.2 Rolle des Bürgermeisters und der Verwaltung

Schreibt man die wechselvolle Geschichte des Bürgermeisteramtes in den ersten vier Jahren nach der Wiedervereinigung den Anpassungs- und Konsolidierungserfordernissen der Nachwendezeit zu, sind seitdem die Bürgermeisterpositionen ziemlich konstant. Von 1994 bis 2001 regierte ein SPD-Bürgermeister, seitdem amtiert ein CDU-Bürgermeister, der bei der Wiederwahl 2008 eine deutliche Mehrheit erzielen konnte. Der Amtsvorgänger des jetzigen OB galt als klassischer, pragmatischer Verwalter mit technischer Ausbildung, der nach seiner Wahl 1994 sehr schnell den Konsolidierungsweg eingeschlagen hat, weil schon Mitte der 1990er Jahre die Finanzsituation angespannt war. Der aktuelle, eher politikorientierte Oberbürgermeister ist handwerklich ausgebildet und wurde unmittelbar nach der Wende bereits Bürgermeister einer Kleinstadt und wechselte zehn Jahre später in die Untersuchungskommune und sitzt sowohl im Kreistag als auch im sächsischen Landesvorstand der CDU. Er hat den finanzpolitischen Kurs seines Amtsvorgängers übernommen, ohne selbst darin sein Steckenpferd zu sehen. Er kann sich auf eine hohe Unterstützung durch die Bevölkerung berufen. In der Verwaltungsführung gilt er als recht dominant und hat eine Sphäre um sich geschaffen, die kritische Stimmen an seiner Arbeit im Keim ersticken soll. In der politischen Führung gilt er als Ideenentwickler und Vordenker, der auch ungewöhnliche Strategien verfolgen kann. Eine seiner – wenig koscheren – Strategien war, sich als amtierender Oberbürgermeister bei der Stadtratwahl 2004 für die CDU aufstellen zu lassen, um der CDU durch seine Popularität im Volk zu einem besseren Wahlergebnis zu verhelfen, was ihm auch gelang (absolute Mehrheit wurde erreicht). Später folgten weitere persönliche Verfehlungen. Die daraus resultierenden Ressentiments gegenüber dem Oberbürgermeister von den anderen Fraktionen wurden sehr schnell wieder ad acta gelegt, denn „*es bringt ja nix*" (FV Freie Wähler). Seine Stellung in der Stadt wird nicht bedingungslos von allen Fraktionen getragen, aber gerade kleinere Fraktionen sehen sich handlungsohnmächtig. Bei seiner (klar gewonnenen) Wiederwahl 2008 hatten entsprechend, anders als 2001, die meisten Fraktionen auf die Aufstellung eigener Kandidaten für das Oberbürgermeisteramt verzichtet.

Der Finanzbürgermeister ist Verwaltungsbetriebswirt, noch recht jung und hat sich nach einigen Jahren Berufserfahrung in anderen Gemeinden auf die ausgeschriebene Stelle als Finanzbürgermeister beworben und ist dadurch nur wenig mit den örtlichen Akteuren verbunden. Er bildet zusammen mit seinem (operativen) Kämmerer das eigentliche Gespann, welches für die Haushaltspolitik zuständig ist und gegenüber den Stadträten diese erörtert. Für ihre fachliche Arbeit wird ihnen ein gutes Zeugnis ausgestellt. Die Haushaltspläne seien einwandfrei ausgearbeitet und Entwürfe zum Haushaltsplan lägen rechtzeitig zur Ansicht vor. Kooperationsbereitschaft sei vorhanden und werde von den Stadträten honoriert. Die Akzeptanzfindung habe aber einige Jahre gebraucht. Als Neuling in der Stadt habe sich der Finanzbürgermeister mit einer anfänglichen Skepsis der Stadträte auseinandersetzen müssen.

Der zweite Beigeordnete, der Baubürgermeister, gilt als natürlicher Gegenspieler für den Finanzbürgermeister, weil dieser sich sehr aktiv und verhandlungsgeschickt um die Einwerbung von Fördermitteln bemüht. Sein Erfolg übertrifft generell die im Haushalt zur Verfügung stehenden Eigenmittel. Hierdurch muss die Kämmerei die Tätigkeiten des Baubürgermeisters bremsen. Das ist manchmal heikel, die persönliche Ebene funktioniert jedoch, weswegen es durch diesen Zielkonflikt in der Verwaltungsspitze nicht zu dramatischen Szenen kommt. Der Oberbürgermeister hält sich aus diesen Konflikten heraus.

5.3.3 Interaktion am Beispiel der Haushaltspolitik

Ungefähr um das Jahr 1997 herum reifte in der Stadtspitze die Erkenntnis, dass mit einem „Weiter so" die Überschuldung des Kernhaushalts drohe, zusätzlich zu den ohnehin schon hohen Schulden, die in den kommunalen Gesellschaften ausgelagert wurden. Weggebrochene Unternehmen in der alten Industriestadt, Fehlinvestitionen in der unmittelbaren Nachwendezeit (überdimensionierte, nicht wirtschaftlich zu betreibende Kläranlage) sowie siedlungstechnische und infrastrukturelle Belastungen durch die vergangenen Gebietsreformen haben zu einem Umdenken geführt. Zahlreiche Schulden verschwinden bis heute in Extrahaushalten, aber jedes Ratsmitglied wie auch die Verwaltung wissen um das Millionengrab.

Entsprechend wurde ein sehr rigoroser Sparkurs von Verwaltungsseite bzw. dem damaligen OB gestartet, der für viele Jahre prägend war. Nach eigener Auskunft wäre der Stadtrat für diese Entwicklung blind gewesen, nachdem aber die prognostizierte Entwicklung aufgezeigt wurde, kam auch bei den Ratsmitgliedern die Einsicht. Den Ratsmitgliedern fehle es letztlich an fachlicher Tiefe, weswegen der überwiegende Teil ganz auf die Arbeit der Verwaltung vertraue. Lediglich zwei bis drei Ratsmitglieder gebe es bis heute regelmäßig, die sich tatsächlich intensiver mit den Haushaltsplänen auseinandersetzten. Einige weitere, die sich mit dem Haushalt beschäftigten und Kenntnisse zeigen, sind dann auch Mitglieder im (sehr wichtigen) Finanzausschuss. In den dortigen Haushaltsberatungen wie auch in den übrigen Fachausschüssen sind in der tatsächlichen Diskussion um den Haushalt immer nur dieselben Stadträte aktiv, während die anderen ihren Fraktionsspitzen mehr oder weniger folgen. Aber jede Fraktion im Stadtrat vertritt heute zumindest eine ähnliche Auffassung in der Haushaltspolitik (Schuldenabbau, Vermeidung von Kreditaufnahmen). Investitionen sollen dagegen mit Fördermitteln ergänzt werden und dabei durchaus den finanziell möglichen Rahmen voll ausschöpfen.

Die Diskussion zum Haushalt der Stadt ist heute nur wenig vital. Innerhalb des Stadtrates, wie auch der Ausschüsse, wird der von der Verwaltung vorgelegte Haushaltsentwurf mehr oder wenig durchgewunken und Änderungsanträge nur für Bagatellen gestellt, ob nicht in kleinem Rahmen Investitionen, Reparaturen oder Vereinszuschüsse erfolgen könnten. Die Verabschiedung des Haushalts ist im Stadtrat letztlich nur noch Formsache, denn die entscheidenden Fragen werden im Finanzausschuss beraten und entschieden. Die abschließenden Ratsberatungen vor dem Haushaltssatzungsbeschluss lesen sich in den vergangenen sieben Jahren gleich. Kampfabstimmungen oder Aushandlungspakete zur Sicherstellung der Mehrheit bei Haushaltsbeschlüssen sind deswegen auch nicht anzutreffen. Die Zustimmung ist gegeben, weil der Haushalt für gewöhnlich ausgeglichen ist, Schulden abgebaut und Nettokreditaufnahme vermieden wird, die freiwilligen Aufgaben konstant bezuschusst werden und fleißig investiert wird. Im Kern werden breite Interessen durch den Haushalt bedient. Mittelfristige Aspekte in der Haushaltsführung wie der Investitionsbedarf in die Weiterentwicklung der Stadt als Arbeits- und Wohnstandort und kommende Einnahmeverluste durch sinkende staatliche Zuweisungen werden beachtet, sind aber noch nicht zentral. Diskussionen über polarisierende Themen, wie z. B. die Erhöhung von Steuern und Gebühren, finden bisher nicht statt, da das Einnahmeniveau konstant und ausreichend ist. Wegen ausgeglichener Haushalte und einer geringen Verschuldung im kommunalen Kernhaushalt spielt die Kommunalaufsicht für die Haushaltspolitik keine aktive Rolle.

Die Stadträte haben mittlerweile ihre Rolle in Haushaltsberatungen verstanden. Der Informationsvorsprung der Verwaltung gegenüber den Ratsmitgliedern wird als nicht so groß angegeben, da man sich in der Lage sehe, die Haushaltsentwürfe der Verwaltung nicht nur zu sichten, sondern zu prüfen und kritisch zu hinterfragen. In der Vergangenheit gelang es dem Rat, seine Kontrollfunktionen wirksam zur Geltung zu bringen, wenn Unstimmigkeiten im Haushaltsentwurf auftauchen und im Haushaltsaufstellungsprozess auftreten, bspw. wenn unvorbereitet Kosten veranschlagt werden oder nicht besprochene Änderungen zwischen dem ersten und dem zweiten Entwurf auftauchen. Versuche des Oberbürgermeisters, seine ohnehin schon recht „persönliche Verwaltung", durch weitere gutdotierte Posten zu ergänzen, wurden durch den Rat ebenso blockiert, wie die Versuche der Verwaltungsspitze, Etats ohne ausreichenden zeitlichen Vorlauf zur Abstimmung zu bringen. Solche Fälle seien allerdings selten. Entsprechend hat sich ein leichtes Misstrauen der Politik gegenüber der Kämmerei entwickelt. Dies wurde zuletzt offen kommuniziert und mündete darin, dass z. B. in jeder Ausschusssitzung mehr Verwaltungsmitarbeiter teilnehmen, um frühzeitig bei auftauchenden Fragen und Probleme als Ansprechpartner verfügbar zu sein.

Neben der kontrollierenden Funktion, die nur durch wenige Ratsmitglieder erbracht wird, achtet eine deutliche höhere Zahl an Ratsmitgliedern auf eine „ausreichende" Investitionstätigkeit in den ihnen wichtigen Bereichen. Auch wenn die Stadt auf Konsolidierungskurs ist, sind konkrete Überlegungen zum Sparen nicht Bestandteil der politischen Auseinandersetzung. In der Öffentlichkeit wie im Wahlkampf sind die Themen Haushalt und Finanzen ähnlich (un)populär wie in der Politik. Man schätzt und befürwortet die solide Finanzpolitik, aber Themen wie die Personalplanung oder die Effizienz bei der Ausführung von Pflichtaufgaben sind in der öffentlichen Debatte und Wahrnehmung kaum präsent. Da der Spielraum für Investitionen immer geringer wird, konzentriert sich die Ausgabenpolitik mittlerweile auf die Bereiche, für die sich die (Neu-)Bürger besonders interessieren wie Kindertagesstätten, Schulen und Straßenbau. Hier muss zunehmend Demut von Verwaltungsseite gegenüber allzu forschen Ausgabewünschen eingefordert werden. Der Finanzbürgermeister betont seit Jahren wiederholt vor den Stadträten angesichts der Liste zu tätigender Investitionen:

> „Dass die Stadt überhaupt noch Investitionen durchführen kann, war auf die solide Haushaltsführung der letzten Jahre zurückzuführen. Man schaue sich nur andere Gemeinden im Umland an, die richtige Probleme haben und nichts mehr machen können. Ich sage dann, schauen sie sich die Städte an, da wären wir auch, wenn wir es anders machen würden." (Finanzbürgermeister)

5.3.4 Fazit

Zentrales Merkmal der Gemeinde ist die nur sehr geringe Politisierung des Haushaltsprozesses, da man in der Lage ist einen Etat aufzustellen, der keine Erhöhung der Steuern abverlangt und der in die Bereiche Kinderbetreuung, Schulen und Sport investiert. Eine starke Finanzverwaltung ist bei einem zwar anerkannten, aber fachlich wenig eingebundenen Oberbürgermeister, der wesentliche Faktor für eine gute Haushaltspolitik. Fachliche Anerkennung und Kooperation sind die zentralen Wesensmerkmale die die Finanzverwaltung auszeichnen und die zu einem hohen Vertrauen geführt haben.

5.4 Fallstudie Stadt P

5.4.1 Kurzcharakterisierung

Die finanzökonomisch privilegierte Stadt erreicht in nur wenigen Jahren durch erhebliche Steuereinnahmen die Nullverschuldung, ohne dabei größeren Wert auf Sparsamkeit zu legen. Plötzlich wegbrechende Einnahmen und ein damit verbundener Anstieg der Verschuldung sorgen für erhebliche Anstrengungen, um die notwendigen Leistungskürzungen und Gebührenerhöhungen zu rechtfertigen. Ein bei Bürgern wie Fraktionen anerkannter Bürgermeister und eine starke Kämmerei halfen, innerhalb kürzester Zeit eine umfassende Konsolidierungsstrategie vorzulegen und dafür die Ratsfraktionen und die Öffentlichkeit zu gewinnen.

5.4.2 Allgemeine Akteurskonstellation

Die Stadt P verfügt über knapp 40.000 Einwohner und ist in ihrer unmittelbaren Region das ökonomische und kulturelle Zentrum. In der Ratsperiode 2009–2014 war der Rat parteipolitisch stark fragmentiert. Neun Parteien und Wählervereinigungen gelang der Einzug in den Stadtrat. Durch Fraktionszusammenschlüsse sind im Rat fünf Fraktionen plus ein isoliertes Ratsmitglied der NPD vertreten. Es herrscht eine gewisse *„Fraktionsfreiheit"* (FV FW), d. h. durch die hohe Zersplitterung in viele kleine Gruppierungen und Einzelmandatsträger gibt es Fraktionszusammenschlüsse auch über ideologische Grenzen hinweg, um den Fraktionsstatus und damit verbundene Rechte zu erhalten. Übereinstimmend ist die Überzeugung, dass *„Kommunalpolitik nicht rot-grün noch schwarz sein sollte und dass sie bürgerorientiert ist"* (FV FW), denn *„auch in der CDU-Fraktion gibt es nette Menschen"* (FV Linke). Persönliche Bekanntschaften werden trotz aller Meinungsverschiedenheiten in Sachfragen und unterschiedlicher Parteibücher im Stadtrat gepflegt.

Seit der Wiedervereinigung sind die Christdemokraten durchweg die mit Abstand stärkste Kraft im Stadtrat, mit allerdings nachlassender Dominanz. Ihre Wahlergebnisse reichten zwar nie zur absoluten Mehrheit, der Abstand zu den zweitgrößten Parteien war allerdings stets sehr groß. War am Anfang noch die SPD die zweitstärkste Kraft hinter der CDU, ist mittlerweile die Linke der wesentlich wichtigere Kontrahent. Diese *„proben hin und wieder den Aufstand und machen*

einen auf Fundamentalopposition. Aber das sind Ausnahmen" (Kämmerei). Die
SPD findet sich wie im übrigen Sachsen eher als eine Randpartei wieder. Konstant
vertreten und politisch sichtbar sind zudem Wählervereinigungen, die sich als
bürgerliche und parteiungebundene Alternative zur CDU verstehen. Die anderen
Parteien und kleinere Wählergruppierungen treten im politischen und öffentlichen
Geschehen jeweils nur marginal in Erscheinung.

Die hohe Fragmentierung führt nach übereinstimmender Meinung dazu, dass
sich keine klaren Mehrheiten bilden und Beratungen und Entscheidungen stark
sachorientiert geführt werden. Ohnehin seien bei *„80 Prozent der Vorlagen 90
Prozent der Ratsmitglieder"* (FV Linke) dafür. Bei den verbleibenden 20 Prozent
wird, wenn sich keine deutlichen Mehrheiten abzeichnen, eher zurückgezogen und
eine bessere Vorbereitung vorgenommen, um einen Beschluss zu erzielen. Denn
Fraktionszwang gibt es nach übereinstimmender Auskunft selten, falls es an die
„Grundsubstanz" geht (FV FW), oder nur sehr untergeordnet in dem Sinne, dass
Empfehlungen ausgesprochen werden. Wenn wichtige Entscheidungen anstehen,
wird fraktionsintern zwar ein gemeinsames Abstimmungsverhalten angestrebt, die
vorige fraktionsinterne Beratung wird aber eher als ein *„Miteinander"* (FV Linke)
bewertet. Durch die häufigen Fraktionszusammenschlüsse ist es für die Fraktionsvorsitzenden moralisch ohnehin kaum möglich, die Mandatsträger anderer
Parteien oder Gruppierungen für Entscheidungen zu verpflichten.

> „Wir haben damals zur Gründung gesagt, nie wieder einen Fraktionszwang – das
> war mit die erste Frage. [...] Wir haben vielleicht in den zwanzig Jahren, wenn es
> hochkommt, zehn Mal Fraktionszwang gehabt – wenn es überhaupt zehn Mal ge-
> wesen ist." (FV FW)

Als hauptursächlich für die dargestellte politische Akteurskonstellation wird ge-
nannt, dass die Stadt einfach zu klein sei, damit sich parteipolitische Ränkespiele
entwickeln können.

Das aktuelle Miteinander gab es aber noch nicht immer. Durch die christde-
mokratische Ratsmehrheit wurden in den 1990er Jahren Beschlüsse auch gegen
Widerstände der anderen Fraktionen durchgedrückt. Diese Polarisierung, die
so stark ausgeprägt war, dass teilweise nicht miteinander geredet wurde, hat sich
mittlerweile weitgehend aufgelöst.

5.4.3   Rolle des Bürgermeisters und der Verwaltung

Die Verwaltung der Stadt P ist seit der Wende bis heute von einem sehr technokra-
tisch agierenden Führungspersonal geprägt. Der erste Oberbürgermeister der Stadt
(CDU) war Geologe, der erste bis 2009 amtierende Finanzbürgermeister Physiker.

Da es keine „westliche" politische Tradition gab, wurden als Führungskräfte in der Nachwendezeit diejenigen Personen installiert, die verfügbar waren und sich dazu imstande sahen. Entsprechend fußte die Haushaltspolitik des ersten Verwaltungsvorstands auf einem grundsoliden Fundament, weil sie sich keinen Interessen und Gruppen verpflichtet sahen, sondern die Sache bewerteten. Die solide Finanzpolitik wurde langjährig unterstützt durch eine Kämmerin, die noch stärker als die ehemalige Finanzbürgermeister einen kritischen Blick auf die Finanzlage der Stadt hatte und dies gegenüber den Ratsmitgliedern im Finanzausschuss fortlaufend kommunizierte. Nicht nur wegen dieser Offenheit und Informationsbereitstellung gilt das Verhältnis zwischen Rat und Finanzverwaltung in der gesamten Zeit als gut. Der Finanzwirtschaft der Stadt wird aus fachlicher Sicht ein gutes Zeugnis ausgestellt.

Die von 2001 bis 2008 amtierende Bürgermeisterin (SPD) hatte es dagegen in der überwiegend von CDU-Mitgliedern besetzten Verwaltung und Politik deutlich schwieriger. Unglückliches Agieren ihrerseits führte dazu, dass in den letzten zwei Jahren ihrer Amtszeit wenig gelang und eine politische Blockade einsetzte. Aufgrund der guten ökonomischen Gesamtsituation der Stadt, hatte dies letztlich aber keine negativen Effekte auf den städtischen Etat.

Der parteilose, eher aus dem konservativen Milieu stammende Oberbürgermeister der Stadt, welcher seit 2008 im Amt ist, zuvor Vorsitzender der örtlichen Sparkasse war und in den 1990ern schon einmal im Stadtrat saß, wird als ein „Oberbürgermeister aller" (FV Linke) beschrieben. Sowohl von seinem persönlichen Führungsstil als auch aufgrund der Herausforderung der Führung eines stark fragmentierten Stadtrates ist der Oberbürgermeister ein ständiger Konsenssucher und Moderator von Verhandlungsprozessen. Bevor er sich zur Wahl aufstellen ließ, hat er parteiübergreifend bei den Stadträten angefragt und um Meinung bezüglich seiner angedachten Kandidatur gebeten. Er gewann seine Direktwahl gegenüber der genannten Amtsinhaberin mit deutlichem Vorsprung, was seine Position in der Stadt gegenüber den Parteien, als auch in der öffentlichen Wahrnehmung, stärkte. Als volksnaher Amtsinhaber genießt er hohe Zustimmungswerte in der Bevölkerung. In der Politik hat er diese dadurch, dass sein fortgeschrittenes Alter keine zweite Amtsperiode möglich macht und damit eine gewisse Ehrlichkeit in der Amtsausübung angenommen wird. Allerdings wünscht man sich mehr Konsequenz und Entschiedenheit in seiner Tätigkeit.

Die administrative Haushaltspolitik liegt ganz in der Hand des Finanzbürgermeisters. Dieser ist im Gegensatz zu seinem Oberbürgermeister parteipolitisch an die SPD gebunden und als Bankkaufmann ausgebildet, der anschließend leitend in der Sparkasse arbeitete und sich, nach eigener Aussage, nie wirklich mit Verwaltung beschäftigt hat. Trotzdem gilt er durch seine betriebswirtschaftliche Ausbildung als verwaltungsnah mit einem sehr technokratisches Amtsverständnis, der zudem eine sehr kritische Einstellung gegenüber der (Kommunal)Politik des Freistaates sowie der Einführung der Doppik vertritt. Eine betriebswirtschaftliche Ausbildung innerhalb des Verwaltungsvorstands spielt aus Sicht des Kämmerers kaum eine Rolle, um eine solide Finanzpolitik zu betreiben. Er sei schließlich der erste Betriebswirt in der Verwaltung, und der Verwaltung war es zuvor trotzdem gelungen, jährlich ausgeglichene Haushalte aufzustellen Er wurde kurz nach dem Oberbürgermeister vom Stadtrat ins Amt gewählt (2009). Daran, dass seine Parteizugehörigkeit in Rats- oder Ausschusssitzungen einmal zur Sprache gekommen sei, könne sich der Kämmerer nicht erinnern. Das Verhältnis zwischen ihm und dem Rat sei sehr sachlich. Interessenkoalitionen zwischen ihm und der SPD-Ratsfraktion gebe es nicht. Auch das Verhältnis zwischen ihm und dem Oberbürgermeister sowie dem Baubürgermeister gilt wegen ihrer langjährigen Zusammenarbeit als kollegial und vertrauensvoll. Die Aufgabenfelder wurden im Verwaltungsvorstand klar geregelt. Der Oberbürgermeister hält sich weitgehend aus dem Finanzgeschäft heraus und vertraut ganz auf die Arbeit der Kämmerei.

5.4.4 Interaktion am Beispiel der Haushaltspolitik

Die hohen Überschüsse, die die Stadt beginnend in den späten 1990er Jahren, aber vor allem seit Mitte der 2000er Jahre mit den Gewerbesteuereinnahmen erzielte, haben ihren Grundstein in einer Entscheidung der frühen 1990er Jahre durch den Wirtschaftsbürgermeister. Gegen alle Widerstände hatte dieser damals die umfangreiche und kostenintensive Entwicklung von Gewerbegebieten für Hochtechnologie und Industrie durchgesetzt. Bereits wenige Jahre später gelangen, gestützt durch Fördermittel, wichtige Ansiedlungen, die die Stadt P trotz der peripheren Lage zu einem breit aufgestellten Industriestandort machen, welche für Ostdeutschland untypisch hohe Gewerbesteuereinnahmen generieren.

Eine Haushaltspolitik, die auf einen ausgeglichenen Haushalt und Schuldenabbau achtet, fand in der Stadt wegen der guten finanziellen Lage lange Zeit kaum statt. Sparsames Ausgeben gab es wegen der guten Einnahmesituation nicht, da die Bedürfnisse vielfach befriedigt wurden. Dadurch kam nicht nur kaum Streit auf, vielmehr wurden Sachen finanziert, die *„so nicht unbedingt nötig waren"* (FV FW). Die Investitionen wurden schnellstmöglich mit Gegenwert umgesetzt, um der anhaltenden Abwanderung durch eine Aufwertung der Wohn-, Lebens- und Freizeitqualität entgegenzuwirken und den Tourismus anzukurbeln. Die positive Finanzlage führte jedoch dazu, dass man durch das Land bei der Vergabe von Förderzuschüssen wenig begünstigt wurde, da man nach Ansicht des Landes eigenständig in der Lage sei, Investitionen zu stemmen. So entstand ein neues Hörsaalzentrum für die örtliche Hochschule beispielsweise komplett aus kommunalen Mitteln.

Als bei nachlassender Konjunktur ab 2009 die finanziellen Probleme innerhalb weniger Jahre größer wurden, sah sich die Verwaltungsspitze 2012 veranlasst, eine Strategie zu entwerfen, wie sich durch Transparenz, Informationsbereitstellung und Kooperationsbereitschaft eine möglichst große Zustimmung zu Leistungseinschnitten und Einnahmesteigerungsmaßnahmen erzielen lasse. Indem man selbst als Verwaltung und Verwaltungsspitze sehr schnell an die Öffentlichkeit (z. B. öffentliche Informationsabende) ging und dort auf die neue Situation aufmerksam machte und Konsolidierungsbemühungen ankündigte und nicht erst auf die politische Gremienarbeit setzte, waren die politischen Parteien zu nichts anderem in der Lage, als der Verwaltung zu folgen. Durch dieses Vorgehen und dem damit verbundenen Zeitdruck verhinderte man vorausgehende Diskussionen in den Fraktionen, im Rat und in der Öffentlichkeit und der aufgebaute Zeitdruck half, dass keine Gegenstrategien entwickelt werden konnten. Die Vorschlagsliste für entsprechende Konsolidierungsmaßnahmen wurde als alternativlos dargestellt. Sie umfassten neben der Steigerung von Einnahmenposten durch eine Grundsteuererhöhung und der Einführung einer Zweitwohnsitzsteuer, die Entlastung der Ausgabenseite durch die Streichung von freiwilligen Maßnahmen. Bereits drei Wochen nach den ersten öffentlichen Informationsabenden passierte das Konsolidierungspaket den Stadtrat, bei lediglich sieben Enthaltungen. Diese zügige Umsetzung beruhte auf der Einsicht der meisten Stadträte, dass hier Maßnahmen reduziert wurden, die man sich in guten Jahren leisten könne, die man aber nicht zwangsläufig brauche. So gesehen, handelt es sich bei diesem Konsolidierungspaket um kein einschneidendes.

Aber auch die wenig eindeutigen Mehrheitsverhältnisse im Rat erleichtern es der Kämmerei und dem Oberbürgermeister die kommunale Haushaltskonsolidierung durchzusetzen. Das Informationsniveau der Verwaltung ist deutlich höher und kann entsprechend bei den Haushaltsberatungen genutzt werden. Nur etwa einem Drittel der Stadträte wird Interesse an der Haushaltspolitik zugeschrieben. Außerdem finden in den Gremien des Stadtrates sachpolitische und lösungsorientierte Haushalts- und Konsolidierungsdiskussionen statt. Seit dem Abschwächen der Einnahmesituation, geben die Fraktionen offen an, sich informell zur Sparsamkeit und Konsolidierung verpflichtet zu haben. Es sind wenn dann eher die konkreten inhaltlichen Themen und nicht die finanziellen Fragestellungen, die polarisieren. Aber selbst das ist selten. Ratsbeschlüsse, auch die zu den Haushalten, sind traditionell einstimmig. Manchmal gibt es Abweichler, da die Fraktionsdisziplin keine große Rolle spielt. Dann stimmen einzelne Ratsmitglieder nach Gewissen ab, selbst bei parteipolitisch eindeutig zuordbaren Sachentscheidungen, als z. B. *„der Fraktionsvorsitzende der FDP sich massiv in der Presse gegen die Grundsteuererhöhung von 405 auf 425 ausgesprochen [hat] ... und ein Mitglied seiner Fraktion hat trotzdem dafür gestimmt"*

(Kämmerei). Ein weiteres Beispiel ist die 2012 einstimmig beschlossene und parteiübergreifend befürwortete Rekommunalisierung der Stadtwerke. Auch die von der Verwaltung vorgeschlagene, vom Stadtrat jedoch aufgeschobene Einführung der Zweitwohnsitzsteuer, war geprägt von einer sachbezogenen Argumentation, obwohl dieses Thema noch zu den kontroversesten der vergangenen Jahre gehörte.

5.4.5   Fazit

Die Stadt profitiert von vielen exogenen Faktoren, die ihr auch langfristig gute Einnahmen sichern. Die Politik konnte aus finanzieller Sicht lange Zeit nur wenig falsch machen und war erst gefordert, als sich die ökonomischen Wachstumsraten verringerten bzw. später einbrachen. Heute stellt sich das Problem, dass man sich einen Wohlstand aufgebaut hat und sich den Unterhalt von Leistungen und Angeboten erlaubt, die in finanziell schlechten Zeiten kaum zu bezahlen sind. Langfristiges Denken in Effizienzkategorien fand kaum statt, so dass dieses zunächst gelernt werden muss. Die Zustimmung zu einem sehr umfassenden, von Verwaltung und Oberbürgermeister unter Zeitdruck vorgelegten Konsolidierungspaket, war sehr groß, auch weil die Einschnitte noch nicht an die Substanz gingen. Sollte die ökonomische Schwächephase anhalten, ist angesichts des verankerten Wohlstandsdenkens davon auszugehen, dass die Stadträte mit Macht bestehende Pfründe sichern wollen. Aber noch gelingt es der Verwaltung, den Haushaltsprozess nicht über Gebühr zu politisieren und sich Vertrauen zu erarbeiten. Der Stadtrat steht noch hinter der Verwaltung, weil man um das hohe Niveau der Leistungen der Stadt weiß und dies auch im Vergleich mit anderen Städten sieht.

Kommunale Entscheidungsstrukturen in Baden-Württemberg

Falk Ebinger

1 Stand und Entwicklung der Haushaltslage

Wie in den meisten anderen Ländern häuften auch die meisten baden-württembergischen Kommunen in den 1990er Jahren einen beträchtlichen Schuldenberg an. Dieser konnte spätestens um die Jahrtausendwende herum nicht mehr ignoriert werden und führte vielerorts zu einem Politikwechsel hin zu einer nachhaltigen, auf Schuldenabbau orientierten Haushaltsführung. Durch große Haushaltsdisziplin und unterstützt durch die Veräußerung von Unternehmensanteilen gelang oft auch in wirtschaftlich benachteiligten Regionen der Ausgleich der laufenden Haushalte und oft auch der Abbau von Altverschuldung.

2 Allgemeine Akteurskonstellation

In baden-württembergischen Kommunen unterhalb 100.000 Einwohnern dominieren auch noch Jahrzehnte Jahre nach Gerhard Banners (1987) wegweisender Analyse konkordanzdemokratischer Handlungsmuster im Rat. Dies gilt, obwohl in den Räten häufig die CDU die stärkste Kraft ist und gemeinsam mit Freien Wählern und FDP eine Mehrheit im Rat stellen könnte. Statt einer klaren Einteilung in Regierungs- und Oppositionsbank dominieren übergroße Mehrheiten unter Einbindung aller "bürgerlichen" Parteien – CDU, SPD, FW, Grüne und FDP. Dies sind keine „großen Koalitionen", vielmehr stehen Sachthemen und das Wohl der Gemeinde statt politischer Richtungskämpfe im Vordergrund. In strittigen Fragen entstehen regelmäßig ad hoc Koalitionen über alle ideologischen Grenzen hinweg.

Die Parteien spielen insofern zwar eine nicht zu unterschätzende Rolle als Rekrutierungs- und Ordnungsinstrument in der Kommunalvertretung, die ideologische und machtpolitische *Cleavage* ist im Vergleich mit klassisch konkurrenzdemokratisch geprägten Bundesländern jedoch vergleichsweise gering und die Beziehungen der Fraktionssprecher sind i. d. R. von gegenseitigem Respekt und der Abwesenheit taktischer Spielchen geprägt. Lähmende und expansiv wirkende Grabenkämpfe spielen keine Rolle. Die überparteiliche Konsensfindung zur Umsetzung pragmatischer Lösungen zum Wohle der Stadt steht im Vordergrund. Der institutionell starke Bürgermeister nimmt häufig eine moderierende und überparteiliche Position ein. Gestützt auf, oder oft auch gesteuert von einer starken Verwaltung determiniert er jedoch wesentliche Richtungs- und Investitionsentscheidungen. Solange die Einbindung der Ratsfraktionen gelingt, führt dies zu einer hohen Kontinuität im städtischen Handeln und bietet auch die Chance, eine Konsolidierungspolitik über Jahre und Jahrzehnte durchzuhalten.

3   Rolle des Bürgermeisters und der Verwaltung

Die (Ober-)Bürgermeister haben in Baden-Württemberg institutionell betrachtet eine sehr starke Position mit weitreichenderen Kompetenzen als in vielen anderen Ländern. Gleichzeitig sind Bürgermeister jedoch im Vergleich häufiger parteilos oder gehören kleineren Parteien an, als anderswo. Und selbst wenn sie von einer starken Ratsfraktion in einer stabilen Koalition gestützt werden, nutzen Sie ihre Position äußerst selten aus, wie dies in konkurrenzdemokratischen Kontexten üblich wäre. Vielmehr verstehen sie sich als Integrationsfigur, die vermittelnd über den Partei- und Partialinteressen steht und stets eine möglichst breite Unterstützung als nur die etablierten Fraktionen hinter sich vereinen möchten.

In dieser Funktion stützen sich die Bürgermeister auf einen starken Beigeordneten bzw. Ersten Bürgermeister, der sehr häufig auch das Finanzressort verantwortet. Dieser bestimmt in allen Fallkommunen im Hintergrund wesentlich die politische Agenda mit, indem er klar den Rahmen des finanziell Möglichen wie auch die Priorisierung vorgibt und ihre konkrete Ausformulierung und Umsetzung in der Verwaltung sicherstellt. Die klare strategische Linie, die in allen Untersuchungskommunen beobachtet wurde, stammte jeweils eindeutig aus der Feder dieser Akteure. Von ihnen hängt es also wesentlich ab, ob Bürgermeister und Rat in ihrer großen Mehrheit oder gar einstimmig auf eine Sparstrategie eingeschworen und auch über Jahre und Jahrzehnte von deren Alternativlosigkeit und Sinnhaftigkeit überzeugt werden können.

4 Interaktionen am Beispiel der Haushaltspolitik

Die Haushaltspolitik in drei der vier Untersuchungskommunen ist klar auf eine langfristige Konsolidierung und nachhaltige Bewirtschaftung der kommunalen Finanzen ausgerichtet. Diese Strategie wird über alle etablierten Fraktionen hinweg mitgetragen. Dieser Kurs wird zwar gelegentlich anlassbezogen hinterfragt und wird in Einzelfällen von politischen Prioritäten durchbrochen, wurde aber in keiner der drei Kommunen bisher ernsthaft zur Disposition gestellt. In der vierten Kommune wurde ein expansiver Kurs im Rahmen eines großen Grünprojekts von einer ebenso breiten Mehrheit im Rat getragen. Dieser breite Konsens ist in Baden-Württemberg zwar in vielen Politikbereichen üblich, gerade angesichts des überwiegend stark sparorientierten, langfristigen und damit politisch beschränkenden Charakters der Haushaltspolitiken überrascht diese Einmütigkeit doch. Schließlich wird Politikern auch in der verwaltungswissenschaftlichen Debatte ein Hang zu kurzfristiger Denkweise und expansivem Ausgabeverhalten nachgesagt. So beschränken sich die Räte aller an der Spar-Koalition beteiligten Räte insbesondere in jenen Bereichen weitgehend, die zur parteipolitischen Profilierung besonders geeignet wären. Da alle wesentlichen Richtungsentscheidungen bereits frühzeitig und konsensual beschlossen werden, kreist der parteipolitische Streit in allen Kommunen um Marginalien und hat eher den Charakter von „Schaufensterpolitik".

Ermöglicht wird solche Einmütigkeit durch starke Akteure – im Regelfall die Finanzbürgermeister – die sowohl die technische Seite ihres Handwerks beherrschen als auch ihre Bürgermeister argumentativ leiten und gemeinsam mit ihr/ ihm sowohl im politischen Raum wie innerhalb der Verwaltung kontinuierlich und erfolgreich Überzeugungsarbeit zu leisten vermögen. Entsprechend wurden in allen Fallkommunen sehr gut zusammenarbeitende Führungsteams beobachtet, die vorab mögliche Handlungsräume definieren – teils unter Einbeziehung der Verwaltung selbst und mit Budgetierungsansätzen, teils durch eine stärker die Alternativlosigkeit bestimmter Handlungsschritte betonender Vorgehensweise. Im Idealfall können den Räten Entscheidungsräume zur Prioritätensetzung gelassen werden, ohne sie aus der Verantwortung für den Haushaltsausgleich zu entlassen. Im Bewusstsein von Räten und Bürgern wurden die Themen Haushaltsausgleich und Entschuldung so stark verankert, dass dieses Primat selten von inhaltlichen Themen in Frage gestellt wird. Insofern ist die Notwendigkeit zur Haushaltsdisziplin ein öffentliches Thema. Ohne ein Bekenntnis zu dieser politischen Leitlinie sind nur schwer Wahlkämpfe um die bürgerliche Mitte zu gewinnen. Der Erfolg des „Gemeinschaftsprojekts Entschuldung" ist folglich das Ergebnis der strategischen Anleitung des Rates durch die Verwaltungsführung zu wirtschaftlich klugen

Entscheidungen. Diese Disziplin zahlt sich nicht nur für den Kommunalhaushalt sondern auch politisch für die beteiligten Akteure aus.

5   Fallstudien

5.1   Fallstudie Stadt I

5.1.1   Kurzcharakterisierung

Ein Bürgermeister ohne nennenswerte parteipolitische Machtbasis führt die für baden-württembergische Verhältnisse schuldenbelastete und wirtschaftlich benachteiligte Stadt mit Unterstützung der beiden großen Parteien harmonisch und konsensual. Hierbei wird er wesentlich von der starken Kämmerei unterstützt, die als ein Machtzentrum gesehen wird und den „Rahmen des Machbaren" vorgibt. Die politische Schwäche erweist sich als Stärke bei der Durchsetzung von schmerzhaften Entscheidungen im klassisch süddeutsch konsensorientierten Rat.

5.1.2   Allgemeine Akteurskonstellation

Der Rat der industriell geprägten, kreisangehörige Stadt mit ca. 25.000 Einwohnern weist eine für Baden-Württemberg typische Zusammensetzung auf: die CDU stellt als stärkste Partei 12 der 36 Räte, die SPD folgt mit acht Sitzen. Gleichstarke dritte Kraft sind die Freien Wähler und eine lokale Gruppierung der Grünen mit sechs Sitzen. Die FDP spielt mit 4 Räten eine untergeordnete Rolle. Die Fraktionsvorsitzenden der drei erstgenannten Fraktionen im Rat sind politisch erfahren und werden als stark erachtet. Wie in Städten dieser Größe üblich kennen sie sich persönlich gut, achten sich und kommunizieren gelegentlich informell zur Vorklärung einzelner Angelegenheiten miteinander.

Der OB hat keinen Verwaltungshintergrund und gehört einer der kleinen Parteien im Rat an. Im Jahr 2010 wurde sein Vorgänger von einer breiten Mehrheit im Rat abgewählt. Dieser gehörte einer nur mit einer kleinen Fraktion im Rat vertretenen Partei an und hatte durch glückloses Agieren und Beratungsresistenz weite Teile der ihn ursprünglich unterstützenden Koalition sowie der Verwaltung verprellt, so dass er keine Mehrheit im Gemeinderat mehr finden konnte. Seine Amtsjahre gelten in beiden großen Fraktionen wie auch der Verwaltung als „verlorene Jahre" ohne Vision und Richtung.

Getragen von den schlechten Erfahrungen mit dem amtierenden OB fand sich 2010 eine breite, fraktionsübergreifende Unterstützerkoalition für einen neuen

Bewerber um den Posten des Oberbürgermeisters. Dieser Konsens ist vermutlich darauf zurückzuführen, dass der Bewerber wiederum einer im Rat nur schwach vertretenen Partei angehörte. Getragen von dieser breiten Unterstützung konnte der Bewerber sich gegen den Amtsinhaber durchsetzen.

Bemerkenswerterweise trägt diese fraktionsübergreifende Unterstützung auch noch mehrere Jahre nach der Wahl. Dies überrascht, da CDU und FW gemeinsam 50 Prozent der Sitze im Rat stellen und so theoretisch verhältnismäßig leicht eine bürgerliche Ratsmehrheit organisieren könnten. Die Stabilität des fraktionsübergreifenden Arrangements ist vermutlich darauf zurückzuführen, dass der OB mangels einer eigenen politischen Hausmacht permanent auf eine erfolgreiche Mehrheitsbeschaffung angewiesen ist. Alle Befragten erkennen an, dass er seine schwierige Position sehr gut ausfüllt, indem er eine parteiübergreifende Konsensfindung und eine gegenüber allen Parteien offene und harmonieorientierte Politik verfolgt. So mache er grundsätzlich keine „Deals" mit einzelnen Akteuren oder Fraktionen, sondern „lege die Karten auf den Tisch" (FV CDU; SPD) und sei ein verlässlicher Verhandlungspartner. Auch innerhalb der Verwaltung sei er wohlgelitten, da er nicht gegen die Ämter steuere. Dabei stütze er sich jedoch stark auf die Kämmerin, der der Ruf der „heimlichen Oberbürgermeisterin" anhaftet. Natürlich ist diese Strategie des OB nicht ohne Kritiker: Die damit verbundene Zurückhaltung und Nichteinmischung des OB in viele Fragen wird von manchen Akteuren als Schwäche und Visionslosigkeit ausgelegt.

Der 1. Bürgermeister hingegen gilt (als Folge der Dezernatsaufteilung) als „investitionsorientiert". Eine allgemein respektierte und als stark erachtete Kämmerin gibt die Eckpunkte der Haushaltspolitik vor und setzt sie mit Rückendeckung des OB auch gegenüber den Fachbereichen durch. Sie ist wie der OB verhältnismäßig neu im Amt und ein „Eigengewächs" der Verwaltung. Ihr Wirken wird als deutlicher Fortschritt gegenüber dem ihres Vorgängers gesehen, der als „Bremser" galt und wenig Initiative und Innovation in die Stadt brachte.

Die Parteien spielen, wie in Baden-Württemberg üblich, eine zwar nicht zu unterschätzende, im Vergleich mit anderen Bundesländern doch vergleichsweise untergeordnete Rolle. So steht die überparteiliche Konsensfindung zur Umsetzung pragmatischer Lösungen im Vordergrund. Durch vorab-Konsultationen werden bedeutende Entscheidungen im Vorfeld zwischen OB, Kämmerin und den Fraktionsvorsitzungen erörtert, so dass klassische Grabenkämpfe zwischen Parteien keine Rolle spielen.

Parteipolitik beschränkt sich überwiegend auf die „Steckenpferde" der Parteien, die zur Profilierung notwendig sind (FV CDU). Bei den Haushaltsverhandlungen werden nur in sehr überschaubarem Umfang von den Parteien entsprechende Prestigeprojekte über Anträge eingebracht. Die Fraktionen gönnen sich in einer tit-for-tat Beziehung gegenseitig entsprechende Ausgaben. Die grundsätzliche Notwendigkeit solcher Schaufensterpolitik wird im gegebenen kleinen Rahmen selbst von der Kämmerin akzeptiert. Politische Auseinandersetzungen wurden in den vergangenen Legislaturperioden entsprechend eher um eigentliche Marginalien denn um wichtige Richtungsentscheidungen, wie bspw. den Konsolidierungskurs, geführt. Bei Abstimmungen im Rat gäbe es generell verhältnismäßig selten Abweichungen von der Fraktionsmeinung. Dieses Abweichen sei jedoch in allen Fraktionen mehr oder weniger geduldet. Im Regelfall würde diese Option ohnehin nur von den starken Akteuren innerhalb der Fraktionen wahrgenommen (FV CDU).

Die strenge und langanhaltende Sparpolitik ging an der Verwaltung nicht ohne Spuren vorbei. Interviewpartner berichten, dass das Klima innerhalb der Verwaltung, insb. zwischen den entscheidenden Akteuren auf Ebene der Ämter, nicht gut sei. Allerdings wird der Verwaltungsapparat von keinem der befragten Experten als strategischer Akteur gesehen, der in irgendeiner Weise eigenständig in die Politikfindung oder die Haushaltspolitik eingreifen würde. Das Verhältnis zwischen OB und den Beigeordneten sei durch den Sparkurs nicht übermäßig belastet, hier gäbe es keine Meinungsverschiedenheiten, da letztere die Notwendigkeit der Konsolidierung erkannt hätten und den eingeschlagenen Kurs grundsätzlich unterstützten.

5.1.3   Interaktion am Beispiel der Haushaltspolitik

Das Team aus OB und Kämmerin verfolgt eine gemeinsame Strategie zur Einhaltung der Haushaltsdisziplin. Ziel sei es, das „Geld für die wirklich wichtigen Projekte zusammenzuhalten" (OB). Nach den unruhigen Jahren in der Folge der Bankenkrise habe es in 2012 ein Innehalten bei der Investitionstätigkeit gegeben. Dies sei aus haushaltspolitischer Sicht richtig gewesen, habe der Kämmerei aber den Vorwurf des „Ausbremsens" der Politik eingebracht (Kämmerin). Da der OB „nicht vom Fach" sei, fehle ihm teils der Gesamtüberblick über die Verwaltung und das Hintergrundwissen über das Funktionieren der Apparate. Hier sei er stark auf die Kämmerin angewiesen, die ihre Konsolidierungsorientierung ausspiele (FV SPD). Die Kämmerin gebe entsprechend die Leitlinien für die Haushaltsaufstellung vor und führt nach der Mittelanmeldung die ersten Gespräche mit den Ämtern. In Amtsleitergesprächen unter Einbeziehung des OBs würden dann die notwendigen Prioritätensetzungen ausgearbeitet (OB).

Auf politischer Ebene spielen nach Aussage aller Befragten die Themen Verschuldung und Schuldenabbau keine große Rolle im Wahlkampf der Parteien, lediglich einmal wäre von einer kleinen Partei entsprechend plakatiert worden. Dennoch sei die Problematik in der Stadt sehr präsent. Es bestehe der in Baden-Württemberg übliche Konsens, eine restriktive Verschuldungspolitik zu betreiben und die aufgelaufenen Schulden möglichst zügig abzubauen. Die Parteien folgten hier dem populären Trend zur Konsolidierung, die „Null sei das Ziel" (OB). Allerdings sei dies eine „theoretische Debatte": Jederzeit könnten Einzelprojekte eine derartige Salienz erlangen, so dass die grundsätzliche Priorisierung der Konsolidierung zurücktreten müsse. Dies könne am Beispiel der durchgeführten Gartenschau gut verdeutlicht werden (Kämmerin; FV CDU).

Der OB trete auch in Haushaltsfragen meist als Moderator auf. Er sei gut in der Diskussionsführung und kämpfe nur für einzelne Punkte, „lasse jedoch 8 von 10 laufen" (FV SPD). Für die Sparpolitik müsse man „den Rat mitnehmen" (Kämmerin). Entsprechend zeichne sich nach einhelliger Aussage aller Befragten die Zusammenarbeit zwischen Verwaltungsspitze und Rat durch die völlige Abwesenheit von Intrigen und Deals aus. So existiert auch eine intakte „Vertrauensbasis" zwischen den haushaltsrelevanten Akteuren.

Wie bei allgemeinen Entscheidungen dominiere bisher auch in der Haushaltspolitik ein parteiübergreifender Konsens zwischen den Parteien. Die großen, haushaltsrelevanten Themen lägen auf dem Tisch und würden lösungsorientiert bearbeitet. Haushaltspläne werden traditionell mit breiter Mehrheit beschlossen, da alle Parteien bereits frühzeitig in die Aushandlungsprozesse eingebunden würden. Die bei der Haushaltsdebatte gestellten Anträge sind jedoch auch nach Aussage der Fraktionsvorsitzenden selten tiefgreifend, beträfen lediglich Detailfragen „für das Schaufenster" (FV SPD) und umfassen begrenzte Summen im Rahmen von max. 200.000 Euro (Kämmerin). Zwischen den Parteien würden hier teilweise Koppelgeschäfte ausgehandelt, so dass Blockadesituationen die Ausnahme seien. Bei den Abstimmungen zum Haushalt herrsche kein Fraktionszwang, hier seien Abweichungen dennoch sehr selten. Dies hinge auch damit zusammen, dass man die in den Vorgesprächen getroffenen Absprachen – und damit auch den allgemein unterstützten OB – nicht beschädigen wolle.

Die Strategie, die Ratsfraktionen bei der Einbringung des Haushalts unter Zeitdruck zu setzen, würde nicht angewandt. Allerdings sei das „Timing" bei der Diskussion von haushaltsbezogenen Fragen durchaus wichtig. Diese würden i. d. R. erst als letzter Punkt auf der Tagesordnung des Rates behandelt. Ebenso würden die im Jahr aufgelaufenen Rücklagen dem Rat erst zum Ende der Haushaltsberatung mitgeteilt, dann, wenn Müdigkeit die Streitlust mindert und ein intensives Hineindenken in die Sachverhalte kaum noch leistbar sei (Kämmerin).

Mittlerweile ist die „Wunschliste" der Infrastrukturprojekte in der Stadt allerdings sehr lang. Dies, gemeinsam mit den noch vorhandenen Rücklagen aus der Veräußerung der Anteile am Energieversorger und der niedrigen Zinssätze am Kapitalmarkt, führt zu einer deutlichen Auflösung der nun seit einigen Jahren bestehenden fraktionsübergreifenden Sparkoalition. So steigt der Druck, die Stadt durch mehrere gleichzeitige Investitionen „nach vorne zu bringen" (FV SPD). Die Kämmerin widersteht diesem Druck noch und sieht einen Teil der angestrebten Investitionen auch nicht als vorrangig an. Ob jedoch der Konsens im Rat, keine weitere Verschuldung aufzubauen, dauerhaft hält, ist derzeit fraglich.

5.1.4   Fazit

Der erfolgreiche Konsolidierungskurs ist als Ergebnis der besonderen Akteurskonstellation – schwacher, konsensorientierter und überparteilich gestützter Oberbürgermeister und starke Kämmerin – zu sehen. Unterstützt durch die konkordanzdemokratische Ausrichtung des Rates war es hierdurch möglich, die Sondererlöse aus der Veräußerung von Unternehmensanteilen primär zur Schuldentilgung zu nutzen. Allerdings zeichnen sich zukünftige Konflikte und ggf. der Bruch der impliziten „Allparteien-Spar-Koalition" ab, da eine Partei die Niedrigzinsphase für strategische Investitionen nutzen und damit vom Sparkurs abweichen möchte. Die Erreichung einer zukünftigen Nullverschuldung wird entsprechend als große Herausforderung angesehen.

5.2   Fallstudie Stadt J

5.2.1   Kurzcharakterisierung

Unter einem konsolidierungsorientierten Finanzbürgermeister findet in der wirtschaftlich unterdurchschnittlich gestellten Stadt ein über zehn Jahre laufender Paradigmenwechsel in Verwaltungsvorstand, Rat und Bevölkerung hin zu einem langfristig nachhaltigen Wirtschaften statt. Dank der Erlöse aus dem Verkauf der Anteile am regionalen Energieversorger können Schulden abgelöst und zurückhaltend investiert werden. Gleichzeitig wird durch Beschluss und Einhaltung von Haushaltsgrundsätzen im Rat das traditionelle strukturelle Defizit abgebaut und die Entschuldung der Stadt als oberste Priorität definiert. Tatsächlich wird im Jahr 2014 die Entschuldung des Kernhaushaltes erreicht.

5.2.2   Allgemeine Akteurskonstellation

Der Gemeinderat der Fallkommune J (rund 25.000 Einwohner) setzt sich aus 5 Fraktionen zusammen: Die CDU stellt mit derzeit sieben Sitzen traditionell die größte Fraktion im Gemeinderat. Zweitstärkste Kraft ist die Freie Wähler Vereinigung mit sechs Sitzen. SPD-Fraktion und ein Grünen-naher Fraktionszusammenschluss nehmen jeweils fünf Sitze ein. Die FDP verfügt über drei Sitze. Der parteilose Oberbürgermeister amtiert seit 2009 und löste auch einen ebenfalls parteilosen

Vorgänger ab. Seine Wahl wurde sowohl von der CDU als auch der SPD-Fraktion unterstützt. Auch die ganz überwiegende Mehrheit der Ratsmitglieder unterstützte seine Kandidatur. Der wichtige Finanzbürgermeister ist parteilos.

Der Gemeinderat ist nach Aussage aller Befragten nicht in Regierungs- und Oppositionsbank geteilt. Zwar können CDU, Freie Wähler und FDP gemeinsam eine Mehrheit im Rat stellen und tun dies auch regelmäßig. Aufgrund der relativ gleichmäßigen Zersplitterung und der häufigen Interessenkongruenz kommt es immer wieder zu neuen „bürgerlichen Mehrheiten", zu denen auch die SPD-Fraktion gezählt wird (FV CDU). Zwar könne man nicht von einer „großen Koalition" sprechen, grundsätzlich ständen jedoch wie in Baden-Württemberg üblich eher Sachthemen denn politische Richtungskämpfe im Vordergrund. Einzig die links-alternative Fraktionsgemeinschaft schere aus diesem Konsens aus und stelle die – weitgehend isolierte – „wahre Opposition" dar. Grundsätzlich wird aufgrund eines Generationenwechsels um die Jahrtausendwende von einer deutlichen Verbesserung des Klimas im Rat berichtet. Dieses sei der guten Beziehungen der Fraktionssprecher von gegenseitigem Respekt und der Abwesenheit taktischer Spielchen geprägt (FV SPD).

5.2.3 Rolle des Oberbürgermeisters und der Verwaltung

Der Oberbürgermeister hat keine Verwaltungssozialisation, aber verhältnismäßig lange Verwaltungserfahrung. Er ist parteilos, was allerdings kein Nachteil bezüglich seiner Chancen zur Beschaffung von Mehrheiten im Rat sei. Hinsichtlich der Aufteilung der Fachbereiche mit dem Ersten Bürgermeister ergänzt er sich „optimal" (FV CDU, SPD); jeder mache das, was er am besten könne. Entsprechend delegiert der Oberbürgermeister haushaltsbezogene Fragen an den Finanzbürgermeister, sei aber ein ebenbürtiger Sparringpartner des starken zweiten Mannes und mit diesem „fast befreundet" (FV SPD). Gegenüber Rat und Verwaltung könne der OB seine Interessen im Regelfall durchsetzen – außer es bildet sich eine Mehrheit im Rat, die sich auf eine breite öffentliche Unterstützung ihres Anliegens stützen kann (FV CDU). Seine Zielsetzung sei es, zum Termin seiner Wiederwahl die Nullverschuldung vorweisen zu können. Entsprechend unterstützt er die Konzeption zur Haushaltskonsolidierung und vertritt diese auch nach außen. Darüber hinaus würde er natürlich gerne Geld ausgeben (alle Befragten). Gewisse Ausgaben zur Profilierung seien insofern nachvollziehbar und unabwendbar. Dies müsse man erkennen, wolle man keine sinnlosen Kämpfe führen (1. BM).

Der Erste Beigeordnete, der in Personalunion Finanzbürgermeister ist, wird von allen Befragten als die zentrale Figur innerhalb des Verwaltungsvorstandes bezeichnet. Er bündelt in sich die Verantwortung für die Haupt-, Finanz-, Ordnungs- und Schulverwaltung und kann auf langjährige Erfahrung als Hauptamtsleiter zurückgreifen. Er ist sehr stark an der Haushaltskonsolidierung interessiert und sieht die Entschuldung der Stadt als Maßstab seines persönlichen Erfolgs. Trotz seiner Funktion als „Bremser" (FV SPD) und graue Eminenz genießt der Finanzbürgermeister großen Respekt bei den Ratsmitgliedern. Sie sind ihm sehr dankbar für seine Initiative zur Entschuldung. Die Kämmerin wiederum sei fachlich gut, aber habe eine rein ausführende Funktion. Die sonstige Verwaltung wird als zumindest beachtenswerter Spieler bezeichnet: Aufgrund der sehr überschaubaren Größe der Stadt gäbe es sehr viele private Kontakte und Beziehungen auch außerhalb der Verwaltung.

5.2.4   Interaktion am Beispiel der Haushaltspolitik

Der erfolgreiche Konsolidierungskurs war ein vielstufiger, vom jetzigen Finanzbürgermeister betriebener Prozess. Seine Überzeugungskraft und die Fähigkeit eine „Gesamtverantwortung" der Akteure in Politik und Verwaltung herzustellen, waren dabei entscheidend (FB). Bereits Mitte der 1990er Jahren wurden Oberbürgermeister und Rat zur (Teil-)Einführung von Elementen des Neuen Steuerungsmodells überzeugt. Wesentlichen Einfluss auf die Ausgabehaltung der Verwaltung hatte dabei die Reorganisation der rund 20 Ämter in vier Fachbereiche, deren Leiter umfangreiche Ressourcenkompetenz erhielten. Durch die Budgetierung seien Oberbürgermeister und Rat aus Beschaffungsprozessen unterhalb von Millionenbeträgen herausgenommen worden und Ausgabeentscheidungen innerhalb des im Haushalt bewilligten Rahmens würden aufgrund der klaren Verantwortlichkeit innerhalb der Verwaltung deutlich wirtschaftlicher vollzogen (FB). Der frühere Hang zur „Bevorratung" von Mitteln in den Ämtern sei nicht mehr zu beobachten, es würden entsprechend der in den Fachbereichen gesetzten Prioritäten notwendigen Ausgaben getätigt (FV SPD).

Als der Haushalt im Zuge der kommunalen Finanzkrise der Jahre 2002 und 2003 aus dem Gleichgewicht zu geraten drohte, leitete der Finanzbürgermeister eine erste Runde der Haushaltskonsolidierung ein. Im Zentrum stand die Argumentation, dass das entstandene Defizit nicht durch Entnahmen aus den Rücklagen, sondern durch tatsächliche Einsparungen gedeckt werden müsste. Die Räte ließen sich fraktionsübergreifend überzeugen. Gemeinsam identifizierte man umfangreiche Streichposten im laufenden Haushalt und konnte so ein strukturelles Defizit abwenden. Dieser Prozess leitete ein grundsätzliches Umdenken im Rat der Stadt hin zu einer Konsens- und Sparorientierung ein. Mit Hilfe externer Referenten und Szenarientechniken gelang es, den Räten zu verdeutlichen, dass der Haushalt der Stadt bei der gegebenen Einnahmesituation die gewünschten Investitionen nicht erwirtschaften kann. Ohne strenge Haushaltsdisziplin würde die Stadt aufgrund zu geringer Steuerkraft seiner Unternehmen und Einwohner durch ein verfestigtes strukturelles Defizit unweigerlich in eine Verschuldungsspirale rutschen. Nur wenn pro Jahr ein Überschuss von mehreren Millionen Euro erwirtschaftet werden könne, wären die notwendigen Investitionen zu finanzieren (FB).

Derweil wuchs im Rat der Unmut darüber, dass über dem ausufernden Tagesgeschäft jegliche politische Zielkompetenz des Rates auf der Strecke blieb. Statt von der Verwaltung mit ad-hoc Entscheidungsvorlagen „am Gängelband" geführt zu werden, sollte wieder ein Primat der Politik hergestellt werden (FV SPD). Dies führte Mitte der 2000er Jahre zum Antrag, eine Klausurtagung durchzuführen, in welcher eine mittel- bis langfristige strategische Planung und ein Leitbildungsprozess der von Rat und Verwaltung angestrebten Ziele angestoßen werden sollte. Dieser Prozess wurde vom Verwaltungsvorstand aufgegriffen und von der Verwaltung unterstützt. Dieser Prozess führte zur Einführung von Kennzahlen in der Verwaltungssteuerung, wodurch der Fokus der Räte vom kameralen Ausgabenfokus hin zu Fragen der Zielerreichung verschoben werden konnte (FB). Dieser Paradigmenwechsel wird von allen Befragten sehr gelobt und führe dazu, dass weniger haushaltswirksame Anträge durch die Fraktionen eingebracht würden (FV SPD).

Als im Jahr 2008 die Einnahmen der Stadt erneut einbrachen, wurde zur Aufstellung des Haushaltes für 2009 auf Antrag einer Fraktion eine Haushaltsstrukturkommission eingerichtet. Diese den Haushaltsprozess stark verändernde Institution ist seitdem fester Teil des Haushaltsprozesses und wird als wesentlich für die Erreichung der Konsolidierungsziele, aber auch zur Wahrung des Primats des Rates erachtet. Mitglieder der Kommission sind der Oberbürgermeister, Finanzbürgermeister und Kämmerer sowie Vertreter der Gemeinderatsfraktionen. Sie tritt Ende jeden Jahres nach der Einbringung des Haushaltsentwurfes in den Rat ein bis drei Mal zusammen. Der unter der Ägide des Finanzbürgermeisters entwickelte Haushaltsentwurf enthält die Anmeldungen sowie deren Priorisierung in eine von drei Stufen durch die Fachbereichsleiter. Basierend auf Vorschlägen des Finanzbürgermeisters diskutieren die Räte darüber, welche Budgets in welchem Umfang gekürzt und welche Änderungen an den geplanten großen Investitionen vorgenommen werden sollen. Konkrete Eingriffe zur Steuerung einzelner Ausgabeposten innerhalb der Ressourcenkompetenz der Fachbereichsleiter werden nicht vorgenommen. Diese Vorgehensweise stellt sicher, dass die Räte gegenüber dem Verwaltungsvorstand herausstellen können, welche Vorhaben ihren Fraktionen wichtig sind. Gleichzeitig müssen sie sich selbst über die notwendigen Kürzungen zur Erreichung der bisher fraktionsübergreifend angestrebten Nullverschuldung einigen. Die eigentliche Entscheidung über den Haushalt im Rat findet dann „in einem engen Kanal, mit nur noch der notwendigsten parteipolitische Profilierung" statt (FV SPD). Entsprechend würde der Haushalt dann immer mit großer Mehrheit oder gar einstimmig angenommen – obwohl kein expliziter Fraktionszwang bei den großen Fraktionen durchgesetzt würde.

Als bisher letzte Schritte in der Sparstrategie der Stadt wurden im Jahr 2012 ein externes Consultingunternehmen mit einer Aufgabenkritik innerhalb der Stadtverwaltung beauftragt und der Leitbildprozess durch Beschluss eines Finanzziels abgeschlossen. Mit diesem Finanzziel verpflichtet sich der Rat kollektiv zu einer nachhaltigen Finanzpolitik, die die Belastungen für die künftigen Generationen zu berücksichtigt.

Konkret bedeutet dies, dass über alle Fraktionen hinweg prestigeträchtige, aber kostenintensive Maßnahmen über einen Zeitraum von mehr als zehn Jahre gestrichen, gekürzt oder verschoben wurden. So verzichtete man im Kulturbereich auf „Millionengräber" in Form von überzogen konzipierten „Kulturtempeln". Das kulturelle Leben in der Stadt sei jedoch gerade deshalb besonders lebhaft, weil die Stadt lediglich die Initiative von Vereinen und Privatpersonen mit Zuschüssen unterstütze, diesen jedoch die Verantwortung überlasse. Mit Einverständnis der „bürgerlichen" Fraktionen wurden über gut zehn Jahre Investitionen in den Unterhalt städtischer Infrastruktur reduziert, gewachsene Besitzstände, bpsw. im Bereich der Volkshochschule und der Seniorenpolitik, hinterfragt und Beschaffungen über kompetitive Ausschreibungen realisiert. Auf der Einnahmenseite beschloss der Gemeinderat, die Hebesätze der Grundsteuer A und B und der Gewerbesteuer sowie die Gebühren für Musikschule und Kindergarten zu erhöhen. Nicht alle durch diese Instrumente freigewordenen Mittel dienen unmittelbar der Haushaltskonsolidierungen. Teilweise schufen sie wiederum Spielräume, um familienbezogene Leistungen verhältnismäßig breit anbieten zu können (FV SPD).

5.2.5 Fazit

Die Fallstudie ist ein Paradebeispiel für die in baden-württembergischen Mittelstädten so typische konkordanzdemokratische Interaktionsform im Rat. Integrierende Kraft war durchweg der jetzige Finanzbürgermeister, welcher den Gemeinderat ein ums andere Mal von der Alternativlosigkeit disziplinierten Sparens überzeugen konnte. Die allgemeine Akzeptanz für sparsames Wirtschaften und nachhaltiges Investieren wurde durch greifbare Erfolge, aber insb. auch durch das absolute Primat der Verwaltung in der Steuerung des Haushaltsprozesses gestützt. Konsistente Verwaltungsvorgaben sowie weitere haushälterische und administrative Kniffe führten im Jahr 2014 zur Entschuldung des Kernhaushaltes. Dieser Erfolg zeigt, dass sich die jahrelange, extreme politische Disziplin der konkordanzdemokratischen Tradition nicht nur für die Stadt, sondern auch für alle beteiligten politischen Akteure lohnen kann.

5.3 Fallstudie Stadt K

5.3.1 Kurzcharakterisierung

Nach Jahrzehnten des Bedeutungsverlusts der Stadt treten Oberbürgermeister und Rat gemeinsam die Flucht nach vorne an: Durch massive Investitionen im Rahmen eines Grünprojekts soll der Stadt zu altem Glanz und wirtschaftlicher Stärke verholfen werden. Hierfür sind alle Akteure bereit, die im baden-württembergischen Landesdurchschnitt ohnehin hohe Schuldenbelastung innerhalb weniger Jahre zu verdoppeln.

5.3.2 Allgemeine Akteurskonstellation

Die kreisangehörige baden-württembergische Stadt mit rund 60.000 Einwohnern erlebte seit vielen Jahrzehnten einen permanenten Verlust an wirtschaftlicher Prosperität, Attraktivität sowie politischer Bedeutung. Psychologisch habe dies zu einer kollektiven Depression in der Stadt geführt und die Identifikationen der Teilorte mit der Stadt belastet. Der Gemeinderat umfasst aufgrund der unechten Teilortwahl 54 Sitze. Die CDU stellt mit derzeit 23 Sitzen traditionell die größte Fraktion. Zweitstärkste Kraft ist die SPD mit 14 Sitzen. Die Grünen sind mit sieben Sitzen vertreten. Freie Wähler und FDP stellen in einer gemeinsamen Fraktion fünf Sitze. Die FW-Frauen stellen drei und die Linke zwei Mandatsträger. Der seit 2009 amtierende CDU-Oberbürgermeister kommt selbst aus einem Teilort, ist sehr gut vernetzt und kennt auch Teile der Verwaltungsmitarbeiter seit Jahrzehnten persönlich. Er löste einen SPD-OB ab. Der 1. Beigeordnete ist ebenfalls CDU-Mitglied, der Kämmerer ist parteipolitisch ungebunden.

Der Gemeinderat sieht sich parteipolitisch nicht in eine Regierungs- und eine Oppositionsbank geteilt. In der Praxis argumentiere man sachorientiert, gewisse politische Präferenzen, bspw. in den Bereichen Klima oder Schulen, wirkten aber natürlich auch hier. Wie üblich streiten alle Fraktionen ab, dass bei ihnen eine strenge Fraktionsdisziplin durchgesetzt würde. Nur bei der Haushaltsdebatte existiere das Ziel, mit einer Stimme zu sprechen. Der Haushalt solle, so die Sicht aus allen befragten Fraktionen, möglichst auch mit einer großen Mehrheit angenommen werden. Unabhängig von diesem Sonderfall ist die Mehrheitsfindung für den Oberbürgermeister und die CDU-Fraktion verhältnismäßig einfach („der OB bekommt immer eine Mehrheit zusammen" (FV SPD)). Sie kann im Regelfall auf die ihr politisch nahestehende Fraktion der Freien Wähler bauen. Die Linke argumentiert ausgabeorientiert und steht damit im Konflikt mit der SPD. SPD, Grüne, FDP und Freie Wähler werben im Wahlkampf mit dem politischen Ziel des Schuldenabbaus – hierfür würden sie jedoch insb. in den Teilorten bestraft,

deren Interessen traditionell die CDU im Rat vertritt. Diesen Vorteil im Parteienwettbewerb wollte die CDU lange Zeit nicht gefährden. Erst mit dem Grünprojekt
und nur aufgrund dessen Leuchtturmwirkung wurde eine Investitionsoffensive
in der ansonsten vernachlässigten Kernstadt möglich, die von allen Teilorten und
Parteien mitgetragen wurde. Insofern ist auch die massive Neuverschuldung mit
der Zielsetzung der Neuerfindung der Stadt ein von allen Parteien gemeinsam
getragenes Projekt.

5.3.3 Rolle des Oberbürgermeisters und der Verwaltung

Der Oberbürgermeister hat zwar Verwaltungserfahrung, aber Handwerk und Kunst
der Kommunalverwaltung nicht von Grund auf gelernt. Aufgrund seiner engen
Beziehung zu seiner Fraktion und zu Entscheidungsträgern in der Verwaltung
scheint er jedoch stets bestens über alle Vorgänge innerhalb und außerhalb der
Verwaltung informiert zu sein. Ihm wird eine dominierende Rolle im Verwaltungsvorstand zugesprochen. Er könne die Bürger mit Leichtigkeit begeistern und
motivieren. Es sei sein Verdienst, dass die Teilorte ihre Interessen der Entwicklung
der Kernstadt unterordneten, zahlreiche Projekte mit großem Investitionsumfang
von Bürgern und Investoren finanziert würden und eine große Zahl von Bürgern
ehrenamtliche Tätigkeiten übernehme. Gleichzeitig sei er aber auch ein „Showman",
der nicht mit Geld umgehen könne und expansiv wirke. Der Erste Bürgermeister
mache „Alles und Finanzen" (FV CDU) und arbeite eng mit dem OB zusammen.
Er versuche aber so gut wie möglich den Sack zuzuhalten und die gesetzten Aus-
gabengrenzen zu halten.

Der Verwaltung wird von keinem der Befragten eine wichtige Rolle zugesprochen.
Oberbürgermeister, Finanzbürgermeister und Kämmerer scheinen die Verwaltung
im Griff zu haben. Probleme, die der in Ungnade gefallene frühere OB aufgrund
sehr ungestümer Sparmaßnahmen und seiner schwierigen Persönlichkeit bei der
Verwaltung hatte, gibt es nicht mehr. Dies wird der Tatsache zugeschrieben, dass
die ganz überwiegende Zahl der Führungskräfte „Eigengewächse" der Verwaltung
sind und viele der Akteure durch jahrzehntealte Freundschaften verbunden sind.
Darüber hinaus wirkt allerdings auch befriedend, dass nach der Rosskur des Vorgängers nun im Zuge des Stadtumbauprojekts und einer auf die Integration aller
Bevölkerungsteile ausgerichtete Politik der Personalkörper der Verwaltung wieder
deutlich ausgeweitet wurde.

5.3.4 Interaktion am Beispiel der Haushaltspolitik

Der Haushaltsprozess findet nicht unter Zeitdruck statt. Ausgehend von den
verwaltungsinternen Anmeldungen und der Befragung der Ortschaftsräte (sowie

neuerdings auch Vertreter der Innenstadtbezirke) entwickelt die Verwaltung einen ersten Haushaltsentwurf. Nach der Haushaltseinbringung haben die Fraktionen zwei bis vier Wochen Zeit, um diesen intern zu diskutieren, ihre Haushaltsrede zu entwerfen und Anträge zu formulieren. Bei der Zahl der Anträge besteht verständlicher Weise ein starkes Übergewicht der als „Opposition" zu bezeichnenden Fraktionen, während die Ortschaftsräte aufgrund ihres Informationsvorsprungs und Einflusses im Regelfall bereits befriedigt und entsprechend ruhig seien (FV CDU). Im Haushaltsausschuss greift die Verwaltung die in den Haushaltsreden formulierten Desiderata auf und kommentiert sie hinsichtlich ihrer grundsätzlichen und finanziellen Durchführbarkeit. Von Seiten der Fraktionen wird abhängig von Thema und Gruppierung ein sehr unterschiedlicher Umgang mit den resultierenden Konflikten gepflegt. Auf für die einzelnen Fraktionen wichtigen Anträgen werde bestanden, auch wenn keine Erfolgsaussichten für eine Annahme bestehen. Andere werden in dieser Situation zurückgezogen, selten komme es auch zu Deals zwischen Fraktionen, um sich gegenseitig die notwendige Unterstützung zu verschaffen (FV SPD). Bei der Haushaltssitzung zum Beschluss der Haushaltssatzung im Stadtrat werden nur in sehr geringem Umfang noch Änderungen am Entwurf vorgenommen, da alle Anträge für Ausgaben kostenneutral mit aus anderen Posten generierten Deckungsvorschlägen versehen sein müssten. Dennoch brächten die Fraktionen ihre politisch motivierten Anträge auch bei Chancenlosigkeit ein und Fraktionen stimmten auch gegen einzelne Titel. Bei der Endabstimmung wird jedoch eine sehr hohe Zustimmung durch fast alle Fraktionen erreicht. Wie in Baden-Württemberg üblich, versucht der Verwaltungsvorstand bereits bei der Ausgestaltung des Haushaltsentwurfs zu steuern. Die Räte liefen faktisch „am Gängelband der Verwaltung" (FV SPD), da gegen das Herrschaftswissen der Verwaltung kaum anzukommen und Aussagen nicht zu verifizieren seien.

Als eigentlicher Treiber der Verschuldung in der Vergangenheit wird die starke Position der CDU im Rat angesehen (FV CDU). In der Vergangenheit habe man teilweise sogar mit einer absoluten Mehrheit „regiert", was sich als ausgabentreibend erwiesen habe. Die Stärke der CDU speise sich aus den Teilorten und sei entsprechen an Gegenleistungen in Form von Schulen, Hallen und Feuerwehrgebäuden verbunden gewesen. Zusätzlich hätten die im Zuge der Eingemeindungen der 1970er Jahre gemachten Zusagen an die Teilorte zu einer seit Jahrzehnten währenden Vernachlässigung der Kernstadt geführt, ohne dass dies aufgrund der vielen Einrichtungen im Sozialbereich mit gedrosselten Ausgaben verbunden gewesen sei. Dass dies auf Dauer kein tragfähiges Modell war, wurde von allen Fraktionen erkannt. Das noch vom vorherigen OB zu Beginn des Jahrtausends eingeworbene Infrastrukturprojekt wurde von allen Fraktionen als Chance erkannt, den Prozess des langsamen Ausblutens der Kernstadt zu stoppen.

In den aufgrund massiver Mindereinnahmen haushälterisch besonders schlechten Jahren 2003 und 2009 wurden auf Betreiben des als „Sparer" bezeichneten Ex-OBs jeweils alle Fraktionen einschließende Strategieprozesse durchgeführt. Mit Hilfe externer Beratung wurden hierbei Sparpotentiale erschlossen. So wurde 2003 jeder Titel betrachtet und bspw. Schulstandorte und Personalbesatz diskutiert. In der Folge veräußerte die Stadt die meisten entbehrlichen Flächen und Liegenschaften und es wurden umfangreiche Maßnahmen zum Personalabbau durchgesetzt. Darüber hinaus seien erstmals offene Ausschreibungen bei sämtlichen Beschaffungen zum Standard geworden, was viel Geld gespart, aber auch den Unmut der lokalen Unternehmer provoziert hätte (FV CDU). Insgesamt sei dieser Prozess sehr konstruktiv verlaufen, da die Mehrheiten im Rat zu dieser Zeit ausgeglichen gewesen seien. So habe sich die CDU, statt mit ihren angestammten, aber menschlich und inhaltlich schwierigen Partner FDP/FW, mit den Grünen abstimmen können (FV CDU).

Bei der Wahl des neuen Oberbürgermeisters im Jahr 2009 waren zwar alle wichtigen Rahmenentscheidungen zu dem großen Stadtumbauprojekt bereits gefallen und nur noch geringe Spielräume bei Inhalt und Kosten offen (FV CDU), die Detailumsetzung und insb. die Mobilisierung der Bevölkerung gewann jedoch mit ihm besonderen Schwung. Auch heute noch sind Mehrheiten für die CDU bzw. den Verwaltungsvorstand leicht zu beschaffen. Aufgrund der Stärke und der besseren Zugänge der CDU decke sich der Entwurf stärker mit den Vorstellungen der CDU-Fraktion als mit jenen der anderen Fraktionen (FV CDU, SPD). Unter dem aktuellen Bürgermeister sei jedoch zu beobachten, dass genehme Anträge auch bei hohen Kosten aufgegriffen und in den Haushaltsentwurf eingestellt würden – teils auch ohne dass ein Deckungsvorschlag vorläge, während andere aufgrund angeblich nicht vorhandener Mittel als undurchführbar abgeblockt würden. Dies bedeute jedoch nicht, dass der Verwaltungsvorstand kein eigenständiges Profil entwickeln würde. Allerdings fänden sich insbesondere in der CDU-Fraktion starke Akteure, die gut vernetzt großen Druck aufbauen könnten – insb. im Sinne der Teilorte (FV CDU). Entsprechend brachte die CDU in den letzten Jahren keine haushaltswirksamen Anträge in die Debatte ein – „alles was möglich ist, wird ohnehin erfüllt" (FV CDU). Notwendige Diskurse würden deshalb nicht geführt und zu selbstverständlich Klientelpolitik betrieben. Auch sei wieder auf beschränkte Ausschreibungen umgestiegen worden, was gerade in Zeiten so großer Investitionen fatal sei, zu Mehrausgaben geführt und Verflechtung und Filz Vorschub geleistet hätte (FV CDU). Insgesamt fehle dem OB die Ernsthaftigkeit für eine konsequente Sparpolitik (FV SPD). Bspw. wurden unerwartete Mehreinnahmen aufgrund der guten Konjunktur nicht vollständig in die Tilgung von Verbindlichkeiten gesteckt, sondern teilweise in die Erhöhung des Budgets des Grünprojekts gesteckt. An die unumgänglichen, großen Einsparmaßnahmen traue sich keiner, keine Fraktion und keiner der Akteure aus dem Verwaltungsvorstand, heran. So leiste man sich noch eine völlig überdimensionierte Infrastruktur an Schulen und Kindergärten in den Teilorten – vier bis fünf Grundschulen seien im Prinzip entbehrlich. Nun ruht die geheime „Hoffnung" in Rat und Verwaltungsvorstand auf der Landesregierung – sollte das Kultusministerium nicht mehr bereit sein, die Lehrkräfte für Zwergschulen mit bspw. weniger als 40 Anmeldungen pro Jahr zu bezahlen, bevor der Stadt das Geld ausgeht, könne man ihm den schwarzen Peter zuschieben – was ja auch parteipolitisch opportun wäre. Eine Einsicht in den Teilorten oder bei den Räten sei nicht zu erwarten – in diesem Thema wäre dies „politischer Selbstmord" (FV CDU). Trotz dieser eher expansiv wirkenden Rahmenbedingungen betonen alle Befragten, dass der Anteil der Ausgaben, der lediglich zum Zwecke der Profilierung einzelner Parteien bewegt würde, mit grob geschätzten 200.000 Euro pro Jahr marginal sei.

Festzuhalten bleibt, dass das Stadtumbauprojekt seit einem Jahrzehnt immense finanzielle und zeitliche Mittel bindet und die Räte auch aufgrund der geringen Gestaltungsspielräume stark belastet. Welche Dynamik die Interaktion im Rat nach dem Wegfallen dieses Bandes entwickelt, bleibt abzuwarten. Um Stadt und Rat eine Perspektive über den Endpunkt des Projektes hinaus zu geben, stieß der OB ein vom 1. Bürgermeister erdachtes Konzept zur mittelfristigen Strategieentwicklung an. Arbeitsgruppen aus den Ratsmitgliedern, aber auch Bürgern und Fachleuten sollen über einen Zielfindungsprozess konkrete Schritte der weiteren Entwicklung festlegen und insb. auch Einsparmöglichkeiten identifizieren, um die Stadt zukunftsfest zu machen.

5.3.5 Fazit

Die in Teilorte zersplitterte Struktur der Stadt führt zu einer expansiv wirkenden Akteurskonstellation. Die integrierende Wirkung des Grünprojekts, das erstmals die unversöhnlichen Interessensgegensätze mit Hilfe einer Verdoppelung der Verschuldung überbrückt, wurde als Befreiungsschlag von allen Fraktionen willkommen geheißen. Ob sich die kostspielige Neuerfindung der Stadt tatsächlich langfristig auszahlt, oder die Akteure wieder in ihre lähmende Besitzstandswahrung zurückfallen, bleibt abzuwarten. Spielräume für die Befriedigung von Partialinteressen bestehen jedoch nach Projektende keine mehr.

5.4   Fallstudie Stadt L

5.4.1   Kurzcharakterisierung

Ein mächtiger Finanzbürgermeister mit breitem Aufgabenportfolio kontrolliert mit Rückendeckung seiner Oberbürgermeisterin die politische Agenda in zentralen Fragen. Aufgrund seiner Durchsetzungskraft sichert er sich die langfristige Unterstützung des gesamten Rates. So gelingt es, eine nachhaltige Entwicklung durchzusetzen und die Attraktivität des Wirtschafts- und Wohnstandortes zu steigern.

5.4.2   Allgemeine Akteurskonstellation

Der Gemeinderat der wirtschaftlich privilegierten Stadt wurde mit der Abschaffung der Teilortwahl bei der letzten Kommunalwahl von 57 auf 40 Sitze verkleinert. Seitdem sind die Teilorte nicht mehr automatisch mit stimmberechtigten Vertretern im Rat vertreten. Die CDU stellt mit derzeit 14 von 40 Sitzen traditionell die größte Fraktion im Gemeinderat. Zweitstärkste Kraft ist die SPD mit seit der letzten Wahl nur noch neun Sitzen. Die Grünen sind mit sieben Sitzen vertreten. Freie Wähler und FDP teilen sich die restlichen zehn Sitze. Der Gemeinderat ist jedoch nicht parteipolitisch in eine Regierungs- und eine Oppositionsbank geteilt. Zwar kann die CDU-Fraktion häufig auf die ihr politisch nahestehende Fraktion der Freien Wähler bauen. Oft finden sich jedoch auch policyabhängig andere Mehrheiten unter Beteiligung der SPD, der Grünen und FDP-Abgeordneten.

Diese Offenheit ist nicht nur auf die im süddeutschen Raum schon sprichwörtliche Abwesenheit eines strikten Lagerdenkens und die sehr gute Zusammenarbeit der Fraktionsvorsitzenden, gerade der großen Parteien, zurückzuführen, sondern auch auf gewachsene Verflechtungen des Verwaltungsvorstandes. So arbeitet die seit 2002 amtierende CDU-Bürgermeisterin eng mit dem seit den frühen 1990er Jahren bis heute amtierenden SPD-Finanzbürgermeister zusammen und inthronisierte diesen sogar trotz des Vorschlagsrechts der CDU und gegen starke innerparteiliche Kritik als 1. Beigeordneten. Hierdurch wurde die Verbindung dieser beiden Akteure weiter gefestigt, was auch auf ihre Fraktionen ausstrahlt.

5.4.3   Rolle der Oberbürgermeisterin

Die CDU-Oberbürgermeisterin amtiert seit 2002 und löste auch einen CDU-Mann ab. Ihr wird eine untergeordnete Rolle im Verwaltungsvorstand zugesprochen. Eine Gemeinderätin beschrieb ihre Rolle zynisch als „eine gute Repräsentantin an der Spitze der Stadt…". Ihre Gestaltungsräume seien mit der Zuständigkeit für Personal und Liegenschaften aus freien Stücken mangels entsprechender Betätigungsfelder äußerst gering – Finanzen, Kultur und Soziales liegen in der Zuständigkeit des 1.

Beigeordneten, Bauen und Technik in jener des 2. Beigeordneten. Sie sei zwar in die Lösungsfindung innerhalb der Verwaltung eingebunden und vertrete diese auch nach außen. Ihr fiele es jedoch auch nach eigener Aussage schwer, Ziele zu formulieren, sie verfüge über keinerlei politische Visionen oder „Steckenpferde". Dabei sei sie nicht, wie vielleicht zu Anfang ihrer Amtszeit, gesteuert von der eigenen Fraktion, sondern riskiere aufgrund ihres Führungsstils auch mal – stoisch hingenommene – politische Niederlagen. So unterbreite sie dem Rat nur konkrete, bereits von der Verwaltung ausgearbeitete Vorschläge, denen dann zugestimmt oder die eben abgelehnt werden könnten. Eine gemeinsame Ideenentwicklung oder ein Dialoge finde faktisch nicht statt. Fehlende Fähigkeiten als Moderatorin führten auch zu häufigen, als unnötig betrachteten Konflikten mit den Teilorten, die regelmäßig und ihrer Ausbildung geschuldet, lediglich auf rechtliche Fragen reduziert würden (FV Grüne). Im Haushaltsprozess halte sie sich gänzlich zurück – dies sei Angelegenheit des Finanzbürgermeisters, hinter dem sie stehe und dessen Sparziele sie verkünde und vertrete.

Der Finanzbürgermeister und 1. Beigeordnete wird von allen Befragten als die zentrale Figur innerhalb des Verwaltungsvorstandes bezeichnet. Er bündelt in sich nicht nur die Verantwortung in Haushaltsfragen als Kämmerer, sondern auch aufgrund seiner Zuständigkeit für den (insb. ausgabenseitig) wichtigen Kultur- und Sozialbereich. Aufgrund seiner jahrelangen Erfahrung, seines Charismas und vor allem seines erfolgreich durchgesetzten Konsolidierungskurses hat er sich Achtung und Respekt quer durch alle Fraktionen erworben. Er lässt jedoch keinen Zweifel daran, dass die Leitlinien zur Steuerung der Stadt und zur Budgetallokation aus der Verwaltung kommen. Seine teils sehr direkte und offene Art im Umgang mit den Räten ließ bei diesen teils Zweifel an seinem Respekt vor dem Primat der Politik aufkommen. Auch wenn der Finanzbürgermeister die Konzentration der Haushaltsverantwortung und des ausgabenstarken Sozial- und Kulturbereichs in seiner Person als äußerst positiv rühmt – überzogene Forderungen könnten so aufgrund der doppelten Verantwortlichkeit in keine Richtung entstehen – so wird diese auch aus dem Rat kritisiert. Trotz des SPD-Parteibuchs entstehe der Eindruck, dass die Haushaltskonsolidierung, nicht die Verbesserung des Sozialwesens, oberste Priorität des Finanzbürgermeisters seien. Viele Konflikte würden so internalisiert und nicht wie zur Meinungsfindung im Rat notwendig, offen diskutiert (FV Grüne).

Dem 2. Beigeordneten, wie auch den nachgeordneten Leitungsebenen und dem Apparat als Ganzem, werden von keiner Seite eine politikgestaltende Rolle zugesprochen.

5.4.4　Interaktion am Beispiel der Haushaltspolitik

Der erfolgreiche Konsolidierungskurs ist auf eine Reihe von Besonderheiten in Rahmenbedingungen und Akteursinteraktion zurückzuführen, welche den Beschluss und die disziplinierte Einhaltung von rigiden Sparvorgaben mit dem Ziel einer planmäßigen, schrittweise Rückführung der Verschuldung als erste Priorität vorsehen.

Der Finanzbürgermeister betont die Bedeutung der von ihm sowohl im politischen Raum wie innerhalb der Verwaltung kontinuierlich zu leistenden Überzeugungsarbeit für den Erfolg des Prozesses: Entschuldung sei „ein öffentliches Thema, keine geheime Kommandosache". Nach Aussage eines beteiligten Ratsmitgliedes konnte der Finanzbürgermeister den Rat in seiner Gesamtheit mitreißen und für das Projekt begeistern. Überzeugt hätte insbesondere die Aussicht auf die durch die Entschuldung langfristig freiwerdenden Mittel (FV Grüne). Dies überrascht, wird doch Politikern für gewöhnlich die gegenteilige Handlungsrationalität, die kurzfristige Maximierung der eigenen Wiederwahlchancen insb. durch eine expansive Finanzpolitik, unterstellt. Hier wurde hingegen nach einhelliger Aussage aller Befragten mit Annahme des Konzeptes durch den Rat das Schuldenthema von einem Problem des Kämmerers zu einem gemeinsamen Anliegen des Rates. Frühe Erfolge zeigten, dass eine Entschuldung tatsächlich möglich sei und hätten den Ehrgeiz und Stolz der Räte über alle Fraktionen hinweg geweckt, so dass sie den „schmerzhaften Prozess" über 15 Jahre hinweg stützen. Der Erfolg des „Gemeinschaftsprojekts Entschuldung" ist folglich das Ergebnis wirtschaftlich kluger Entscheidungen im Rat. Deren Zustandekommen ist auf die starke Führung des Finanzbürgermeisters zurückzuführen, der seine Gesamtstrategie erfolgreich umsetzten konnte. Diese Strategie basierte auf einer Reihe von Eckpunkten:

Zentral war sicherlich die politische Übereinkunft, erst die aufgelaufenen Schulden zu tilgen, bevor neue große Investitionen getätigt würden. Diese überparteiliche „Entschuldungsfront" (FV CDU) hielt auch deshalb so gut, weil die Fraktionen sich in ihren Ausgabewünschen gegenseitig mit Verweis auf das gemeinsame große Ziel blockierten und ein Ausscheren für keinen der Beteiligten attraktiv erschien (FB).

Die Durchsetzung der im langfristigen Entschuldungsprogramm festgeschriebenen Wegmarken erhielt somit eine hohe, wenn nicht implizit sogar die höchste Priorität im Haushalt. Dieser Konsolidierungskurs wurde jedoch nicht so interpretiert, dass den Gemeinderäten jeglicher Handlungsraum genommen wurde. Vielmehr war klar, dass ein „reiner Sparkurs nicht möglich ist", da „nicht Sparen, sondern die Sicherung der Daseinsvorsorge oberste Priorität habe" und die Aufgaben der Stadt – auch im Sinne der Erreichung von Entwicklungszielen und der Umsetzung von Visionen – erledigt werden müssen. Die gute Einnahmesituation in manchen Jahren ermöglichte „notwendige Investitionen" (FB) und, so der Finanzbürgermeister, die Umsetzung von Wünschen der Fraktionen. Jede dieser Investition wird jedoch auch in seiner Finanzierung als eigenständiges Projekt ausgestaltet. Es muss gegenfinanziert oder notwendige Kredite mit einem festgeschriebenen und endlichen Tilgungshorizont abbezahlt werden können. Droht für einen Haushalt jedoch die Gefahr, dass die Abbauziele aufgrund von konjunkturbedingten Mindereinnahmen nicht erreicht oder beschlossene Investitionen nicht zu stemmen sein könnten, wurden in den vergangenen 15 Jahren statt zusätzlicher Verschuldung massive Einsparungen im Haushalt angestrebt und ganz überwiegend auch durchgesetzt. Hierzu setzte man drei Mal Haushaltsstrukturkommissionen ein, in denen Einsparpotentiale unter Anleitung der Verwaltung gesucht und die Strukturprozesse ausgearbeitet wurden. Trotz „harter Kämpfe" sei die Notwendigkeit der Sparprogramme jeweils von allen Fraktionen anerkannt und mitgetragen worden.

Der Finanzbürgermeister als Schlüsselperson in der Haushaltsaufstellung und der Durchsetzung der Einsparungen steuert die Haushaltsplanung effektiv über eine mittelfristige Finanzplanung und ein langfristig angelegtes Maßnahmenprogramm. Durch die parteipolitische Verbindung zwischen der Oberbürgermeisterin und der CDU-Fraktion sowie dem Finanzbürgermeister und der SPD-Fraktion verfügen diese Fraktionen über privilegierte Zugangswege zu Informationen aus der Verwaltung und können ihre Anliegen auch leichter einspeisen. Darüber hinaus erfragt der Finanzbürgermeister zumindest bei diesen beiden für die Mehrheitsfindung im Rat relevanten Fraktionen jeweils deren „Wunschliste" und bittet um die Priorisierung der einzelnen Projekte. Generell verlangt er trotz des Sparkurses keinen Deckungsvorschlag zur Finanzierung der Wünsche aus den Fraktionen – zumindest dann nicht, „wenn der Verwaltung der Vorschlag gefällt" (FV Grüne). Dies reduziere die Konfliktintensität im Rat stark, da die Fraktionen sich durch ihre Sparvorschläge keine Feinde mehr machen müssten (FV CDU). Nach Abgleich der Prioritäten und Prüfung der Rentabilität der Projekte schlägt er dem Rat ein aus Sicht der Verwaltung mit dem Haushalt zu vereinbarendes, sinnvolles und finanzierbares Investitionsprogramm vor. So würden „drei Millionen reichen, um Wünsche der Fraktionen im Wert von 5 Millionen zu erfüllen" und es könnten 80 Prozent der Wünsche der Parteien zumindest perspektivisch befriedigt werden. Dies stelle diese zumindest überwiegend zufrieden und sichere die Konsensorientierung im Rat (FV CDU). So könne der Beschluss des Haushaltes „innerhalb von vier Stunden" beschlossen werden. Da bereits alles Wichtige und Ausgabenträchtige festgezurrt ist, sind Mehrheiten für Anträge hier jedoch kaum noch in wesentlichem Umfang zu organisieren" (FV Grüne). Entsprechend laufe die Abstimmung zum Haushalt sehr unaufgeregt und mit wenigen Gegenstimmen (FB). Die Haushalte werden regelmäßig mit 90 Prozent Zustimmung oder gar einstimmig angenommen, da trotz der Spannungen der Respekt vor der Gesamtleistung des Schuldenabbaus bei allen Fraktionen sehr hoch ist.

Verwaltungskritischere Räte monieren jedoch das Primat der Verwaltung bei der Planung von Maßnahmen und Investitionen. Die Verwaltung verschaffe dem Rat von vornherein keinen Überblick über Handlungs- und Investitionsbedarfe. So würde der Zustand der städtischen Liegenschaften stets als „abgeschrieben, aber in Ordnung" beschrieben, bis dann „plötzlich bei einem Objekt ein dringender, unabwendbarer Investitionsbedarf berichtet wird" (FV Grüne). Damit würde eine eigenständige Debatte und Prioritätensetzung des Rates systematisch vermieden. Die „konsistenten Vorschläge der Verwaltung" (FB) stehen damit mehrheitlich nur rhetorisch zur Debatte. Initiierten die Räte dennoch Maßnahmen, würden diese Aufträge von der Verwaltung oft nur schleppend und widerwillig oder mit Verweis auf fehlende Personalressourcen auch jahrelang gar nicht bearbeitet (FV Grüne). Gleichzeitig überrasche die Verwaltung die Räte immer wieder mit bisher unbekannten Ressourcen und ungeplanten Mehreinnahmen. Eine konservative Einnahmenschätzung wird zwar begrüßt, die Glaubwürdigkeit des Arguments der leeren Kasse wurde jedoch schon mehrfach erschüttert.

5.4.5   Fazit

Besonders günstige Rahmenbedingungen und langfristiges, kluges Handeln der Verwaltungsführung schufen die Grundlage, auf der ein starker Akteur das Ziel des Haushaltsausgleichs im Rat als primäres Handlungsziel durchsetzen und jeglichen nennenswert expansiven Parteienwettbewerb über bald 20 Jahre unterbinden konnte. Die allgemeine Akzeptanz für sparsames Wirtschaften und nachhaltiges Investieren wurde durch greifbare Erfolge, aber insb. auch das absolute Primat der Verwaltung in der Steuerung des Haushaltsprozesses gestützt. Konsistente Verwaltungsvorgaben in Verbindung mit der Unterbindung einer eigenständigen Zielentwicklung durch die Räte sowie weitere haushälterische und administrative Kniffe werden voraussichtlich im Jahr 2014 die Rückführung der Schulden im Kernhaushalt auf Null ermöglichen.

Dieser Prozess wird als insgesamt sehr schmerzhaft und insbesondere in Krisenzeiten als extreme Belastungsprobe für die Allparteien-Koalition der Sparwilligen im Rat gesehen. Aufgrund dieser Erfahrung wird ein erneutes Abrutschen in die Verschuldung mittelfristig als unwahrscheinlich erachtet.

Literaturhinweis

Banner, G. (1987): Haushaltssteuerung und Haushaltskonsolidierung auf kommunaler Ebene – ein politisches Problem, in: *Zeitschrift für Kommunalfinanzen*, 50–56.

Kommunale Entscheidungsstrukturen in Nordrhein-Westfalen

Thomas Bathge

1 Stand und Entwicklung der Haushaltslage

Mit knapp 2.000 bis über 5.000 € pro Einwohner weisen drei der vier Städte eine sehr hohe Kassenkreditverschuldung auf. Die Verschuldungsdynamik beginnt dabei teils bereits Anfang der 1990er Jahre. Alle untersuchten Städte stehen unter strenger Haushaltsaufsicht. Die Pflicht zur Ausweisung von Haushaltssicherungskonzepten und die Vorgaben des Nothaushaltsrechts gehören teilweise seit 20 Jahren zum Alltag der Stadtpolitik. Die vierte Stadt weist zwar im Vergleich eine deutlich niedrigere Pro-Kopf-Kassenkreditverschuldung auf, die sich aber allein von 2008 bis 2010 auf über 900 € verdreifachte. Alle vier Städte erhalten als Pflicht- oder freiwillige Teilnehmer am Stärkungspakt seit Ende 2011 Konsolidierungshilfen seitens des Landes, um ihre laufenden Haushaltsdefizite abbauen zu können. Ein Abbau der enormen aufgelaufenen Kassenkreditschulden ist aber in keiner der Untersuchungskommunen abzusehen.

2 Allgemeine Akteurskonstellation

In allen untersuchten Städten dominieren CDU und SPD den Stadtrat. In ihren jeweiligen Hochburgen konnten die beiden Volksparteien in den 1990er Jahren und teilweise noch zu Beginn der Untersuchungsperiode absolute Mehrheiten erreichen. Insgesamt ist aber ein deutlicher Erosionsprozess des Stimmenanteils von SPD und CDU zu konstatieren. Seit dem Wegfall der Fünf-Prozent-Hürde 1999 bestehen die Stadträte aus einer Vielzahl von Fraktionen, Gruppen und Einzelmandatsträgern. In einigen Wahlperioden ziehen bis zu acht Fraktionen in den Gemeinderat ein. Während es mancherorts gelingt zum Beispiel Rot-Grün-

oder Ampelkoalitionen zu bilden, sind immer wieder von den Bürgermeistern und Fraktionsvorsitzenden der großen Parteien auch ungewollte Kohabitationskonstellationen zu verzeichnen. Feste Koalitionen und klare Absprachen werden bevorzugt, kommen aber durch die Zersplitterung der Räte und die parteipolitische Distanz der Fraktionen oftmals nicht zu Stande. Erst unter dem Druck des Stärkungspaktes kommt es vermehrt zur Bildung von großen „Not-Koalitionen" der Volksparteien, teilweise unter Einbindung von kleineren Gruppierungen. In der Regel führt die ausgeprägte Parteipolitisierung in den vier Städten zu einer klaren Trennung in Regierungsmehrheit und Opposition. Die Zusammenarbeit in umstrittenen Fragen gestaltet sich deshalb schwierig. Fehlende Mehrheiten auf Seiten des Bürgermeisters bringen folglich entweder Blockadesituationen in der Haushaltspolitik oder die Einigung auf kleinstmögliche Kompromisse mit sich. Die ausgeprägte Fraktionsdisziplin macht es für den Bürgermeister schwierig, in politisch umstrittenen Fragen Mehrheiten zu bilden.

3   Rolle des Bürgermeisters und der Verwaltung

Die Rolle des Bürgermeisters ist abhängig von den Mehrheitsverhältnissen im Stadtrat. Alle Bürgermeister der untersuchten Städte entstammen der örtlichen Kommunalpolitik und den beiden großen Parteien. Unabhängig von ihrem fachlichen Hintergrund werden die Bürgermeister in der Regel als Parteimitglieder und die ihm nahestehende Fraktion als Regierungsfraktion wahrgenommen. Die Bereitschaft der anderen Fraktionen den Vorschlägen des Bürgermeisters zu folgen und ihn zu unterstützen, ist deshalb nicht ausgeprägt. Ganz ähnlich werden auch die Kämmerer wahrgenommen, wenn sie überhaupt lange genug im Amt verbleiben. Durch Abwahl einiger Kämmerer oder krankheitsbedingte Ausfälle können die nachfolgenden Interimslösungen bzw. die neuen Amtsträger in kurzer Einarbeitungszeit auch noch nicht die notwendige Autorität aufbauen. Neben der fehlenden Kontinuität wirkt sich auch das gestörte Verhältnis zwischen Bürgermeister und Kämmerer, insbesondere bei unterschiedlichen Parteizugehörigkeiten, in einigen Kommunen negativ auf die Konsolidierungsleistung aus.

4   Interaktionen am Beispiel der Haushaltspolitik

Die Interaktion in der Haushaltspolitik ist einerseits gekennzeichnet durch vielfältige Verhandlungen der jeweiligen Verwaltungsspitze mit der Kommunalaufsicht, um zum Beispiel Investitionen trotz Nothaushaushaltsrecht zu ermöglichen. Teil dieser Verhandlungen sind auch immer wieder Ankündigungen von Konsolidierungspaketen, die aber oft in Ansätzen stecken bleiben oder unrealistischen Annahmen insbesondere auf der Einnahmeseite folgen. Über eine lange Zeit haben sich die Städte im Nothaushaltsrecht eingerichtet. Andererseits ist die Interaktion der Fraktionen und der Verwaltungsspitze geprägt von einer Parteienkonkurrenz, die gemeinsame gewichtige Konsolidierungsentscheidungen verhindert oder zumindest herauszögert. Aus den Versuchen fraktionsübergreifende Vereinbarungen zu treffen, scheren immer wieder einzelne Fraktionen aus. Manche Oppositionsfraktionen kämpfen dabei mit Betroffenen gegen bestimmte Teile der Haushaltssicherungskonzepte, was den Druck auf die Mehrheitsfraktionen erhöht, Einschnitte abzuschwächen. Unter der Bedingung wechselnder Mehrheiten einigt man sich häufig auf den kleinsten gemeinsamen Nenner und verschiebt Entscheidungen mit Protestpotenzial weiter in die Zukunft. Hinzu kommt eine gewisse Resignation der Beteiligten, die alle Bemühungen zur Konsolidierung angesichts der enormen Verschuldung ohne Hilfen von außen als vergebliche Anstrengung beurteilen. Diese traditionellen Interaktionsformen werden gegen Ende der Untersuchungsperiode durch den Stärkungspakt verändert, wenn auch nicht gänzlich ausgeschaltet. Der erhöhte aufsichtsrechtliche Druck durch das Innenministerium und die Aussicht auf einen ausgeglichenen Haushalt durch finanzielle Hilfen des Landes stärken die Position der Verwaltungsspitze und führen zu einem größeren politischen Konsens in der Haushaltskonsolidierung. Harte Einschnitte im Personalbereich und mit Abstrichen im freiwilligen Aufgabenbereich können nun ebenso wie starke Steuererhöhungen vermehrt durchgesetzt werden.

5   Fallstudien

5.1   Fallstudie Stadt E

5.1.1   Kurzcharakterisierung

Ohne eine stabile Ratsmehrheit kam es aufgrund der starken Parteipolitisierung der Kommunalpolitik zu einer haushaltspolitischen Blockade. Seit der Bildung eines rot-grünen Mehrheitsbündnisses im Rat kann sich der verwaltungserfahrene

Bürgermeister (SPD) auf eine stabile Ratsmehrheit stützen. Der Kämmerer hat als einziges CDU-Mitglied und einziger Laufbahnbeamter im Verwaltungsvorstand eine schwache Position.

5.1.2 Allgemeine Akteurskonstellation

Die große kreisangehörige Stadt hat ca. 74.000 Einwohner. Seit 2004 stellt die SPD den Bürgermeister der Stadt E, zuvor amtierte von 1995 bis 2004 ein Bürgermeister aus der CDU. Seit 2004 ist die SPD die stärkste Fraktion im Rat. Allerdings verfehlte die SPD mit einem Stimmenanteil von 40,6 % die absolute Mehrheit und war daher für eine Mehrheitsbildung auf die Kooperation mit anderen Ratsfraktionen angewiesen. Nach den Ratswahlen 2004 bestand zunächst eine Kooperation zwischen der SPD, einer Wählergemeinschaft und der DKP. Nach kurzer Zeit schied die DKP aus der Kooperation aus. Der Bürgermeister (SPD) konnte sich seitdem bis 2009 nicht mehr auf eine stabile Ratsmehrheit stützen. Weder der größten Fraktion im Rat (SPD) noch der CDU als zweitstärkster Kraft gelang es in der Folge eine stabile Ratsmehrheit mit anderen Fraktionen zu bilden. Nachdem die SPD bei der Ratswahl 2009 drei Mandate hinzugewann, während die CDU 4 ihrer zuvor 16 Mandate verlor, kann sich der 2009 wiedergewählte Bürgermeister im Rat auf eine stabile Mehrheit aus SPD und Grünen stützen.

5.1.3 Rolle des Bürgermeisters und der Verwaltung

Nachdem der bisherige Amtsinhaber von der CDU bei den Bürgermeisterwahlen 2004 nicht wieder kandidierte, gewann der SPD-Kandidat im zweiten Wahlgang (Stichwahl) mit 52,7 Prozent der Stimmen und wurde zum neuen Bürgermeister gewählt. Im Jahr 2009 wurde der seit 2004 amtierende Bürgermeister mit 60,3 Prozent mit einer großen Mehrheit im ersten Wahlgang im Amt bestätigt. Der amtierende Bürgermeister der Stadt ist Diplom-Verwaltungswirt und bereits seit seiner Berufsausbildung Anfang der 1970er Jahre in der Verwaltung der Stadt tätig. Vor seiner Wahl zum Bürgermeister war er als städtischer Verwaltungsdirektor Leiter des Amtes für Schule und Sport der Stadtverwaltung. Der Bürgermeister verfügt somit über umfassende Verwaltungs- und Verwaltungsführungserfahrung.

Eine Besonderheit im Verwaltungsvorstand der Stadt E ist, dass die Position des Kämmerers seit 2008 nicht mehr mit einem Wahl-, sondern mit einem Laufbahnbeamten besetzt ist. Bis zu seinem Ausscheiden im Jahr 2008 war der vorherige Kämmerer als Wahlbeamter zugleich Sozial- und Jugenddezernent. Im Jahr 2008 wurde diese Personalunion aufgelöst und die Position des Kämmerers mit einem Laufbahnbeamten besetzt. Der Kämmerer ist seit 2008 der einzige CDU-Vertreter im fünfköpfigen Verwaltungsvorstand. Der zuvor amtierende Kämmerer kommentierte die Reorganisation des Verwaltungsvorstandes als „eine kuriose Entwicklung, gerade in diesen Zeiten …" (Lokalzeitung, 2.5.2008). Die Zusammenarbeit mit dem SPD-Bürgermeister gestaltet sich aus Sicht der Oppositionsfraktionen eher schwierig: Nach Einschätzung des CDU-Fraktionsvorsitzenden unterliegt der Kämmerer einem „gewaltigen Druck, als einziger unter Gleichgesinnten" (FV CDU). „Der alte Kämmerer hat sich wesentlich weniger sagen lassen, der hat auch gegen den Bürgermeister gesprochen, hat seine Meinung kundgetan. … Wir kriegten auch mehr   Informationen, weil der Kämmerer mit offenen Karten gespielt hat, wobei dann der Bürgermeister versucht hat, dies alles ein bisschen zu kaschieren" (FV WV).

In mehreren Haushaltsreden kritisiert der CDU-Fraktionsvorsitzende die seiner Ansicht nach zu starke Stellung der Fachverwaltung im Verwaltungsvorstand. Insbesondere wird der starke Einfluss des Schulverwaltungs- und Sportamtes, das vor der Bürgermeisterwahl 2004 vom seitdem amtierenden Bürgermeister geleitet wurde, kritisiert.

Die starke parteipolitische und persönliche Polarisierung in der Kommunalpolitik von Stadt E gipfelt im Jahr 2013 in einer Affäre um den Pressesprecher der Stadt, der in Internetforen unter einem Pseudonym Kommunalpolitiker der CDU und Vereinsfunktionäre beleidigt hat und nach Bekanntwerden insbesondere auf Druck der CDU vom Bürgermeister von seinem Amt entbunden wurde. Einen Monat nach seiner Entlassung wird dieser für viele überraschend vom Bürgermeister zum Leiter der städtischen Wirtschaftsförderung ernannt. Kommunalpolitiker von CDU und Linke kritisieren, dass der Bürgermeister mit dieser „Beförderung" des ehemaligen Pressesprechers zeige, dass dieser „mit seinen herabwürdigen Äußerungen gegenüber Kritikern voll und ganz in seinem Sinne tätig war" (Stellungnahme Die Linke) und sehen dadurch eine weitere Vergiftung der politischen Kultur in Stadt E.

5.1.4 Interaktion am Beispiel der Haushaltspolitik

Die unklaren Mehrheitsverhältnisse im Rat und die sehr starke Parteipolitisierung sowie das oppositionelle Selbstverständnis der CDU und anderer Fraktionen kulminieren Ende 2005 in der Ablehnung der Haushaltssatzung durch die Ratsmehrheit. Dem Bürgermeister und der SPD-Fraktion ist es nicht gelungen, eine Haushaltsmehrheit zu organisieren. Im Jahr zuvor hat die CDU den Haushalt noch mitgetragen, den sie vor der Wahl als größte Fraktion und unter einem CDU-Bürgermeister noch entscheidend in Kooperation mit den Grünen mitbestimmt hat. Der SPD-Fraktionsvorsitzende beschreibt die damalige politische Konstellation in der Stadt wie folgt: „… 2004 bis 2009 haben wir quasi Minderheitsregierung gemacht. … Da war ich auch immer sehr unter Druck, um den Ausgleich hinzubekommen. Das hat die CDU dann in einem Fall mal ausgenutzt und hat den Haushalt kaputt

gehen lassen. Das, glaube ich, gab es vor 2004 so nicht oder ist mir zumindest nicht
geläufig aus Erzählungen   ... " (FV SPD).

Die Organisation von Haushaltsmehrheiten im Rat ist für den SPD-Fraktionsvorsitzenden deshalb mit großem Aufwand verbunden. „Von 2004 bis 2009 war
das ein irrer Kampf. Das war auch ein irrer Aufwand und das sage ich mal ganz
explizit, als ehrenamtlicher Kommunalpolitiker waren sie da richtig unterwegs. Da
wussten sie schon teilweise nicht wie sie das beruflich dann hinkriegen können. Da
wurde mit allen wirklich verhandelt, welche Symbolik, ich sage bewusst Symbolik,
gebraucht wird, um dem Haushaltsbeschluss zuzustimmen" (FV SPD).

Im Zeitraum 2004 bis 2009 sind die Haushaltsmehrheiten dementsprechend
auch das Ergebnis von Paketlösungen und Ausdruck ausgehandelter Kompromisse.
Nachdem die SPD bei der Ratswahl 2009 drei Mandate hinzugewinnt, während
die CDU 4 ihrer zuvor 16 Mandate verliert, kann sich der 2009 wiedergewählte
Bürgermeister im Rat auf eine stabile Mehrheit aus SPD und Grünen stützen. Die
CDU stimmt als größte Minderheitsfraktion im Rat dem Haushalt in den folgenden
Jahren ebenfalls zu. Die rot-grüne Ratsmehrheit verzichtet weitgehend auf eine
Integration der Minderheitsfraktionen und versucht nicht durch Verhandlungen
mit der CDU eine übergroße Haushaltsmehrheit herzustellen. Dadurch dass sich
die CDU in Stadt E ausdrücklich als kommunalpolitische Opposition versteht, gibt
es in der Kommunalpolitik einen ausgeprägten Dualismus zwischen Regierungsmehrheit und Opposition. Das oppositionelle Selbstverständnis der CDU prägt nicht
nur das Verhältnis der CDU-Fraktion zur rot-grünen Ratsmehrheit, sondern auch
die Ausrichtung der CDU-Fraktion in der Haushaltspolitik. Beispielhaft hierfür
erklärt der CDU-Fraktionsvorsitzende in einer Haushaltsrede zum Rollenverständ-
nis der CDU-Fraktion: „Daher bedarf es einer hellwachen Opposition, um hier
Interessenausgleiche herbeizuführen. Wir sehen uns allerdings nicht in der Rolle
der Konsolidierer, die Ihnen – dem rot-grünen Bündnis und dem Bürgermeister
– die zukünftigen unpopulären Entscheidungen abnimmt" (Haushaltsrede 2011).

Die Fraktionsvorsitzenden der CDU und der Wählervereinigung beklagen,
dass die Anträge ihrer Fraktionen zunächst grundsätzlich keine Mehrheit im Rat
bekommen, aber dann teilweise einige Jahre später von den Mehrheitsfraktionen
inhaltlich aufgegriffen und als Anträge der rot-grünen Ratsmehrheit beschlossen
werden. Die Interaktion der Fraktionen in der Haushaltpolitik ist in Stadt E also
insgesamt stark vom Parteienwettbewerb, einem geschlossenen Abstimmungsverhalten und einer großen Fraktionsdisziplin geprägt. Die Zusammenarbeit zwischen
dem Bürgermeister und der Ratsmehrheit aus SPD und Grünen ist sehr eng.

5.1.5   Fazit

In Stadt E verfügte die SPD jahrzehntelang über eine absolute Mehrheit im Rat der Stadt. Seit Mitte der 1990er Jahre haben sich die Mehrheitsverhältnisse in der Kommunalpolitik grundlegend verändert. Eine stabile Ratsmehrheit muss seitdem durch die Kooperation mehrerer Fraktionen hergestellt werden, was nach dem Ende der schwarz-grünen Kooperation in den Jahren 2004 bis 2009 wegen der traditionell starken parteipolitischen Polarisierung in der Kommunalpolitik nicht gelungen ist und auch die Mehrheitsbildung beim Haushaltsbeschluss erheblich erschwert hat sowie Ende 2005 gar zu einer Haushaltsblockade führte. Die seit 2009 bestehende Kooperation zwischen SPD und Grünen bedeutet die Rückkehr zu stabilen Mehrheitsverhältnissen.

5.2   Fallstudie Stadt F

5.2.1   Kurzcharakterisierung

Der verwaltungserfahrene SPD-Bürgermeister mit schwacher parteipolitischer Verankerung – die SPD stellt die schwächste Fraktion – muss mit wechselnden Mehrheiten im Rat agieren. Bei konfliktreichen Entscheidungen steht er oft geschlossen abstimmenden Oppositionsfraktionen gegenüber, die häufiger Bürgerproteste und sogar ein Abwahlbegehren gegen den Bürgermeister unterstützt haben. Die abgespaltene Fraktion ehemaliger SPD-Ratsmitglieder übt mit ihrer Fundamentalopposition gegen den Bürgermeister und dessen Haushaltspolitik erheblichen Druck auf die CDU als größte Fraktion aus, schmerzhafte Konsolidierungsmaßnahmen abzulehnen.

5.2.2   Allgemeine Akteurskonstellation

Die kreisangehörige Stadt F hat ca. 54.000 Einwohner. Durch zahlreiche Eingemeindungen im Zuge der Gebietsreform 1975 hat sich die Bevölkerung der Stadt mehr als verdoppelt. Seit 2009 stellt die SPD den Bürgermeister der Stadt F. Der amtierende Bürgermeister gewann die Bürgermeisterwahl 2009 gegen den damaligen Amtsinhaber von der CDU. Zuvor hatte die CDU seit 1989 zwei Jahrzehnte lang die Bürgermeister gestellt. Stärkste Fraktion im Rat der Stadt F ist traditionell die CDU. Bis 2004 verfügte die CDU-Fraktion über die absolute Mehrheit. Seitdem wechseln die Mehrheiten im Rat. Es besteht keine dauerhafte Zusammenarbeit mehrerer Ratsfraktionen. Die Interviewpartner aus der CDU-Fraktion begründen den Verzicht der CDU auf eine Koalitionsbildung mit einer bewussten Entscheidung für sachorientiertes Arbeiten im Rat. Die Fraktionsdisziplin im Rat ist relativ stark ausgeprägt. Eine kommunalpolitische Besonderheit in Stadt F ist seit 2009 die Stellung der SPD. Die Partei des amtierenden Bürgermeisters erhielt zwar bei den Ratswahlen 2009 die zweitmeisten Stimmen. Nach einer Spaltung der Ortspartei ist die SPD-Fraktion jedoch die kleinste der fünf Ratsfraktionen. Der bisherige Fraktionsvorsitzende und Spitzenkandidat der SPD bei den Ratswahlen 2009 hat mit fünf weiteren gewählten SPD-Kandidaten eine eigene Ratsfraktion gegründet, die USF, der sich im Jahr 2011 auch die gewählten Ratsmitglieder einer anderen Wählervereinigung angeschlossen haben. Nach den zeitgleich stattfindenden Rats- und Bürgermeisterwahlen kam es zum offenen Bruch in der lokalen SPD und innerhalb der neu gewählten 12-köpfigen SPD-Ratsfraktion. Zwei Gruppen beanspruchten von nun an für sich die legitime SPD-Fraktion im Rat der Stadt zu sein. In einem innerparteilichen Machtkampf warf eine Gruppe um den damaligen SPD-Fraktionsvorsitzenden (die heutige USF) einer anderen Gruppe um den Bürgermeister, den Stadtverbandsvorsitzenden und den heutigen SPD-Fraktionsvorsitzenden vor, den Stadtverbandsvorstand und somit auch mehrere SPD-Ratsmitglieder aus dem SPD-Kommunalwahlkampf 2009 ausgeschlossen und den Wahlkampf gegen die Beschlüsse des Stadtverbandsvorstandes geführt zu haben. Sechs der zwölf gewählten SPD-Kandidaten gründeten nach der Wahl 2009 schließlich die USF-Fraktion und wurden später wegen parteischädigenden Verhaltens aus der SPD ausgeschlossen. Die USF-Fraktion gilt im Rat als „Fundamentalopposition" gegen den Bürgermeister. Zugleich attestiert der CDU-Fraktionsvorsitzende der USF eine engagierte und konstruktive Ratsarbeit: „Da muss man sagen, die arbeiten konstruktiv mit, arbeiten die kritischen Sachen raus, aber sind natürlich immer kontra Bürgermeister" (FV CDU). Während die SPD-Fraktion und der Bürgermeister nach außen geschlossen auftreten und die USF die Position einer Fundamentalopposition gegen den Bürgermeister einnimmt, beschreibt der CDU-Fraktionsvorsitzende die Beziehung zwischen den übrigen Ratsfraktionen (CDU, FDP und GAL) als „geschäftsmäßiges Verhältnis" (FV CDU). Nicht nur in der SPD, sondern auch in der lokalen CDU kam es im Wahljahr 2009 zu einigen tiefgreifenden Einschnitten. Nach 22 Amtsjahren trat der CDU-Fraktionsvorsitzende einige Monate vor den Kommunalwahlen von allen Ämtern zurück. Ursächlich hierfür waren eine Reihe von politischen Misserfolgen und Skandalen, die die CDU vor dem anstehenden Wahlkampf belasteten und die dazu führten, dass dem langjährigen Fraktionsvorsitzenden und Verwaltungsratsvorsitzenden der Stadtsparkasse der innerparteiliche Rückhalt entzogen wurde. Die Stadtsparkasse verlor aufgrund großer wirtschaftlicher Probleme ihre Eigenständigkeit und musste 2009 mit der Stadtsparkasse einer Nachbarstadt fusionieren.

5.2.3 Rolle der Bürgermeister und Rolle der Verwaltung

Der seit 2009 amtierende Bürgermeister ist Diplom-Verwaltungswirt und seit fast drei Jahrzehnten in der Verwaltung von Stadt F tätig. Nach zwei Jahren als Pressesprecher einer Kreisverwaltung wechselte er 1984 in die Stadtverwaltung von Stadt F und begann dort seine Tätigkeit als Leiter des städtischen Kulturamtes. Vor seiner Wahl zum Bürgermeister war er von 1991 bis 2009 Dezernent bzw. Fachbereichsleiter für Schule, Sport und Kultur in der Verwaltung von Stadt F. Der Bürgermeister gewann die Wahl 2009 gegen den damaligen Amtsinhaber von der CDU mit 55,0 Prozent der gültigen Stimmen. Bei der vorherigen Bürgermeisterwahl im Jahr 2004 setzte sich der Kandidat der CDU als Amtsinhaber im zweiten Wahlgang mit 59,3 Prozent gegen den Kandidaten der FDP durch. Der CDU-Bürgermeister amtierte von 1994 bis 2009 (hauptamtlich seit der 1999 mit einer Mehrheit von 74,7 Prozent gewonnenen Wahl) und war bis 1999 als Berufsschullehrer und Schulleiter tätig. Bereits im Februar 2008 kündigte der langjährige CDU-Bürgermeister an, bei der Bürgermeisterwahl im Jahr 2009 nicht noch einmal anzutreten. Allerdings trat im Frühjahr 2009 der von der CDU als Nachfolger vorgesehene Bürgermeisterkandidat aufgrund einer persönlichen Affäre von seiner Kandidatur zurück. Daraufhin und weil auch andere führende CDU-Politiker durch die Sparkassenaffäre belastet waren, entschied sich der Amtsinhaber auf Wunsch der Partei doch noch ein viertes Mal für das Amt des Bürgermeisters zu kandidieren. Während die innerparteilichen Querelen, die Sparkassen-Affäre sowie Klüngel- und Filzvorwürfe den Kommunalwahlkampf der CDU erheblich belasteten, galt der SPD-Bürgermeisterkandidat und spätere Wahlsieger vielen Wählern als verwaltungserfahrener und kompetenter Macher und nicht als Teil des kommunalpolitischen Klüngels. Im Vergleich mit seinem repräsentationsorientierten CDU-Amtsvorgänger betonte der neu gewählte Bürgermeister eine andere Schwerpunktsetzung in seiner Amtsführung. Er sehe sich „in allererster Linie als Verwaltungschef" und wolle weniger öffentliche Termine wahrnehmen (Interview in der Lokalpresse).

Die Position und Stärke des Bürgermeisters gegenüber der Verwaltung und dem Rat wird von den interviewten Akteuren ebenfalls unterschiedlich eingeschätzt, wobei insbesondere der USF-Fraktionsvorsitzende die sehr starke Position des Bürgermeisters sowohl innerhalb der Verwaltung als auch gegenüber dem Rat betont: „Es wird immer das übernommen, was der Bürgermeister sagt. ... Man kann sagen, er führt absolut Regie" (FV USF). Der USF-Fraktionsvorsitzende hebt in diesem Zusammenhang die unter dem amtierenden Bürgermeister stark gestiegene Bedeutung nicht-öffentlich tagender, informeller Vorentscheidergremien (interfraktionelle Besprechungen, Arbeitskreise) in der Kommunalpolitik von Stadt F hervor. Demgegenüber stellt das interviewte SPD-Ratsmitglied die Schwierigkeiten bei der Mehrheitsfindung heraus.

Der Verwaltungsvorstand der Stadt besteht neben dem Bürgermeister aus zwei parteilosen Beigeordneten, die 2010 und 2012 ins Amt gewählt wurden. Der Erste Beigeordnete wurde vom Rat einstimmig ins Amt gewählt. Der Kämmerer wurde gegen die Stimmen von FDP und GAL gewählt, die einen eigenen Kandidaten aufgestellt hatten. Im Jahr 2012 geriet der Bürgermeister durch ein Abwahlbegehren unter besonderen politischen Druck. Das im Herbst 2012 von einem Großunternehmer gegen den Bürgermeister initiierte Abwahlbegehren erlangte überregionale Medienaufmerksamkeit, scheiterte jedoch trotz großen finanziellen Aufwands und professioneller Kampagne im Januar 2013 letztlich, da es das Quorum der zur Durchführung eines Abwahlentscheides erforderlichen 7.800 Unterschriften knapp verfehlte. Die Kampagne wurde von dem Unternehmen finanziert und organisiert, das der größte Arbeitgeber in der Stadt ist. Der wichtigste offizielle Anlass für das Abwahlbegehren war die im Entwurf des Haushaltssanierungsplans 2012 geplante Schließung einer Grundschule in dem Heimatdorf des inzwischen in der Schweiz wohnhaften Unternehmers, die allerdings nach Protesten einer Bürgerinitiative vom Rat bereits vor Beginn der Abwahlbegehrens verworfen worden war. Das Abwahlbegehren wurde von der FDP und der USF unterstützt. In der Kampagne wurde insbesondere das persönliche Verhalten des Bürgermeisters kritisiert. Von der CDU wurde das Abwahlbegehren nicht unterstützt. Vor der Wahl 2009 richteten sich die Kritik und Korruptionsvorwürfe des besagten Unternehmers noch hauptsächlich auf den damaligen CDU-Bürgermeister und die CDU. Hauptstreitpunkt war die Flächenpolitik der Stadt, von der sich der Unternehmer benachteiligt fühlte und daher schon im Jahr 2005 öffentlichkeitswirksam mit dem Abzug von 860 Arbeitsplätzen aus Stadt F gedroht hatte.

5.2.4   Interaktion am Beispiel der Haushaltspolitik

Die unklaren Mehrheitsverhältnisse erschweren den haushaltspolitischen Entscheidungsprozess, insbesondere seit der Wahl des SPD-Kandidaten zum Bürgermeister. Nach den Kommunalwahlen 2009 kam es gar zu einer politischen Blockade im Haushaltsprozess. In seiner Haushaltsrede im Jahr 2010 kritisierte der damalige Kämmerer: „Rat und Verwaltung haben offensichtlich viel zu lange versucht, den schönen Schein zu wahren". Der neu gewählte Bürgermeister konnte im Rat keine Mehrheit für den Haushaltsbeschluss und den Beschluss des vorgelegten Haushaltssicherungskonzeptes finden. Lediglich die SPD-Fraktion stimmte für die Vorlagen des Bürgermeisters. Die übrigen Fraktionen begründeten ihre Ablehnung des Haushaltsplanentwurfs v. a. damit, dass die darin vorgesehenen Sparanstrengungen zu gering seien. Um die Haushaltsblockade aufzulösen, fanden daraufhin zwei interfraktionelle Besprechungen statt. Im September 2010 wurde vom Rat ein Haushaltssicherungskonzept mit acht Gegenstimmen (USF, UWG, Linke) beschlossen. Offensichtlich ist seitdem die Bedeutung informeller Vorentscheidergremien in der Kommunalpolitik gestiegen. Der oppositionelle USF-Fraktionsvorsitzende kritisiert diese Entwicklung und beklagt die Aushöhlung der Rats- und Ausschussarbeit und insbesondere des Öffentlichkeitsprinzips.

Zugleich scheiterten auch in den letzten Jahren mehrere Konsolidierungsinitiativen der Verwaltung, weil sich für geplante Konsolidierungsmaßnahmen nicht die erforderliche Ratsmehrheit fand. Nach der Kommunalwahl 2009 unternahm die Verwaltung unter dem neuen Bürgermeister mehrere Initiativen zur Schließung von Schulstandorten, für die letztlich nicht die erforderliche Ratsmehrheit zustande kam. Nach anfänglicher Zustimmung vollzogen CDU und FDP bei zwei geplanten Schulschließungen eine politische Kehrtwende, nachdem Bürgerinitiativen protestierten und von anderen Fraktionen im Rat unterstützt wurden.

5.2.5 Fazit

Die unklaren Mehrheitsverhältnisse führen unter konkurrenzdemokratischen Bedingungen dazu, dass unpopuläre und besonders sichtbare Konsolidierungsmaßnahmen im Rat politisch weiterhin nur schwer oder gar nicht durchsetzbar sind. Der Bürgermeister mit dem SPD-Parteibuch ist nicht in der Lage, Mehrheiten im von der CDU dominierten Rat herzustellen und kann sich lediglich auf die Unterstützung der kleinen SPD-Fraktion verlassen. Durch die Politik der Fundamentalopposition der SPD-Abspaltung USF gerät insbesondere die CDU, die bei der letzten Ratswahl alle Direktmandate gewonnen hat, unter erheblichen politischen Druck. Unter diesen Bedingungen tendieren CDU und FDP eher dazu, die geplanten Konsolidierungsmaßnahmen nicht mehr mitzutragen und dem SPD-Bürgermeister bei umstrittenen Konsolidierungsvorhaben ihre Unterstützung zu entziehen, um im Parteienwettbewerb keinen Nachteil zu haben.

5.3 Fallstudie Stadt G

5.3.1 Kurzcharakterisierung

Im stark fragmentierten und konkurrenzdemokratisch geprägten Rat ist der politikzentrierte SPD-Bürgermeister auf die Zusammenarbeit von CDU und SPD angewiesen, denen es lange Zeit schwerfiel, für starke Einschnitte in das Budget die Verantwortung zu übernehmen. Unter der parteilosen Bürgermeisterin ohne Machtbasis im Rat bestand zuvor eine Blockadesituation zwischen den beiden großen Fraktionen und der Bürgermeisterin. Auch die parteigebundenen Kämmerer konnten keine Führungsrolle in der Konsolidierung übernehmen, weil die

Bürgermeisterin nicht mit ihnen kooperierte und die Fraktionen nur wenig Interesse an einer Konsolidierungspolitik hatten.

5.3.2 Allgemeine Akteurskonstellation

Die kreisangehörige Stadt hat knapp 85.000 Einwohner. Die SPD stellt mit circa 37 Prozent (20 von 54 Ratsmitgliedern) in beiden Wahlperioden seit 2004 die stärkste Fraktion, gefolgt von der CDU mit 15 Mandaten (2009). Die Fragmentierung des Rates ist mit einem Höchststand von neun Fraktionen in 2009 stark ausgeprägt. Als dritte Kraft hat sich die freie Wählergemeinschaft WIR-Liste mit 8,3 Prozent (fünf Sitze) etabliert. Schon etwas kleiner sind die FDP-Fraktion und die Wählergemeinschaft Bürgerunion mit vier bzw. drei Sitzen. Neben dem bürgerlichen Lager zeigt sich aber auch die linke Seite des Rats zersplittert. So spalteten sich zur Wahl 2009 die Grünen in zwei Fraktionen, von denen sich schließlich eine wieder auflöste. Zudem besteht eine Fraktion Die Linke mit zwei Mitgliedern. Überwiegend ignoriert wird eine dem rechtspopulistischen Lager zuzurechnende Wählergemeinschaft mit ebenfalls zwei Ratsmitgliedern. Problematisch für die Interaktion war die Wiederwahl der ehemaligen CDU-Bürgermeisterin als parteilose Kandidatin in 2004, die nur von der neugegründeten Bürgerunion unterstützt wurde. Der 2009 gewählte SPD-Bürgermeister konnte sich zwar auf die stärkste Fraktion stützen, aber ebenfalls auf keine Koalition.

Die SPD versuchte im Untersuchungszeitraum die Richtung vorzugeben und Haushaltsmehrheiten zu organisieren. „Als stärkste Fraktion musste ich versuchen, eine breite Zustimmung zum Haushalt hinzukriegen" (FV SPD). Die CDU verfolgte seit dem Zerwürfnis mit der ehemaligen CDU- und schließlich parteilosen Bürgermeisterin einen konsequenten Oppositionskurs, in dem sie immer wieder auch die Aufsichtsbehörden zum Eingreifen gegenüber der Bürgermeisterin aufforderte, weil diese z. B. Ratsbeschlüsse nicht umsetzte oder Informationspflichten verletzte. Sie war aber nach dem gescheiterten Doppelhaushalt 2005/2006 bereit, mit der SPD in der Haushaltspolitik zusammenzuarbeiten. Die CDU schwankt im Verhältnis zum derzeitigen SPD-Bürgermeister zwischen ihrer Rolle als Mitwirkende an den Haushaltsberatungen und der Rolle einer Oppositionspartei.

Demgegenüber präsentiert sich die WIR-Liste als Fundamentalopposition in Haushaltsfragen: „Ich habe in meiner Fraktion dafür gesorgt, dass wir noch nie dem Haushalt zugestimmt haben" (FV WIR-Liste). Diese kritisiert die Entscheidungen der großen Parteien zwar immer wieder scharf, häufig tendiert sie allerdings zu einem gemischten Abstimmungsverhalten. In den anderen Fraktionen gilt der Fraktionsvorsitzende als Querulant und Populist. In der Regel verharren die Grünen und Die Linke in Haushaltsfragen ebenfalls in einer klaren, aber etwas anders angelegten Oppositionsrolle. Beide sehen vor allem Bund und Land in der

Verantwortung für die Haushaltsdefizite (hier vor allem die von 2005-2010 amtierende CDU/FDP-Landesregierung). Einigen Haushalten stimmten die Grünen allerdings trotz Bedenken zu. Die Bürgerunion und die FDP-Fraktion haben auch schon Haushaltskoalitionen in verschiedenen Konstellationen unterstützt, um Kreditgenehmigungen zu ermöglichen.

5.3.3 Rolle der Bürgermeister und Rolle der Verwaltung

Die zweite Amtsperiode (2004-2009) der Bürgermeisterin – Juristin ohne Kommunalerfahrung – ist geprägt von einem tiefen Zerwürfnis mit großen Teilen des Rats und mit Teilen der Verwaltung, insbesondere mit dem Kämmerer. Die Bürgermeisterin wird in ihrem Entscheidungsstil als „Ich-AG" beschrieben, die „vom mächtigen CDU-Chef als politikunerfahrene(r) Kandidat(in) ohne Parteibiografie und -sozialisation geholt wurde, [die] aber sehr schnell einen „eigenen Kopf" bewies und Spielregeln verletzte" (Timm-Arnold 2011: 264f.) und durch ihre Ankündigung einer unabhängigen Kandidatur bei der Wahl 2004 die nachfolgende politische Blockadesituation herbeiführte. Das gestörte Verhältnis beschränkte sich nicht nur auf die CDU, sondern auch auf andere Fraktionen. So verließ die SPD nach der Wiederwahl der Bürgermeisterin die gegründete Haushaltskoalition wieder und auch die Grünen konstatierten, dass eine Zusammenarbeit mit der Bürgermeisterin unmöglich sei (Lokalzeitung, 24.2.2005).

Das Verhältnis zum Kämmerer kann als nachhaltig gestört angesehen werden. Ein gemeinsames Vorgehen zur Haushaltskonsolidierung war nicht erkennbar. Der damalige CDU-Kämmerer verabschiedete sich zum Ende seiner zweiten Amtsperiode – für eine Wiederwahl fand sich im Rat keine Mehrheit – mit großem Knall und präsentierte eine „Liste der Grausamkeiten" mit kräftigen Einschnitten im kulturellen Bereich. Die Bürgermeisterin machte hingegen deutlich, dass sie die Vorschläge des Kämmerers rundweg ablehnt (Lokalzeitung, 24.11.2006; 7.12.2006). Auch der von der Kommunalaufsicht hinzugezogene beratende Sparkommissar charakterisierte die Bürgermeisterin als kompromissunfähig. Die Bestellung zweier neuer Beigeordneter lehnte die Bürgermeisterin ab und konnte erst durch Erlass der Kommunalaufsicht zur Stellenausschreibung gezwungen werden (Lokalzeitung, 7.9.2007), woraus sich in der Folgezeit ein Streit um den Dezernatsverteilungsplan und um die Eignung der Beigeordneten sowie ein langwieriger Rechtsstreit entwickelte. Nach über einem Jahr ohne Kämmerer übernahm der Sparberater faktisch dessen Auswahl. Der Einfluss des neuen CDU-Kämmerer muss als gering eingeschätzt werden, weil die Bürgermeisterin keine vertrauensvolle Zusammenarbeit mit ihm entwickelte und er wegen seiner Erkrankung Anfang 2011 nur kurz mit dem neuen Bürgermeister zusammenarbeiten konnte, bevor dieser den Geschäftsbereich kommissarisch in enger Zusammenarbeit mit dem Leiter der Kämmerei übernahm.

Insgesamt haben die parteigebundenen Beigeordneten nur sehr geringen Einfluss auf die Haushaltsinteraktion im Untersuchungszeitraum gehabt, weil ihre Stellung sowohl von Seiten des Rats als auch der Bürgermeisterin sehr umstritten war.

Die Atmosphäre hat sich unter ihrem politikzentrierten Nachfolger im Bürgermeisteramt verbessert. „Es war nicht so schwer nach der Vorgängerin ein moderates Verhältnis aufzubauen" (FV CDU). Eine initiierende Rolle wird dem Bürgermeister bei den Haushaltsberatungen von den Fraktionen aber nicht zugesprochen. „Ich will jetzt auch nicht, dass sich ein Bürgermeister in die fraktionseigenen, ureigenen Dinge einmischt. Das kann nur wieder Streit geben" (FV CDU). Die Selbstinterpretation seiner Rolle als überparteilicher Moderator, „weil ich (…) versuche Kompromisslinien zu schnüren, die möglichst breit getragen sind", kann der Bürgermeister kaum erfüllen. Er wird eher als Parteivertreter wahrgenommen.

5.3.4 Interaktion am Beispiel der Haushaltspolitik

Entscheidungen werden mit wechselnden Mehrheiten getroffen. „Im Umgang ist es natürlich relativ schwierig, weil es keine verabredete Mehrheit im Rat gibt" (BM). Die Haushaltsberatungen sind stark parteipolitisch geprägt. „Sie werden nicht erleben, dass die SPD-Fraktion nicht vollzählig in den Rat kommt. Sie werden nicht erleben, dass die SPD-Fraktion gemischt abstimmt" (SPD). So verfügte die Mehrheit aus SPD, FDP und Bürgerunion gemeinsam mit der Bürgermeisterin nach ihrer Wiederwahl 2004 über nur eine Stimme Mehrheit im Rat, mit der sie den Doppelhaushalt 2005/2006 verabschiedete, den die Kommunalaufsicht allerdings nicht genehmigte. Ein Konsens, der über die damalige Koalition hinaus gereicht hätte, konnte nicht hergestellt werden. Die Fraktionen der CDU und der Grünen nahmen bewusst nicht an den Gesprächen teil, die Verantwortung für den Haushalt sollte die knappe Mehrheit allein tragen. In der Folge des gescheiterten Doppelhaushaltes und dem Rückzug der SPD aus der Koalition kam es zu einer Zusammenarbeit der großen Fraktionen, ohne dass die Bürgermeisterin einbezogen wurde. So weigerte sich die Bürgermeisterin Beschlüsse der beiden großen Fraktionen zum Haushalt 2007 umzusetzen. Für den Haushalt 2006 verweigerten die beiden großen Fraktionen der Bürgermeisterin im Gegenzug sogar die Entlastung. Die Grabenkämpfe zwischen Rat und Verwaltungsspitze, zwischen den Parteien und innerhalb der Verwaltungsspitze sorgten dafür, dass es dem Rat im gesamten Untersuchungszeitraum nicht gelang, den Haushalt rechtzeitig zu beschließen. Das hat sich auch unter dem neuen Bürgermeister bis zum Haushalt 2012 nicht geändert. Meist wurde der Beschluss erst im späten Frühling des bereits laufenden Haushaltsjahres gefasst. Erst durch die strengen Vorgaben des Stärkungspaktgesetzes kam es zur pünktlichen Verabschiedung.

Die Zusammenarbeit zwischen Rat und Verwaltung habe sich im Vergleich zur alten Bürgermeisterin aber deutlich verbessert. „Es gibt ein paar Rahmenbedingungen, unter denen man sich besser findet als noch vor Jahren, wo auch jeder auf seine Klientelpolitik geachtet hat und wo eben auch Bündnisse den anderen gegenüberstanden" (FV CDU). Die Suche nach Kompromissen beschränkt sich dabei meist auf eine Haushaltskoalition, die im Kern aus SPD und CDU besteht und wechselnd kleinere Partner wie Bürgerunion, FDP oder Grüne einbezieht. Während einige kleinere Fraktionen die Haushaltskompromisse von SPD und CDU „mit Bauchschmerzen" fallweise unterstützten, bekamen die Haushaltsvorlagen in den letzten Jahren zwischen sieben (2012) und zwölf (2010) Gegenstimmen. Laut Kämmerer scheiterte die Arbeit der bereits 2010 gebildeten Finanzkommission in den Haushaltsberatungen 2012 relativ früh am Ausscheren einer kleineren Fraktion, so dass letztlich unter Zeitdruck des Stärkungspakts ein zentralisierter, hierarchischer Weg gewählt wurde. Der Druck von innen und außen auf die haushaltstragende Koalition ist dabei in allen Haushaltsjahren als beträchtlich einzuschätzen, wenn es um konkrete Konsolidierungsmaßnahmen geht. Es gebe in der Öffentlichkeit „kaum noch eine Differenzierung zwischen SPD und CDU, sondern nur noch die Differenzierung zwischen (...) den aufrechten Robin Hoods in den kleinen Fraktionen, die gegen jegliche Einsparungen sind und [den Fraktionen], die dann dafür sind, dass den Bürgern etwas abgenommen wird" (FV SPD). Die u. a. angesprochene Fraktion der WIR-Liste hält dagegen SPD und CDU vor, echte Einsparungen durch ausgehandelte Kompromisse zu verhindern. „Wir kriegen das, wir sind die SPD, wir sind größer als ihr, aber ihr kriegt auch. (...) Es wird gedealt wie auf dem Fischmarkt" (FV WIR).

Das Interaktionsverhältnis zwischen Rat und Verwaltung wird immer wieder durch die Frage bestimmt, wer für konkrete Sparvorschläge verantwortlich ist. In der Gesamtschau verfestigt sich der Eindruck, dass die Fraktionen sich häufig nur einigen konnten, weil das geplante Einsparvolumen kaum konkretisiert wurde oder weil hohe Einnahmen erwartet wurden.

5.3.5 Fazit

Die Stadt G ist ein extremes Beispiel für die Auswirkungen einer starken Parteipolitisierung gepaart mit unklaren Mehrheiten und gewürzt mit persönlichen Feindschaften der verantwortlichen Akteure. Die politische Selbstblockade zwischen parteiloser Bürgermeisterin ohne Verwaltungs- und Politikerfahrung, Ratsmehrheit und parteipolitisierten Beigeordneten konnte auch die Kommunalaufsicht trotz großer Aufmerksamkeit und neuer aufsichtsrechtlicher Maßnahmen nicht auflösen. Die Haushaltspolitik ist aber auch unter dem neuen politikzentrierten

Bürgermeister geprägt von einer starken Parteipolitisierung, die nur selten einen breiten Konsens zulässt und stark abhängig ist von den beiden großen Fraktionen.

5.4   Fallstudie Stadt H

5.4.1   Kurzcharakterisierung

Die Kommunalpolitik verläuft sehr stark in konkurrenzdemokratischen Bahnen. In der Großstadt H ist eine klare Trennung von Opposition und Bürgermeistermehrheit zu erkennen. Die erste Wahlperiode ab 2004 mit unklaren Mehrheiten und der CDU als der stärksten Fraktion, die der SPD-Oberbürgermeisterin gegenüberstand, hemmte die Entscheidungsfähigkeit des Rates. In der stark parteipolitisierten Verwaltungsführung funktionierte die Zusammenarbeit zwischen der Oberbürgermeisterin und dem CDU-Kämmerer und seiner Nachfolgerin kaum. Die seit 2009 amtierende „Ampelkoalition" aus SPD, FDP und Grünen ist hingegen durchsetzungsfähiger.

5.4.2   Allgemeine Akteurskonstellation

Die kreisfreie Stadt hat 109.000 Einwohner. Die politische Konstellation ist eine Mischung aus Kohabitation und fester Koalition. Die CDU stellte in den Ratswahlen 2004 und 2009 mit 41 Prozent bzw. 36 Prozent die stärkste Fraktion, verlor aber jeweils knapp die Oberbürgermeisterwahl gegen die SPD-Kandidatin und verpasste so 2004 eine mögliche Einstimmenmehrheit mit der FDP (rund 8 Prozent). Auf der anderen Seite brauchten SPD als zweitstärkste Fraktion (33 %) und die Grünen (10,5 %) die Unterstützung der Wählergemeinschaft WIR-Liste, die aber nicht zu einer dauerhaften Kooperation bereit war. CDU und SPD konnten sich auch nicht auf eine große Koalition einigen, sodass unklare Mehrheiten die Wahlperiode prägten. Ab 2009 konnte sich die SPD-Oberbürgermeisterin auf eine „Ampelkoalition" aus SPD, Grünen und FDP mit wenigen Stimmen Mehrheit im Rat stützen. Mit knapp über 5 Prozent der Stimmen zog auch die Linke in Fraktionsstärke 2009 in den Rat ein.

„Also in der letzten Wahlperiode [2004-2009] war das ganz verheerend, weil es da überhaupt keine klaren Mehrheiten gab. Aus verschiedenen Gründen stand die CDU als größte Fraktion isoliert da, hat vieles nicht mitgetragen" (Redakteur). In der aktuellen Wahlperiode steht die CDU als größte Fraktion einer „Ampelkoalition" aus SPD, Grünen und FDP gegenüber. Die CDU betreibt zwar keine Fundamentalopposition, aber sie lehnt in bestimmten Bereichen auch Anträge zur Haushaltskonsolidierung ab und kritisiert die SPD-Oberbürgermeisterin regelmäßig. Erfolge bei der Stadtentwicklung werden dem CDU-Vorgänger zugeschrieben, während die SPD-Oberbürgermeisterin „ihren Laden nicht im Griff habe" und die Dezernate nach „Lust und Laune" Geld ausgeben würden (Haushaltsrede 2009). „Man muss dazu wissen, der SPD-Chef ist bei uns der große, starke Politiker (…). Er ist eine echte Führungspersönlichkeit und in seiner Fraktion unumstritten. Da wagt keiner etwas zu sagen". Auch schone er „seine" Oberbürgermeisterin nicht (FV WIR-Liste). Der Fraktionsvorsitzende versteht sich als Taktgeber der Koalition und der Konsolidierungsbemühungen. „Ich habe die Aufgabe übernommen jetzt eine Koalition von SPD, FDP und Grünen zusammenzuhalten (…). Wir müssen mit knapper Mehrheit diese Konsolidierung tragen, das werden wir auch tun." Die WIR-Fraktion sieht sich als zweitgrößte Oppositionsfraktion in einer Aufpasserrolle und weist die Kommunalaufsicht immer wieder auf Verfehlungen der Verwaltungsspitze und des Rates hin. Die Linke ist die einzige Fundamentalopposition in Konsolidierungsfragen. Die Grünen machten vor allem die CDU-Mehrheit und den CDU-Kämmerer sehr deutlich für die Haushaltslage verantwortlich (Haushaltsreden 2005, 2006). Allgemein schieben die Fraktionen mit landes- und bundespolitischem Überbau entweder der rot-grünen oder der ehemaligen schwarz-gelben Landesregierung bzw. der Bundesregierung die Verantwortung für die kommunale Verschuldung zu.

5.4.3   Rolle der Oberbürgermeisterin und der Verwaltung

Der politikzentrierten SPD-Oberbürgermeisterin wird außer von ihrer eigenen Fraktion keine eigenständige, inhaltliche Rolle in der Haushaltspolitik zugestanden. „Die Ampelmehrheit ist eher treibende Kraft als die Oberbürgermeisterin" (Redakteur). „Sie ist keine, die eine Vision hat (…), sondern eigentlich läuft sie den Ereignissen hinterher" (FV WIR). Der langjährige SPD-Fraktionsvorsitzende gilt als Schmied der Ampelkoalition: „Was er will, wird gemacht. Er versteht sie einzubinden". Er und der persönliche Referent der Oberbürgermeisterin bestimmen die Marschrichtung. „Der persönliche Referent managt wirklich alles und hält alles von ihr ab. Der ist schon klasse" (FV WIR).

Die Rolle der Verwaltung und hier insbesondere des Kämmerers in der Haushaltspolitik ist insofern schwierig zu erfassen, da gleich drei Kämmerer sowie der Leiter der Kämmerei im Zeitverlauf verantwortlich waren. Der 2008 wegen verschwiegenen Verlusten bei Zinsspekulationsgeschäften abgewählte CDU-Kämmerer und Stadtdirektor, der 19 Jahre Dezernent war, galt für viele als der „heimliche Bürgermeister". Die Zusammenarbeit wird von einigen Beteiligten als schwierig beschrieben. „An ihm ging nichts vorbei, sagen wir es so. Egal wer bei ihm Oberbürgermeister war" (FV SPD). Jedoch seien nicht nur die Verluste und die unzureichende Informationspolitik des Kämmerers Gründe für die Abwahl gewesen, sondern auch Streit innerhalb der CDU.

Die 2009 neu gewählte CDU-Kämmerin fiel krankheitsbedingt schnell wieder aus. „Sie war für uns ein ganz großer Hoffnungsträger" und wollte „Klartext" in Sachen Personalabbau sprechen, sei aber „eingefangen" worden (FV CDU). Die Zusammenarbeit zwischen der SPD-Oberbürgermeisterin und den CDU-Kämmerern scheint eher schwierig gewesen zu sein. Jedenfalls erhielt die Kämmerin aus ihrer Sicht nur wenig Unterstützung für ihren Konsolidierungskurs. Diese Einschätzung bestätigt die ungewöhnlich offene Haushaltsrede der Kämmerin: „Ich habe bei meinem Dienstantritt (…) gesagt, dass in dieser Verwaltung noch personelle Luft ist. Ich habe für diese Aussage mächtig Prügel bezogen, extern sowie intern" (Lokalzeitung, 4.12.2009).

Der derzeitige Sozialdezernent und Stadtdirektor ist seit dem Ausfall der neuen Kämmerin in Personalunion auch für die Kämmerei verantwortlich. Die Doppelrolle des Stadtdirektors mit SPD-Parteibuch wird dabei teilweise sehr kritisch betrachtet. „Aus meiner Sicht hat er die Statik dieser Haushaltskonsolidierung sehr geschickt dafür genutzt, nicht selbst bluten zu müssen" (CDU).

5.4.4   Interaktion am Beispiel der Haushaltspolitik

Die Kommunalpolitik ist von einer starken Parteipolitisierung geprägt. Viele Anträge sind bereits vorentschieden und diese Vorentscheidungen werden mit einer starken Fraktions- bzw. Koalitionsdisziplin durchgesetzt. „Wir bewegen uns hier stark hin in die Rolle von Regierung und Opposition" (Stadtdirektor). „Die Mehrheit aus SPD, FDP und Grünen hält richtig gut zusammen (…). Vor zehn Jahren war es andersherum, da hat die CDU eine absolute Mehrheit gehabt, da haben die halt alles bestimmt und die anderen konnten sagen was sie wollten, es wurde abgebügelt" (Redakteur).

Die Verwaltung hat den Entscheidungsprozess in der Haushaltskonsolidierung gestützt auf eine stabile Koalition und mit nur selektivem Einbezug der Fraktionen wesentlich bestimmt. Diese Tendenz habe sich beim HSP im Rahmen des Stärkungspakts noch verschärft, berichten die Akteure übereinstimmend. „Es fand keine Einbindung statt. (…). Augen zu und durch, möglichst wenig darüber reden, weil die unangenehmen Sachen, die werden sich erst nach der Kommunalwahl und nach der Oberbürgermeisterwahl herausbilden" (FV CDU). Der Gegensatz von Mehrheit und Opposition gehört zum politischen Alltag. Die Opposition versuche „schon allein um der Frage 2015 willen da auch Positionen zu formulieren und Rollen auf der einen Seite zu schwächen" (Stadtdirektor). So genannte „Haushaltsbegleitbeschlüsse", in denen sich die Fraktionen zur Zusammenarbeit bei der Haushaltskonsolidierung verpflichten, wurden zwar öffentlich wirksam gefasst, eine Umsetzung unterblieb jedoch auch nach Einschätzung der Bezirksregierung. Die Einigkeit des Rates in Fragen der Konsolidierung stieß immer wieder dort an ihre Grenzen, wo mobilisierungsfähige Interessengruppen betroffen waren und teilweise von der Opposition wie im Fall der Orchesterliebhaber auch bewusst aktiviert wurden. Wenn der Protest auf die Straße gebracht wurde, reagierten die Ratsfraktionen darauf durchaus sensibel. Für manche Haushaltssicherungskonzepte lässt sich eine relativ große Übereinstimmung im Rat, mit Ausnahme der Linkspartei, feststellen. Konfliktreiche Anträge der Ampelkoalition, wie der Verzicht auf den Seniorenbeirat oder die Schließung eines Bürgerbüros, musste diese Mehrheit aber alleine durchsetzen.

Ohne klare Mehrheiten fiel es dem Stadtrat in der Wahlperiode zuvor (2004-2009) schwerer Entscheidungen zu treffen. „Da ist sehr vieles liegen geblieben" (Redakteur). Die Koalitionsregierung wird von den Akteuren hingegen als Fortschritt bzw. Rückkehr zur Normalität bewertet.

5.4.5 Fazit

Der ausgeprägte Parteienwettbewerb im Stadtrat sorgt dafür, dass konfliktreiche Entscheidungen nicht im Konsens getroffen werden, sondern es eher zu Bündnissen zwischen Oppositionsfraktionen und protestierenden Bürger bzw. Verbänden kommt, von denen sich auch die Ampelkoalition in einigen Fällen beeinflussen lässt. Ohne klare Mehrheiten in der Wahlperiode zuvor kam es kaum zu einer fraktionsübergreifenden Kooperation in der Haushaltspolitik. Auch die Zusammenarbeit in der parteipolitisierten Verwaltungsspitze zwischen dem ehemaligen CDU-Kämmerer und Stadtdirektor sowie der neuen SPD-Oberbürgermeisterin funktionierte offenbar kaum. Seine Nachfolgerin mit CDU-Parteibuch konnte aufgrund einer langwierigen Erkrankung nur sehr selektiv Einfluss nehmen. Die Oberbürgermeisterin widmet sich eher der Repräsentation der Stadt. Das Politikfeld Haushaltskonsolidierung wird vielmehr dominiert von ihrem eigenen Referenten und vom SPD-Fraktionsvorsitzenden, der gleichzeitig die Ampelkoalition führt.

Kommunale Entscheidungsstrukturen in Brandenburg

Tobias Fuhrmann

1 Stand und Entwicklung der Haushaltslage

Zwei der untersuchten Städte haben ihren Haushalt konsolidiert und die Kassenkredite im Untersuchungszeitraum vollständig abgebaut. In den beiden anderen Städten ist die Kassenkreditverschuldung im gleichen Zeitraum stark gestiegen – auf über 2000 Euro pro Einwohner.

2 Allgemeine Akteurskonstellation

SPD, Linke und CDU sind die parteipolitisch bestimmenden Kräfte in den untersuchten Städten. Die Parteipolitisierung der Kommunalpolitik ist unterschiedlich stark ausgeprägt. Zwei der untersuchten Städte sind eher konkordanzdemokratisch strukturiert. In den anderen beiden Städten trägt die Kommunalpolitik stark konkurrenzdemokratische Züge. Ebenso unterschiedlich wie die Parteipolitisierung fallen die kommunalpolitischen Mehrheitsverhältnisse aus. Aufgrund der kommunalen Parteiensysteme und der Mandatsverteilung in der Stadtverordnetenversammlung (SVV) ist die Mehrheitsbildung insbesondere in den konkurrenzdemokratischen Städten häufig ausgesprochen schwierig. In den beiden eher konkordanzdemokratischen Städten kommen in der SVV wechselnde Mehrheiten zustande. Durch die Bildung von rot-roten oder rot-rot-grünen Kooperationen konnten in den konkurrenzdemokratisch geprägten Kommunen phasenweise stabile Mehrheiten hergestellt und Politikblockaden vermieden werden. In den Stadtverordnetenversammlungen sind bis zu acht Fraktionen vertreten. Hinzu kommen gewählte Einzelbewerber ohne Fraktionszugehörigkeit. Zum Teil haben sich Vertreter kleinerer Parteien und parteilose SVV-Mitglieder einer größeren Fraktion angeschlossen oder zu einer technischen Fraktion zusammengeschlossen. Inhaltliche Unterschiede zwischen den Parteien finden sich in der kommunalen Sozialpolitik und im Bereich der Haushalts- und Finanzpolitik. SPD und Linke stehen in einem intensiven Wettbewerb um eine ähnliche Wählerschaft und setzen bei wechselnden Mehrheiten trotz äußerst angespannter Haushaltslage gegen den Widerstand von CDU und FDP Mehrausgaben im Sozialbereich durch. Zugleich verhindern SPD und Linke Kürzungsmaßnahmen und Steuererhöhungen. In einer Stadt, die ihre Kassenkredite vollständig abgebaut hat, kritisiert die Linke die parteilose Bürgermeisterin für ihre übertriebene Sparsamkeit. Die anderen Fraktionen unterstützen dagegen den konservativen haushaltspolitischen Kurs der Bürgermeisterin.

3   Rolle des Bürgermeisters und der Verwaltung

Die Bürgermeister der untersuchten Städte gehören der SPD oder der Linken an oder sind parteilos. Zumeist verfügen die Bürgermeister bereits bei Amtsantritt über Verwaltungsführungserfahrung und waren als Beigeordneter oder Kämmerin tätig. Eine Amtsinhaberin kommt aus der ehrenamtlichen Kommunalpolitik und war vor Amtsantritt beruflich als Grundschullehrerin tätig. In einer der untersuchten Städte wurde ein ehemaliger Landesminister zum Oberbürgermeister gewählt. Bis auf die Ausnahme eines parteilosen Bürgermeisters, der v. a. als Moderator und politischer Repräsentant agierte, treten die Bürgermeister mit einem starken politischen Gestaltungsanspruch auf, den sie aufgrund der politischen Mehrheitsverhältnisse jedoch z. T. nicht einlösen können. Bei Kohabitationskonstellationen kam es in den konkurrenzdemokratisch strukturierten Städten wiederholt zu Politikblockaden. Die Umsetzung erfolgreicher Konsolidierungspolitik in den eher konkordanzdemokratischen Städten basierte u. a. auf einer vertrauensvollen und engen Zusammenarbeit von Bürgermeister und Kämmerer und wurde von den Bürgermeistern politisch forciert.

4   Interaktionen am Beispiel der Haushaltspolitik

Die Haushaltskonsolidierung in den eher konkordanzdemokratischen Städten war mit stark umstrittenen Entscheidungen verbunden und führte zu schweren kommunalpolitischen Konflikten, was sich in zahlreichen Gegenstimmen und knappen Mehrheiten bei den Haushaltsbeschlüssen niederschlug. Eine geringe Fraktionsdisziplin erleichterte den Beschluss umstrittener Konsolidierungsmaßnahmen. Durch uneinheitliches Abstimmungsverhalten der Fraktionen konnten politische Mehrheiten gefunden und zugleich die Verantwortung für Kürzungsmaßnahmen parteipolitisch verwischt werden. Nach dem vollständigen Abbau der Kassenkreditverschuldung werden die Haushalte mit großen fraktionsübergreifenden Mehrheiten und in weitem Einvernehmen beschlossen. In den konkurrenzdemokratischen Städten wird die Haushaltskonsolidierung durch die schwierige Mehrheitsbildung und die geringe Konsolidierungsorientierung der Akteure verhindert. Den Kämmerern fehlt die politische Unterstützung durch durchsetzungsfähige und konsolidierungsorientierte Steuerungspolitiker. Bei Kohabitationskonstellationen verhindern Politikblockaden den Beschluss umfassenderer Konsolidierungsmaßnahmen. Aufgrund der geringen Konsolidierungsorientierung der kommunalpolitischen Entscheidungsträger wird jedoch auch die Bildung einer stabilen Mehrheit nicht zur Durchsetzung einer Politik der Haushaltskonsolidierung genutzt. Stattdessen wird deutlich, dass sich die Stadt im Nothaushalt eingerichtet hat. Die kommunalen Entscheidungsträger konzentrieren sich im Rahmen des Nothaushaltsrechts auf den Erhalt der großzügigen städtischen Infrastruktur und einer möglichst niedrigen Steuer- und Gebührenbelastung für die Bürger und rechtfertigen dies mit den exogenen Problemursachen und der Vergeblichkeit eigener Konsolidierungsanstrengungen. Der vollständige Abbau der Kassenkredite in den beiden anderen Städten wurde insbesondere durch die stark umstrittene Privatisierung eines städtischen Klinikums und durch die Übernahme von Aufgaben und Kosten durch den Kreis (Jugendamt) und das Jobcenter (Hartz IV-Reform) erreicht. Der Abbau von Personal ist in mehreren Städten wiederholt gescheitert.

5   Fallstudien

5.1   Fallstudie Stadt A

5.1.1   Kurzcharakterisierung

Der langjährige SPD-Bürgermeister und seine Nachfolgerin (Die Linke) standen bzw. stehen jeweils einer wenig kooperationsfähigen Gemeindevertretung gegenüber. Die Haushaltsinteraktion trägt teilweise Züge einer politischen Blockade. Die Bürgermeister können in der Haushaltspolitik kaum auf Unterstützung aus der Gemeindevertretung jenseits der eigenen Fraktion hoffen, weil eine deutliche Trennlinie zwischen Bürgermeisterfraktion und Opposition verläuft sowie eine relativ ausgeprägte Fraktionsdisziplin vorhanden ist.

5.1.2   Allgemeine Akteurskonstellation

Die Stadt hat seit 1990 rund 20.000 Einwohner und seit 1993 auch ihren kreisfreien Status verloren und ist nun nur noch eine „Große kreisangehörige Stadt" mit 27.000 Einwohnern. Die Linke ist seit 2003 in beiden Wahlperioden die stärkste Fraktion mit rund 35 % der Stimmen oder zwölf Sitzen (2008). Dem SPD-Bürgermeister stand somit bis zu seiner Wahlniederlage 2009 eine sehr starke Opposition gegenüber, während die SPD bis 2008 mit 17 Prozent nur die dritt- und seit 2008 mit 27,5 Prozent wieder die zweitstärkste Fraktion bildete. Damit tauschte sie im Zeitverlauf die Rollen mit der CDU, die 2003 etwa 22 Prozent der Stimmen gewann (acht Sitze), in der folgenden Wahlperiode jedoch die Hälfte ihrer Sitze einbüßte und damit auf das Niveau der Bürgervereinigung, an deren Fraktion auch das einzige SVV-Mitglied der Grünen angedockt ist, mit rund 13 Prozent zurückfiel. Die FDP bildet mit zwei Mitgliedern die kleinste Fraktion. Bis auf die unmittelbare Zeit nach der Wiedervereinigung ist die Bildung von festen Koalitionen zur Unterstützung des Bürgermeisters unüblich.

Durch die Abwahl des langjährigen Bürgermeisters haben sich zwei deutlich sichtbare Rollenwechsel vollzogen. Die SPD als ehemalige Bürgermeisterpartei steht der neuen Bürgermeisterin (Die Linke) sehr kritisch gegenüber. Sie betont die Leistungen des Alt-Bürgermeisters und verweist auf den aus ihrer Sicht unfairen Wahlkampf um das Bürgermeisteramt. Die verlorene Wahl habe eine Art „Phantomschmerz" bei der SPD ausgelöst, der sich in der täglichen Arbeit bemerkbar mache (Redakteur).

Die Linke als durchgehend stärkste Fraktion wechselte hingegen aus dem „Oppositionslager" auf die „Regierungsseite", allerdings häufig ohne für ihre Vorschläge Mehrheiten zu finden. Unter dem alten Bürgermeister verfolgte die Linke unter ihrer damaligen Fraktionsvorsitzenden und jetzigen Bürgermeisterin eine konsequente Oppositionsstrategie, stimmte gegen viele Vorschläge des Bürgermeisters und gegen alle Haushaltsentwürfe, brachte aber auch die meisten Anträge ein.

Die CDU schließt sich dem eher konfrontativen Kurs der SPD gegenüber der Bürgermeisterin an. Der Fraktionsvorsitzende schiebt die Schuld für die Blockadesituation der Bürgermeisterin zu und fordert Vorschläge von der Verwaltung zur Sanierung des Haushalts. Der Kontakt zum alten Bürgermeister gestaltete sich anscheinend einfacher. Abseits von CDU, SPD und Linken tritt eigentlich nur die Bürgervereinigung in Erscheinung, die sich um die Interessen der ehemaligen, eingemeindeten Stadt X sorgt und sich ansonsten der Koalition gegen die Bürgermeisterin anschließt. „Doch es gibt eine Koalition gegen die Bürgermeisterin momentan. Das sind CDU, SPD und die Bürgervereinigung. Die sind sich was politische Themen angeht nicht immer einig, aber sie sind sich einig darin, dass sie dem Vorschlag einfach nicht zustimmen können, weil der Vorschlag aus dem Rathaus (…) kommt" (Redakteur).

5.1.3 Rolle der Bürgermeister und Rolle der Verwaltung

Die Rolle der aktuellen Bürgermeisterin (Die Linke), die 2009 gewählt wurde, wird in den meisten Interviews im scharfen Kontrast zum vorherigen, langjährigen SPD-Bürgermeister (seit 1993) beschrieben. Die vormalige Fraktionsvorsitzende wird überwiegend als führungsschwach charakterisiert und ihre fachliche Eignung – sie hat ebenso wie ihr Vorgänger keine klassische Verwaltungsausbildung, der alte SPD Bürgermeister muss jedoch als Jurist und durch Besuch der Verwaltungsschule nach Amtsantritt als verwaltungszentrierter eingeordnet werden – wird von den Oppositionsfraktionen bezweifelt. Teilweise hat es den Anschein als versuchten bestimmte Fraktionen die Bürgermeisterin in den Sitzungen regelrecht vorzuführen und zum Beispiel mit Beschlüssen in die Organisationshoheit der Bürgermeisterin einzugreifen.

Der Führungsstil ihres Vorgängers im Bürgermeisteramt wird als autoritär beschrieben. Durch seine guten Kontakte zur Wirtschaft gelang es dem Bürgermeister jedoch bestimmte Aufgaben mit Hilfe privater Mittel zu finanzieren und auch einige Investitionsentscheidungen werden seinem Engagement zugeschrieben. Die aktuelle Bürgermeisterin pflegt hingegen eine gewisse Distanz vor allem zum größten Unternehmen vor Ort, in dessen Aufsichtsrat der alte Bürgermeister lange Zeit vertreten war. Die Haushaltskonsolidierung wurde bzw. wird von beiden Bürgermeistern nicht als prioritäre Aufgabe wahrgenommen. Im Wahlkampf 2009 betonten beide Kandidaten, dass die Einsparpotenziale in der Stadt fast ausgeschöpft seien (Lokalzeitung, 23.9.2009).

Die Führungsrolle bei der Durchsetzung von Konsolidierungsentscheidungen kann auch die Kämmerin nicht ausfüllen. Die jetzige parteilose Kämmerin wird als Notlösung beschrieben, nachdem die alte Kämmerin verstarb. Die befragten Akteure haben überwiegend den Eindruck, dass die Kämmerin Konflikte mit der Bürgermeisterin und der Verwaltung scheut. Festzustellen ist jedenfalls, dass die Kämmerinnen (vom ersten Beigeordneten als Übergangslösung abgesehen) nur Fachbereichsleiterinnen und keine Wahlbeamten waren bzw. sind. Auch die Zusammenarbeit mit dem eigenen Verwaltungsapparat, der überwiegend mit Sozialdemokraten besetzt sein soll, gestaltet sich eher schwierig. Die neue Bürgermeisterin reagierte darauf mit einer Umstrukturierung der Verwaltung: Sie schaffte den Posten eines (von zwei) Beigeordneten ab und unterstellte die Fachbereichsleiter ihrer direkten Kontrolle.

5.1.4   Interaktion am Beispiel Haushaltspolitik

Eine Zusammenarbeit zwischen Bürgermeisterin und den Fraktionen (bis auf die Linke) ist kaum existent. So verabschiedete die SVV 2012 trotz mehrerer Anläufe keinen Haushalt. Zwischenzeitlich weigerte sich die Bürgermeisterin gar einen weiteren veränderten Entwurf vorzulegen, weil sie die wiederholte Ablehnung voraussah. Der Vorschlag der Aufsicht einen Sparberater zu engagieren, markiert den aktuellen Höhepunkt der konfrontativen Entwicklung der Haushaltsberatungen. „Da arbeitet eigentlich jeder gegen jeden" (Redakteur). Es liegt eine politische Blockadesituation vor, die im Wesentlichen aus dem harten Wahlkampf und der überraschenden Abwahl des langjährigen SPD-Bürgermeisters resultiert. „Der Wahlkampf war sehr böse. (…) Da hat sich sehr böses Blut aufgebaut auch gegenüber anderen Fraktionen" (FV CDU). Von gegenseitigen Anzeigenkampagnen und Vorwürfen ist in den Interviews die Rede. Die politische Blockade in Haushaltsfragen resultiert aber nicht nur aus den Differenzen zwischen der Bürgermeisterin und der SPD, auch die CDU, die Bürgervereinigung und die FDP sind nur in geringem Maße zur Zusammenarbeit mit der Verwaltung bereit. Politik und Verwaltung machen sich dabei gegenseitig Vorwürfe, die Konsolidierung nicht energisch genug voranzubringen und fordern voneinander Einsparvorschläge. „Aber man merkt daran, dass wir Nachholbedarf im Kommunikationsverhalten zueinander haben, um es mal vorsichtig zu sagen" (Kämmerin). Die meisten Fraktionen sehen in der Bürgermeisterin die Schuldige für die verfahrene Situation (nicht nur des Haushaltsjahres 2012). Aus der Sicht des Redakteurs erarbeiten weder Fraktionen noch die Verwaltung Vorschläge zur Konsolidierung: „Aus den Fraktionen kommt da eigentlich nichts (…). Da sind auch keine wirklich signifikanten Vorschläge aus der Verwaltung".

Auch die Versuche der Bürgermeisterin, die Fraktionen in außerparlamentarische Runden einzubinden, funktionierten nicht. „Sie hat diese Runden aus unserer Sicht missbraucht, um sich selbst aus der Schusslinie zu nehmen" (FV SPD). In einigen SVV-Sitzungen wird die Verwaltungsspitze regelrecht verspottet. So habe der Stadtverordnetenvorsteher (SPD-Fraktionsmitglied), dem laut Gemeindeordnung „die Leitung der Verhandlung und die Handhabung der Ordnung" (§37, Abs. 1) obliegt und der somit seine Kompetenzen auch zur Meinungsäußerung nutzen kann, den Vorschlag gemacht, das Gehalt von Bürgermeisterin und Kämmerin auf ein Sonderkonto zu überweisen, wofür er im Gegenzug innerhalb von zwei Monaten einen ausgeglichenen Haushalt 2017 erstelle.

Auch unter dem alten SPD-Bürgermeister waren die Haushaltsberatungen, insbesondere in jenen Jahren ohne Rekordeinnahmen bei der Gewerbesteuer, umstritten gewesen. Eine deutliche Mehrheit lehnte z. B. das Haushaltssicherungskonzept (HSK) und den Haushalt 2003 ab (Lokalzeitung, 28.6.2002). Die Blockadehaltung war jedoch nicht ganz so stark ausgeprägt. Viele Gegenstimmen beim Beschluss der Haushalte waren aber nicht ungewöhnlich. Insbesondere die Linksfraktion agierte sehr geschlossen und lehnte die Haushaltsentwürfe der Verwaltung regelmäßig ab. „Aber es gab manchmal eben doch Absprachen mit den anderen Fraktionen, wo wir uns miteinander wieder gefunden haben" (FV Die Linke). Der Gegensatz zwischen Mehrheit und den größeren Oppositionsfraktionen wird in der Haushaltspolitik deutlich. „Also meine Einschätzung ist so, dass (…) der Gegensatz zwischen Mehrheit und Opposition verläuft und dass wir das in der Vergangenheit hatten und dass wir das auch heute haben" (Kämmerin). Die Haushaltsbeschlüsse der letzten Jahre wurden, wenn sie gefasst wurden, nur von knappen Mehrheiten getragen. Die Beschlussfassung erfolgt meist erst Mitte des laufenden Haushaltsjahres. Auch diese verspätete Verabschiedung hatte sich bereits unter dem alten Bürgermeister eingebürgert. Inhaltlich dreht sich der Konflikt zwischen der Bürgermeisterin und den Fraktionen häufig um den weiteren Personalabbau in der Verwaltung. Hier wechselten die Fraktionen des jeweiligen Bürgermeisters die politischen Fronten und die Bindung des Bürgermeisters an „seine" Fraktion wird deutlich. Ähnlich wie jetzt die Linkspartei, verteidigte auch die SPD die gefassten Einsparbeschlüsse zum Verwaltungspersonal, während die anderen Fraktionen mehr Einsparungen forderten.

5.1.5 Fazit

In der Stadt haben sich konkurrenzdemokratische Konfliktregelungsmuster und eine ausgeprägte prozedurale Parteipolitisierung verfestigt. Einige Haushalte und HSK unter beiden Bürgermeistern lehnte die SVV ab. Während der altgediente SPD-Bürgermeister aufgrund seiner Autorität und seiner Verbindungen zur Kommunalaufsicht und zur Wirtschaft den befragten Akteuren als noch eher handlungsfähig erschien, haben sich die vormals wechselnden Mehrheiten zum Haushalt noch stärker in Richtung einer gegenseitigen Blockade von Politik und Verwaltungsspitze gewandelt. Eine Zusammenarbeit von SVV und Bürgermeisterin ist derzeit auch vor dem Hintergrund persönlicher Abneigungen nur schwer möglich. Auch die Kommunalaufsicht konnte diese Blockadesituation bislang nicht auflösen. Der Vorschlag des externen Sparberaters, einfach eine „Vertrauenskultur" einzuführen und die „Misstrauenskultur" abzuschaffen, wird die problematische Interaktion wohl kaum verbessern.

5.2   Fallstudie Stadt B

5.2.1   Kurzcharakterisierung

In der kreisangehörigen Stadt gelingt es dem SPD-Bürgermeister mit Verwaltungshintergrund im Verbund mit einer von allen Seiten akzeptierten Kämmerin und
einer deutlichen relativen SPD-Mehrheit in der Gemeindevertretung im Rücken
breite Mehrheiten für die weitere Stabilisierung des Haushalts zu sichern. Hierbei
wirken sich die konfliktbehaftete Durchsetzung der Privatisierung des kommunalen
Klinikums durch seinen Amtsvorgänger und der damit verbundene Schuldenabbau
ebenso positiv aus wie der insgesamt konkordanzdemokratische Entscheidungsstil.

5.2.2   Allgemeine Akteurskonstellation

Die Stadt mit 31.000 Einwohnern hat seit 1990 fast 40 Prozent ihrer Bevölkerung
verloren, büßte nach der Wiedervereinigung ihren kreisfreien Status ein und wurde
nicht einmal Kreisstadt. Die SPD ist mit 13 Sitzen die stärkste Fraktion in der SVV,
auch in den Jahren zuvor war das lokale Parteiensystem klar SPD-dominiert. Mit
einigem Abstand folgt die Fraktion Offene Liste/Die Linke, in deren Reihen auch
parteilose Kandidaten zu finden sind, mit einem konstanten Stimmenanteil von
knapp über 20 Prozent im Untersuchungszeitraum (acht Sitze bei den Wahlen 2008).
Die CDU hingegen musste im Vergleich zu den Wahlen 2003 deutliche Verluste von
sieben Prozentpunkten hinnehmen und ist mit fünf Sitzen nur knapp drittstärkste
Fraktion vor dem Bürgerbündnis mit vier Sitzen, in dem sich die Grünen mit drei
freien Wählergemeinschaften zusammengeschlossen haben. Die teilwiese nur gering ausgeprägten Abgrenzungen zwischen den kleinen Fraktionen erklären auch
das Wachstum des FDP-Sitzanteils zur Mitte der zweiten Wahlperiode. Den drei
gewählten FDP-Vertretern schlossen sich zwei Vertreter einer Wählergemeinschaft
an, so dass die FDP plötzlich mit fünf Sitzen ebenso stark wie die CDU wurde. Der
amtierende SPD-Bürgermeister ist 2005 gewählt worden. Sein SPD-Vorgänger trat
nach 15 Jahren als Bürgermeister in den Ruhestand. Die beiden SPD-Bürgermeister
der Untersuchungsperiode konnten sich auf ihre stärkste Fraktion stützen. Die
Zusammensetzung einiger Fraktionen machte zudem ein gemischtes Abstimmungsverhalten eher wahrscheinlich, was die Mehrheitsbildung erleichterte.

Die bestimmende Fraktion in der SVV ist die SPD. „Da ist der Fraktionsvorsitzende auch sehr resolut. Der nimmt da kein Blatt vor den Mund. Und insofern
hat er schon eine gewisse Position, wo er mitgestalten kann" (FV CDU). Der
SPD-Fraktionsvorsitzende sieht sich folglich auch in der Rolle des Organisators
von politischen Mehrheiten.

Die CDU stimmt sich häufiger mit der SPD und den anderen Fraktionen in der Haushaltspolitik ab und den Haushalten zu. „Wir haben als CDU-Fraktion doch meistens versucht Partner zu finden" (FV CDU). Die Fraktion die Offene Liste/ Die Linke präsentiert sich relativ zerstritten. So wechselte der Fraktionsvorsitz zwischen 2003 und 2008 gleich zweimal. Der Fraktionsvorsitzende ist parteilos und liegt im Streit mit der Parteivorsitzenden, weil er nicht immer der Parteilinie folgt, den Großteil der Fraktion aber wohl hinter sich weiß. So enthielt er sich im Aufsichtsrat der Stadtwerke zur Schließung des Freibads, obwohl sich die Partei bereits auf ein Nein festgelegt hatte und auch Unterschriften gegen die Schließung sammelte. Eine konsequente Oppositionsrolle verfolgte die Linke im Untersuchungszeitraum jedenfalls nicht.

5.2.3 Rolle der Bürgermeister und der Verwaltung

Die in der Untersuchungsperiode amtierenden SPD-Bürgermeister unterscheiden sich in ihrer Amtsführung. Im Gegensatz zum aktuellen Bürgermeister gilt der ehemalige Diplom-Ingenieur als bürgernäher. Er wird als „streitbar" beschrieben, der konfliktbehafteten Themen wie der Privatisierung des städtischen Krankenhauses nicht auswich (Lokalzeitung, 25.11.2005).

Der aktuelle Bürgermeister hat seit 1989 als Wirtschaftsförderer und seit 2002 als erster Beigeordneter eine große Portion Verwaltungserfahrung sammeln können. Seine Tätigkeiten in der Projektierung und in der städtischen Wirtschaftsförderung spiegeln sich in seinem Auftreten als Bürgermeister wider. In einem ausführlichen Porträt in der Lokalzeitung wird er als „Fördermittel-Bürgermeister" tituliert, der eine sehr erfolgreiche Geldakquise für Investitionsprojekte betreibe. Sein Entscheidungsstil sei es, „Probleme im Vorfeld zu besprechen, sich zu beraten, Mitstreiter zu gewinnen, im Stillen, ohne Tamtam und Basta" (Lokalzeitung, 18.1.2013). Die Haushaltspolitik überlässt der Bürgermeister überwiegend der parteilosen Kämmerin. „Der Bürgermeister setzt da großes Vertrauen in die Kämmerin (…). Das heißt, die Kämmerin hat da wirklich die Autorität und ist voll akzeptiert" (FV CDU).

5.2.4 Interaktion am Beispiel der Haushaltspolitik

Das Bild der Haushaltsberatungen weist zwei völlig verschiedene Seiten auf: eine konflikthafte zu Zeiten hoher Kassenkreditverschuldung mit der schwierigen Privatisierungsentscheidung des kommunalen Krankenhauses im Jahr 2005 und eine seitdem dominierende konkordante Seite mit weitgehend hoher Zustimmung quer durch alle Fraktionen zu den meist ausgeglichenen Haushalten. „Wir haben das Klinikum privatisiert. Das hat die Stadt zerrissen, die Politik zerrissen hier durch alle Fraktionen. Da gab es Befürworter und Gegner. Das war ganz schlimm. Es

war richtig schlimm hier" (FV SPD). Der Konflikt lässt sich nicht an den Fraktionsgrenzen nachzeichnen. SPD-Landrat und Kreistag übten auf die SVV und den
Bürgermeister Druck aus, das Krankenhaus in eine Kreisgesellschaft einzubringen,
wobei die Privatisierungsbefürworter in diesem Konzept eine Benachteiligung des
Klinikums befürchteten. „Ich glaube bei uns (…) waren vier dafür, einer dagegen und
wir haben die Diskussion auch ganz offen ausgetragen" (CDU). Ein Bürgerentscheid
gegen den Klinikverkauf scheiterte knapp.

Die Beratungswege in der Haushaltspolitik sind etabliert und werden von den
Fraktionen akzeptiert, die sich gut informiert fühlen. Die Haushaltssatzung wurde
in den meisten Jahren sehr pünktlich, spätestens im Dezember beschlossen. Der
Haushaltsplanentwurf wird bereits Anfang Oktober den Fraktionen übergeben, die
daraufhin Zeit für Fragen und Ergänzungen bekommen. „Man ist doch rechtzeitig informiert und hat auch die Möglichkeit die Kämmerin einzuladen, separate
oder gemeinsame Fraktionssitzungen zu machen – ist also alles denkbar" (CDU).
Die Verabschiedung des Haushalts in der SVV ist wenig konflikthaft und wird
von den Fraktionen nicht für öffentlichkeitswirksame Haushaltsreden genutzt.
Mehrheiten werden fallweise gesucht, wobei SPD-Fraktion und die Verwaltung
die Haushaltsbeschlüsse prägen. „Meine Aufgabe als Fraktionsvorsitzender besteht
darin fünf Stimmen zu suchen, um die Dinge, die wir durchsetzen wollen, dann
auch durchsetzen zu können. Das ist mir seit ich das Amt innehabe auch immer
gelungen" (SPD). Nicht nur die weitgehende Kooperation der großen Fraktionen,
sondern auch die der Wählergemeinschaften, die kaum Fraktionsdisziplin aufweisen, erleichtern diese Aufgabe. Persönliche Angriffe über die Presse gibt es
nicht, der Umgang zwischen den Fraktionen ist überwiegend kooperativ. In der
Vergangenheit, zu Zeiten von deutlicheren Mehrheitsverhältnissen, hat die SPD
nach Aussage ihres Fraktionsvorsitzenden wohl kompromissloser die Leitlinien
vorgegeben, was sich wohl auf das Verhalten der anderen Fraktionen nach dem
Abschmelzen der Mehrheit auswirkte. „Da haben dann die anderen gezeigt, wo
es lang geht" (FV SPD).

5.2.5   Fazit

Der Verkauf des kommunalen Klinikums ist sicherlich die Zäsur in der Haushaltspolitik der Stadt. Die konfliktreiche Entscheidung mit Auseinandersetzungen innerhalb der Fraktionen und Parteien, mit Bürgern, Angestellten und dem
Landrat wurde auf Initiative des alten Bürgermeisters durchgesetzt und führte zu
ausgeglichenen Haushalten. Der SPD-Bürgermeister und die allseits akzeptierte
Kämmerin arbeiten geräuschlos zusammen und geben gemeinsam mit der SPD
als stärkste Fraktion die Leitlinien vor. Eine Zusammenarbeit mit den anderen
Fraktionen wird meist erfolgreich praktiziert. So zeigte sich die SVV angesichts

einer drohenden Aufzehrung der erwirtschafteten Rücklagen einmütig zu weiteren Ertragsverbesserung bereit.

5.3 Fallstudie Stadt C

5.3.1 Kurzcharakterisierung

Einer verwaltungsintern sehr starken Kämmerin und einem repräsentationsorientierten und kommunikationsstarken parteilosen Bürgermeister, der in der Kommunalpolitik vor allem als Moderator agierte, gelang es mit wechselnden Mehrheiten eine Politik der Haushaltskonsolidierung voranzutreiben. Nach der erfolgreichen Haushaltskonsolidierung wurde die parteilose langjährige Kämmerin zur Bürgermeisterin gewählt. Zwischen der Bürgermeisterin und Teilen der SVV kommt es vermehrt zu offenen politischen Konflikten. Die Bürgermeisterin und die starke Fraktion der Linken konkurrieren um den Führungsanspruch in der Kommunalpolitik. Aufgrund der prägenden Erfahrung der langjährigen Haushaltsicherung gibt es in der Kommunalpolitik jedoch einen parteiübergreifenden Konsens die kommunalpolitischen Handlungsspielräume nicht durch eine unsolide Haushaltspolitik zu gefährden.

5.3.2 Allgemeine Akteurskonstellation

Die kreisangehörige Stadt hat ca. 25.000 Einwohner. Vor 1993 war Stadt C Kreisstadt. Von 2002 bis 2010 amtierte ein parteiloser Bürgermeister, der bei den Bürgermeisterwahlen im Jahr 2010 der damaligen Kämmerin und heutigen Bürgermeisterin in der Stichwahl unterlag. Die seit 2010 amtierende Bürgermeisterin ist ebenfalls parteilos. Die Linke ist mit großem Abstand die größte Fraktion in der Stadtverordnetenversammlung, verfügt aber über keine absolute Mehrheit. Bis 2012 gab es eine langjährige Kooperation zwischen den Linken und der SPD, so dass im Untersuchungszeitraum relativ stabile Mehrheitsverhältnisse bestanden. Die Fraktionsdisziplin in der SVV ist allerdings insgesamt eher schwach ausgeprägt, so dass die Mehrheiten teilweise variierten. Am höchsten ist die Fraktionsdisziplin bei der Fraktion der Linken. Während der parteilose Fraktionsvorsitzende der Offenen Fraktion die Fraktionsdisziplin der Linken als sehr hoch einschätzt, bemüht sich der Fraktionsvorsitzende der Linken nach eigenen Angaben um mehr Fraktionsdisziplin und eine größere Vereinheitlichung des Abstimmungsverhaltens seiner Fraktion. Anders als bei den Linken ist die Fraktionsdisziplin der anderen Fraktionen gering. Die zweitstärkste Fraktion in der SVV ist die Offene Fraktion, in der sich Kandidaten mehrerer Parteien (FDP, Grüne, Piraten) und Wählervereinigungen lediglich zusammengeschlossen haben, um sich die praktischen Vorteile und zusätzlichen Rechte des Fraktionsstatus zu sichern.

Die Linke ist mit Abstand die bedeutendste Partei in der Stadt und ist eng mit verschiedenen Bürgervereinen in der Stadt vernetzt. Im Untersuchungszeitraum hat die Linke bzw. PDS alle Wahlen auf kommunaler, Landes-, Bundes- und EU-Ebene gewonnen, mit Ausnahme der Bürgermeisterwahlen. Bis 2012 war die Linke durch ihre Kooperation mit der SPD-Fraktion in der Lage ein stabiles Mehrheitsbündnis in der SVV zu organisieren. Das rot-rote Mehrheitsbündnis setzte seine Positionen auch gegen die übrigen Fraktionen und SVV-Mitglieder durch und verzichtete darauf möglichst übergroße Mehrheiten herzustellen. Im Juni 2012 wurde die rot-rote Kooperation von der SPD aufgelöst.

5.3.3 Die Rolle des Bürgermeisters und der Verwaltung

Nachdem der Bürgermeisterkandidat der Linken im ersten Wahlgang 2010 lediglich 20,1 Prozent der Stimmen erhielt und somit den Einzug in die Stichwahl verpasste, standen sich in der Stichwahl der parteilose damalige Bürgermeister und die parteilose Kämmerin gegenüber. Der Amtsinhaber wurde in der Stichwahl von der Linken unterstützt. Die SPD und die Grünen unterstützten die damalige Kämmerin und aktuelle Bürgermeisterin. Demgegenüber haben sich CDU und FDP vor der Stichwahl nicht eindeutig positioniert. SPD, Grüne und CDU hatten auf einen eigenen Bürgermeisterkandidaten verzichtet. Die damalige Kämmerin wurde im zweiten Wahlgang mit 51,9 Prozent zur Bürgermeisterin gewählt. Der Amtsinhaber unterlag mit 48,1 Prozent. Die Ergebnisse der Bürgermeisterwahlen zeigen eine starke Präferenz der Wähler für einen Bürgermeister ohne Parteibindung, die insbesondere vor dem Hintergrund der großen Stärke der PDS bzw. Linken im Parteienwettbewerb bemerkenswert ist, die im Untersuchungszeitraum alle anderen Wahlen gewann. Die seit 2010 amtierende Bürgermeisterin war vor ihrer Wahl in das Bürgermeisteramt bereits seit 1991 Kämmerin der Stadt C. Zuvor war sie von 1979 bis 1990 als Zivilbeschäftigte in der Finanzverwaltung der NVA in Stadt C und 1990/91 in der Kämmerei einer Nachbargemeinde tätig. Im Gegensatz zu der amtierenden Bürgermeisterin verfügte der ebenfalls parteilose Altbürgermeister vor seinem Amtsantritt über keine Erfahrung in der Kommunalverwaltung und legte in seiner Amtszeit den Schwerpunkt auf die Repräsentation der Stadt. Der Altbürgermeister wird von allen Interviewpartnern als sehr guter Repräsentant der Stadt bezeichnet. Die interviewten Ratsmitglieder erklären aber zugleich, dass der Altbürgermeister über keine besonders ausgeprägte Verwaltungskompetenz verfügte. Aufgrund der repräsentationsorientierten Amtsführung des Altbürgermeisters hatte die amtierende Bürgermeisterin als Kämmerin, insbesondere nach dem Ausscheiden des letzten Beigeordneten aus dem Verwaltungsvorstand, eine sehr starke Stellung in der Stadtverwaltung und den Prozess der Haushaltskonsolidierung maßgeblich vorangetrieben. Offensichtlich ist es der Bürgermeisterin in ihrer Zeit als Kämmerin gelungen, sich bei den Wählern so erfolgreich zu profilieren, dass sie sich bei den Bürgermeisterwahlen sogar gegen den damaligen Amtsinhaber durchsetzen konnte. Gegenüber dem vor allem repräsentationsorientierten Altbürgermeister gelang es der damaligen Kämmerin im Bürgermeisterwahlkampf ihre Verwaltungskompetenz herauszustellen. Demgegenüber sei der Amtsantritt des Altbürgermeisters politisch seinerzeit weitgehend reibungslos verlaufen, weil damals noch ein Beigeordneter von der PDS im Amt war und der Altbürgermeister anders als die aktuelle Bürgermeisterin vor allem als Repräsentant und Moderator aufgetreten sei und keinen größeren Führungsanspruch geltend gemacht habe. Die amtierende Bürgermeisterin arbeitet, anders als ihr Amtsvorgänger, in fast allen Fachausschüssen der SVV mit und erfüllte nach zweijähriger Unterbrechung kommissarisch auch wieder ihre alte Funktion als Kämmerin. Anders als noch in den 1990er Jahren, gab es im Untersuchungszeitraum in der Stadtverwaltung von Stadt C keine Beigeordneten mehr. Der Verwaltungsvorstand besteht inzwischen lediglich aus der Bürgermeisterin. Im Jahr 2013 gibt es in der Verwaltung drei Fachbereiche. Die Fachbereichsleiter treten parteipolitisch nicht besonders in Erscheinung, obwohl eine Fachbereichsleiterin in einer Nachbargemeinde aktives SPD-Mitglied ist und vor einer Gemeindefusion Bürgermeisterin war. Es bestehen keine engeren parteipolitischen Verbindungen zwischen Fachbereichsleitern und der Mehrheitsfraktion der Linken oder den anderen Fraktionen.

5.3.4 Interaktion am Beispiel der Haushaltspolitik

Die Interviewpartner erklären übereinstimmend, dass die Haushaltskonsolidierung von den Stadtverordnetenvertretern gemeinsam angestrebt wurde. Als großer Anreiz zur Haushaltskonsolidierung wird der Erhalt und Ausbau der sogenannten freiwilligen Leistungen herausgestellt. Insbesondere die Bürgermeisterin berichtet zugleich von harten persönlichen Auseinandersetzungen im Prozess der Haushaltskonsolidierung innerhalb der Verwaltung und zwischen Verwaltungsvorstand, Kämmerin und SVV. Während es zwischen der Bürgermeisterin und der SPD-Fraktion eine „intensive Zusammenarbeit gibt" (BM) und die Bürgermeisterin und die Mitglieder der anderen Fraktionen informell in einem guten Kontakt stehen, besteht „ein sehr, sehr angespanntes Verhältnis" (FV Offene Fraktion) zwischen der Bürgermeisterin und der Fraktion der Linken durch sich im Laufe der Amtszeit verschärfende Konflikte und Kompetenzstreitigkeiten. So bemühte sich die Linke beispielsweise darum, der Bürgermeisterin die Personalhoheit streitig zu machen, erhielt hierfür aber keine Mehrheit im Hauptausschuss (bei uneinheitlichem Abstimmungsverhalten der SPD-Vertreter). Demgegenüber wird das Verhältnis zwischen dem Altbürgermeister und der SVV(-Mehrheit) von den Interviewpartnern als weniger konflikthaft dargestellt und der Altbürgermeister als guter Moderator beschrieben. Aus Sicht des parteilosen Vorsitzenden der Offenen Fraktion betreibt die Linke von Anfang an Oppositionspolitik gegen die Bürgermeisterin. Dabei würde die Linke auch den Kontakt zu einzelnen Verwaltungsmitarbeitern nutzen, um deren Kritik anschließend beispielsweise in Form von Anfragen an die Bürgermeisterin in der SVV und im Hauptausschuss aufzugreifen. Von Teilen der SVV wird die Bürgermeisterin öffentlich für ihren autoritären Führungsstil kritisiert (insbesondere von der Linken und von Vertretern der SPD). Die Linke kritisiert, dass die Bürgermeisterin nicht in der Lage oder willens ist einen übergreifenden Konsens in der Kommunalpolitik herzustellen. Während es in der SVV Unmut über den Führungsstil und über das Auftreten der Bürgermeisterin gegenüber der SVV gibt, wird die Verwaltungskompetenz und Konsolidierungsorientierung der Bürgermeisterin von allen Interviewpartnern als hoch eingeschätzt. Der Linksfraktion geht die Haushaltsdisziplin der Bürgermeisterin allerdings zu weit. Sie kritisiert die Bürgermeisterin für „eine primitive Schatzbildung" (FV Linke) und verweist dabei auf die hohen Kassenbestände.

Insbesondere der Beschluss des Haushaltssicherungskonzeptes 2004-2009 war in der SVV sehr umstritten und erfolgte nur mit einer relativ knappen Mehrheit, bei uneinheitlichem Abstimmungsverhalten des rot-roten Mehrheitsbündnisses. Nach der erfolgreichen Haushaltskonsolidierung sind mehrere Haushaltsbeschlüsse einstimmig erfolgt. Besonders harte Auseinandersetzungen in der SVV und vor allem mit dem städtischen Personal, gab es während der Haushaltskonsolidierung um geplante Einsparungen im Personalbereich. Dabei sei es zu heftigen Streitigkeiten gekommen. Es gab auch einige Konsolidierungsvorschläge der Verwaltung, die von der SVV mehrheitlich abgelehnt wurden.

Die Jahre der Haushaltssicherung werden von allen Interviewpartnern als prägende Erfahrung für viele Kommunalpolitiker in Stadt C angesehen. Nach dieser prägenden Erfahrung bestünde partei- und fraktionsübergreifend ein ausgeprägtes gemeinsames Interesse der Kommunalpolitiker daran, dass die Stadt nicht wieder in die Haushaltssicherung fällt, um so auch die kommunalpolitischen Handlungsspielräume zu erhalten.

5.3.5 Fazit

Unter einem stark repräsentationsorientierten, parteilosen Bürgermeister und ohne Beigeordnete im Verwaltungsvorstand, konnte sich die Kämmerin einen großen politischen Einfluss verschaffen und mit Unterstützung des Bürgermeisters die Haushaltskonsolidierung vorantreiben. Nach dem erfolgreichen Abschluss der Haushaltskonsolidierung wurde die Kämmerin zur Bürgermeisterin gewählt. Die ebenfalls parteilose Bürgermeisterin mit großer Verwaltungserfahrung steht einer rot-roten Kooperation in der SVV gegenüber, die bei konflikthaften Vorlagen nicht geschlossen agiert, die aber dank ihrer großen Mehrheit von 60 Prozent auch ohne die anderen Fraktionen Beschlüsse fassen kann. Die Fraktionsdisziplin vor allem abseits der Linken ist grundsätzlich eher gering ausgeprägt. Das zentrale Haushaltssicherungskonzept wurde trotz der rot-roten Kooperationsvereinbarung nur mit einer knappen Mehrheit, bei einem uneinheitlichen Abstimmungsverhalten der Fraktionen beschlossen. Obwohl sich die SVV einmütig zur weiteren Konsolidierung des Haushalts bekennt und keine Fraktion in Fundamentalopposition zur Bürgermeisterin steht, konnte diese manche Konsolidierungsmaßnahmen nicht umsetzen, weil insbesondere die Linke als stärkste Fraktion die Bürgermeisterin in ihrem Kurs nicht voll unterstützt.

5.4   Fallstudie Stadt D

5.4.1   Kurzcharakterisierung

Zwischen einer parteilosen Oberbürgermeisterin und der SVV kam es zu massiven politischen Konflikten, die zu einer haushaltspolitischen Blockade führten und erst mit der Abwahl der parteilosen Oberbürgermeisterin per Bürgerentscheid ihr Ende fanden. Nach der Wahl eines landespolitisch erfahrenen Oberbürgermeisters (SPD) bildete sich in der SVV ein stabiles rot-rot-grünes Mehrheitsbündnis.

5.4.2   Allgemeine Akteurskonstellation

Die kreisfreie Stadt D hat ca. 100.000 Einwohner und ist eines von vier Oberzentren des Landes. Seit 1990 hat das Stadtgebiet über 45.000 Einwohner verloren. In den Jahren vor 2006 amtierte eine parteilose Oberbürgermeisterin und die Mehrheiten in der SVV wechselten. Bis 2006 gab es keine stabilen Mehrheitsverhältnisse in der SVV. Seit der Oberbürgermeisterwahl 2006 und dem Wahlsieg des SPD-Kandidaten besteht ein stabiles Mehrheitsbündnis der Fraktionen von SPD, Grünen und Linken. SPD und Grüne bilden ebenso wie die CDU und eine lokale Wählervereinigung eine Fraktionsgemeinschaft in der SVV. Die Parteipolitisierung der Kommunalpolitik ist grundsätzlich eher stark ausgeprägt. Dies gilt für die inhaltliche, personelle und prozedurale Dimension der Parteipolitisierung. Das rot-rot-grüne Mehrheitsbündnis und insbesondere die Linke richten ihre politische Argumentation und ihr Abstimmungsverhalten auch an weltanschaulichen und über den lokalen Kontext hinausweisenden, programmatischen Gesichtspunkten aus. Die Parteien besetzen zudem 44 von 50 Mandaten in der SVV. 2006 wurde die parteilose Oberbürgermeisterin durch einen SPD-Oberbürgermeister abgelöst. Die prozedurale Parteipolitisierung und die Fraktionsdisziplin in der SVV fallen ebenfalls relativ stark aus, werden aber u. a. dadurch eingeschränkt, dass CDU und SPD jeweils eine Fraktionsgemeinschaft mit einer anderen politischen Gruppierung gebildet haben. Seit der Oberbürgermeisterwahl 2006 gibt es in der SVV einen Dualismus zwischen Regierungsmehrheit und Opposition. CDU und FDP verstehen sich ausdrücklich als kommunalpolitische Opposition. Zuvor hatten die unklaren Mehrheitsverhältnisse in der SVV immer wieder zu Politikblockaden zwischen der SVV und der parteilosen Oberbürgermeisterin geführt. Nach der Wahl des SPD-Kandidaten zum Oberbürgermeister war die Herstellung stabiler kommunalpolitischer Mehrheitsverhältnisse ein wichtiges strategisches Ziel der SPD. Der SPD-Fraktionsvorsitzende bezeichnet die Kooperation zwischen SPD, Grünen und Linken als „Weg der Vernunft" (FV SPD). Da Stadt D eine der wenigen größeren Städte im Bundesland Brandenburg ist, sind die kommunalpolitische und die landespolitische Ebene parteipolitisch eng miteinander verflochten. Die landespolitische Bedeutung der Stadt zeigt sich auch darin, dass bei der Landtagswahl 2009 sechs Landtagsabgeordnete gewählt wurden (von SPD, CDU, Linke und FDP), die ihren Wahlkreis in Stadt D haben, darunter der Landesvorsitzende der CDU. Der Vorsitzende der SVV-Fraktion von SPD und Grünen ist zugleich Vorstandsmitglied der Landes-SPD. Die Landes-SPD nahm 2006 starken Einfluss auf den Nominierungsprozess des sozialdemokratischen Oberbürgermeisterkandidaten und auch aus der CDU-Landespartei heraus wurde versucht Einfluss auf den Nominierungsprozess der lokalen CDU-Parteiorganisation zu nehmen.

5.4.3 Rolle der Oberbürgermeister und der Verwaltung

Angesichts der landespolitischen Bedeutung der Stadt war die Wahl einer parteilosen Oberbürgermeisterin im Jahr 2002 eine große politische Überraschung und eine schwere Niederlage, insbesondere für die größeren Parteien SPD, CDU und PDS. Der Wahlsieg der parteilosen Oberbürgermeisterkandidatin lässt sich vor allem als Reaktion der Wählerschaft auf die zahlreichen kommunalpolitischen Skandale der Vergangenheit verstehen. Die spätere Oberbürgermeisterin war von 1994 bis 2000 Finanzbeigeordnete in Stadt D. In dieser Zeit war sie noch Mitglied der SPD. Im Jahr 2000 wählte die SVV mit der erforderlichen Zwei-Drittel-Mehrheit und mit den Stimmen der SPD die beiden SPD-Beigeordneten auf Antrag des damaligen CDU-Oberbürgermeisters ab. Der Oberbürgermeister begründete seinen Abwahlantrag mit einer völligen Zerrüttung des Vertrauensverhältnisses. Die Finanzbeigeordnete und die zweite SPD-Beigeordnete, die für den Baubereich zuständig war, hatten zuvor die Korruption bei der städtischen Gebäudegesellschaft mit an die Öffentlichkeit gebracht. Über Jahre hatte die städtische Gebäudegesellschaft

Altbauten zu günstigen Preisen an der CDU und der SPD nahestehende Personen verkauft. Die Geschäftsführung der städtischen Gebäudegesellschaft war viele Jahre fest in der Hand der CDU, die dort insgesamt sieben Parteimitgliedern zu einem Geschäftsführerposten verhalf. Der seit 1989 amtierende CDU-Oberbürgermeister, der schon zu DDR-Zeiten Finanzdezernent der Stadtverwaltung war, stand wegen der Korruptionsaffäre um die städtische Gebäudegesellschaft selbst unter großem öffentlichen und politischen Druck, weigerte sich aber zurückzutreten. Die SPD-Landtagsabgeordneten der Stadt forderten den Rücktritt des Oberbürgermeisters und auch der CDU-Landesvorsitzende und damalige brandenburgische Innenminister Schönbohm erklärte einen Rücktritt des OB und Neuwahlen für eine geeignete Option bei einer Erhärtung der Korruptionsvorwürfe. Der CDU-Oberbürgermeister konnte jedoch in der SVV eine Zwei-Drittel-Mehrheit für die Abwahl der beiden kritischen SPD-Beigeordneten erzielen und sich bis zum regulären Ablauf seiner Amtszeit im Frühjahr 2002 im Amt halten. Nicht nur in der Korruptionsaffäre um die städtische Gebäudegesellschaft, auch auf anderen Gebieten sorgten die kriminellen Aktivitäten alter Stasi-Seilschaften in Stadt D für eine überregionale Medienaufmerksamkeit und trugen zur Diskreditierung der Parteien und Kommunalpolitiker bei den Bürgern bei (ausführlich vgl. Wendler 2003). Der SPD-Oberbürgermeisterkandidat sprach davon, dass es in Stadt D wirtschaftliche Netzwerke gebe, „die sich bei ihren Geschäften gestört fühlen und auch nicht vor Aktivitäten zurückschrecken, die unweigerlich an Stasi-Methoden erinnern" (Tagesspiegel, 22.8.2001). Ein SPD-Politiker wurde nach eigenen Angaben erpresst, nicht für das Amt des Oberbürgermeisters zu kandidieren, ansonsten würden bei ihm Drogen gefunden (Tagesspiegel, 23.8.2001).

Unter diesen Bedingungen kandidierte die frühere Finanzbeigeordnete im Jahr 2002 als parteilose Kandidatin bei der Oberbürgermeisterwahl. Sie präsentierte sich als parteipolitisch unabhängige Verwaltungsexpertin und sagte insbesondere dem politischen Filz und der Korruption in der Stadt den Kampf an. Die parteilose Kandidatin gewann die Stichwahl gegen den CDU-Kandidaten mit einer Mehrheit von 66 Prozent und wurde zur neuen Oberbürgermeisterin gewählt. Nach der Wahl begannen die heftigen politischen und persönlichen Auseinandersetzungen zwischen der SVV und der Oberbürgermeisterin, die die Kommunalpolitik in den folgenden vier Jahren prägten. Die Korruptionsaffären und die Auswüchse des lokalen Parteienstaates brachten das Ansehen der Parteien und Kommunalpolitiker in Stadt D auf einen Tiefpunkt. Im Jahr 2003 betrug die Wahlbeteiligung bei der Wahl der SVV nur noch 28,4 Prozent. Der parteilosen Oberbürgermeisterin wurde in den folgenden Jahren aus der SVV immer wieder ein autoritärer Führungsstil, die bewusste Desinformation sowie die Irreführung und Manipulation der Stadtverordneten vorgeworfen. Darüber hinaus wurde insbesondere das Versagen der

Oberbürgermeisterin bei mehreren innerstädtischen Bauprojekten, gebrochene Wahlversprechen sowie ihr schlechtes Krisenmanagement kritisiert. Im Mai 2006 hat die SVV mit einer Mehrheit von 41 von 48 Stimmen die Durchführung eines Bürgerentscheids zur Abwahl der Oberbürgermeisterin beschlossen. Anschließend haben sich alle sieben in der SVV vertretenen Parteien und Wählervereinigung in einem „Bündnis zur Abwahl der Oberbürgermeisterin" zusammengeschlossen und für die Abwahl der Oberbürgermeisterin geworben. Bei einer Abstimmungsbeteiligung von 35,5 Prozent stimmten schließlich 89,6 Prozent der Bürger für die Abwahl der Oberbürgermeisterin, nachdem sie vier Jahre zuvor noch mit einer Mehrheit von 66 Prozent der Stimmen gewählt worden war.

Nach der Abwahl der parteilosen Oberbürgermeisterin amtierte ein CDU-Beigeordneter von Juli bis November 2006 als geschäftsführender Oberbürgermeister. Ein fraktionsübergreifendes Bündnis aller SVV-Fraktionen bemühte sich darum einen gemeinsamen Kandidaten für das Amt des Oberbürgermeisters zu nominieren. Wunschkandidat des Bündnisses aller Fraktionen war der später zum Oberbürgermeister gewählte SPD-Politiker, der damals als Landtagsabgeordneter und Landesbauminister tätig war. Da dieser jedoch zunächst nicht in die Kommunalpolitik zurückkehren wollte, nominierten fünf Fraktionen CDU, Linke, FDP und zwei Wählervereinigungen den als geschäftsführenden Oberbürgermeister amtierenden CDU-Beigeordneten als gemeinsamen Oberbürgermeisterkandidaten. Dieses ungewöhnliche Wahlbündnis sorgte für überregionale Aufmerksamkeit. In Anlehnung an DDR-Zeiten sprach die TAZ ironisch von der „Lausitzer Einheitsfront". In der Landes-CDU stieß das Wahlbündnis mit der Linken auf heftige Kritik. Eine CDU-Landesministerin bezeichnete es als „Sündenfall", dass CDU und Linke gemeinsam einen OB-Kandidaten unterstützten, obwohl es sich dabei um einen CDU-Politiker handelte. Nachdem ihr Wunschkandidat für das gemeinsame Wahlbündnis zunächst nicht zur Verfügung stand, verließ die lokale SPD das Bündnis mit den anderen Parteien und nominierte eine Landtagsabgeordnete und Stadtverordnete als Oberbürgermeisterkandidatin. Die Landes-SPD befürchtete jedoch, dass die von der lokalen SPD nominierte Kandidatin auch wegen ihrer westdeutschen Herkunft gegen den von dem breiten Wahlbündnis unterstützten CDU-Kandidaten keine Chance haben würde. Der SPD-Landespolitiker, der zuvor als gemeinsamer Kandidat aller Parteien gehandelt wurde, gab schließlich dem massiven innerparteilichen Druck nach und erklärte sich bereit für die SPD für das Amt des Oberbürgermeisters zu kandidieren. Mit 61,2 Prozent gelang dem SPD-Kandidaten nach einem harten Wahlkampf ein deutlicher Wahlsieg gegen den CDU-Beigeordneten und Interims-Oberbürgermeister.

In bewusster Abgrenzung von seiner Amtsvorgängerin suchte der neue Oberbürgermeister nach seiner Wahl den Dialog mit allen Fraktionen in der SVV und bemühte sich einen möglichst breiten fraktionsübergreifenden politischen Konsens zu erreichen. Besonders eng war jedoch die Zusammenarbeit zwischen dem Oberbürgermeister und dem rot-rot-grünen Mehrheitsbündnis, das sich nach der OB-Wahl gebildet hatte. Die Haushaltskonsolidierung war zunächst keine der politischen Prioritäten des neuen Oberbürgermeisters, der vor seiner Tätigkeit als Berufspolitiker als Lehrer und Schulleiter tätig war und keine Erfahrung in der Kommunalverwaltung mitbrachte.

5.4.4 Interaktion in der Haushaltspolitik

Trotz der grundsätzlich eher starken Parteipolitisierung der Kommunalpolitik trägt die Interaktion in der Haushaltspolitik in den letzten Jahren zunehmend konkordanzdemokratische Züge. Die Haushaltssatzungen und die Haushaltssicherungskonzepte wurden im Untersuchungszeitraum immer mit großen Mehrheiten beschlossen. Von den 51 Stimmberechtigten in der SVV stimmten im Untersuchungszeitraum höchstens 12 gegen ein HSK und höchstens sechs gegen einen Haushalt.

Die großen Fraktionen (Linke, SPD, CDU) haben den Haushalt häufig gemeinsam beschlossen. Eine harte Oppositionspolitik wird nicht betrieben. Beispielsweise haben sich CDU und FDP, nachdem ihre Änderungsanträge für den Haushalt 2010 nicht berücksichtigt wurden, bei der Haushaltsabstimmung enthalten, den Haushalt aber nicht abgelehnt. Zur Amtseinführung des neuen Oberbürgermeisters gaben alle SVV-Fraktionen eine gemeinsame Erklärung ab, die einen kommunalpolitischen Neuanfang ermöglichen sollte und in der sich die Stadtverordneten gemeinsam ausdrücklich zu einer Politik der Haushaltskonsolidierung bekannten und diesem Thema eine hohe Priorität zuschrieben: „Die mittelfristige Stabilisierung und langfristige Sanierung des Haushaltes der Stadt (...) ist die vordringlichste kommunalpolitische Aufgabe". Die letzten vier Haushaltssicherungskonzepte wurden mit lediglich einer oder gar ohne Gegenstimme beschlossen. Hinsichtlich der Grenzen der kommunalpolitischen Eigenanstrengungen zur Haushaltskonsolidierung überwiegen ebenfalls die politischen Gemeinsamkeiten zwischen den SVV-Fraktionen. Bereits 2004 verständigten sich Die Linke, SPD und CDU darauf, dass keine weiteren Einsparungen im Bereich der freiwilligen Leistungen erfolgen sollen. CDU und FDP kritisieren, dass haushaltspolitische Beratungen und Diskussionen über die Verwaltungsvorlagen in den Ausschüssen und in der SVV vom rot-rot-grünen Mehrheitsbündnis unterbunden werden und kaum noch stattfinden. Demgegenüber verteidigt die Linke diese Praxis und begründet den weitgehenden Verzicht auf kommunalpolitische Diskussionen über Maßnahmen zur Haushaltskonsolidierung mit der Sinnlosigkeit von kommunalen Eigenanstrengungen. „Und aus diesem Grund haben wir uns – mehr oder weniger – fraktionsübergreifend   dieses Jahr mit dem Doppelhaushalt entschieden: Wir diskutieren da gar nicht mehr lange drüber. Was soll's!? Es bringt keine Punkte. Man zerreibt sich daran. Man versucht noch irgendwas. Aber man löst das Problem nicht mal ansatzweise und deswegen haben wir das Ding durchgewinkt" (FV Linke).

Besonders belastet wurde die haushaltspolitische Interaktion in den Jahren 2003 und 2004 durch die Tätigkeit des damaligen Finanzbeigeordneten. Der damalige Finanzbeigeordnete wurde im Jahr 2002 als parteiloser Wunschkandidat der frisch gewählten Oberbürgermeisterin von der SVV ins Amt gewählt und war bis zu seiner Abwahl im Jahr 2004 auch Stellvertreter der Oberbürgermeisterin. Bereits im Jahr 2003 legte der Finanzbeigeordnete einen in der SVV stark umstrittenen Haushaltsentwurf vor, an dem die SVV zahlreiche und grundlegende Veränderungen vornahm. Im folgenden Jahr fand der vom Finanzbeigeordneten vorgelegte Haushaltsentwurf im Hauptausschuss der SVV keine Mehrheit. Daraufhin wurden im Laufe des Jahres 2004 zwei Abwahlverfahren gegen den Finanzbeigeordneten eingeleitet, von denen das zweite erfolgreich war. Auf besonders heftige Kritik bei vielen Stadtverordneten stießen die rigorosen Sparpläne des Finanzbeigeordneten. Die Oberbürgermeisterin sorgte für die weitgehende Entmachtung des Finanzbeigeordneten und übernahm selbst die Zuständigkeit für Finanzen und Personalangelegenheiten. Einige Monate später wurde der seit 2002 amtierende parteilose Finanzbeigeordnete mit 36 Stimmen von der SVV abgewählt. Diesmal kam der Abwahlantrag nicht von der Oberbürgermeisterin, sondern aus der SVV.

5.4.5 Fazit

Die Verwicklung von CDU und SPD in öffentlich gewordene Korruptionsfälle und ihre von vielen Wählern als völlig unzureichend wahrgenommene Aufarbeitung durch die etablierten kommunalpolitischen Akteure trugen wesentlich zur Wahl einer parteilosen Oberbürgermeisterin bei, der es als politischer Außenseiterin ohne Machtbasis in der SVV kaum gelang, sich gegenüber den Parteien durchzusetzen.

Nach der Abwahl des ebenfalls parteilosen Finanzbeigeordneten und dem Verzicht der Oberbürgermeisterin auf tiefgreifende Konsolidierungsmaßnahmen, konnte die Blockade des Haushaltsprozesses u. a. dadurch aufgelöst werden, dass sich die Oberbürgermeisterin und die drei großen SVV-Fraktionen darauf einigten keine weiteren Kürzungen im Bereich der freiwilligen Leistungen mehr vorzunehmen. Nach der Wahl des SPD-Oberbürgermeisters wurden durch die Bildung eines rot-rot-grünen Bündnisses stabile Mehrheitsverhältnisse in der SVV hergestellt.

Zur anhaltenden Varianz kommunaler Entscheidungsstrukturen in Deutschland

Thomas Bathge, Jörg Bogumil, Falk Ebinger, Tobias Fuhrmann, Lars Holtkamp und Marc Seuberlich

Ausgangspunkt der vergleichenden Betrachtung kommunaler Entscheidungsstrukturen in Ost- und Westdeutschland war die These, dass konkordanzdemokratische Muster eher in baden-württembergischen, rheinland-pfälzischen und in den meisten ostdeutschen Kommunen dominieren, während in NRW, dem Saarland und Hessen konkurrenzdemokratische Konstellationen prägend sind und die anderen westdeutschen Bundesländer zwischen diesen Polen verortet sind (Niedersachsen, Bayern, Schleswig-Holstein). Das Konstrukt der kommunalen Konkordanz- bzw. Konkurrenzdemokratie erscheint uns am geeignetsten zu sein, die Variationen in den kommunalen Entscheidungsprozessen zwischen den Bundesländern theoretisch einzufangen. Wesentliche unabhängige Erklärungsfaktoren sind dabei das institutionelle Arrangement der Kommunalverfassungen, lokale politisch-kulturelle Faktoren sowie die Gemeindegröße. Allerdings fehlte es bisher an empirisch vergleichenden Untersuchungen zur Bestätigung dieser These und zur vertieften Analyse der genannten Erklärungsfaktoren.

In der kommunalen Konkordanzdemokratie treffen Akteure mit einer geringeren personellen Parteipolitisierung aufeinander. Im Rat wird kaum zwischen Opposition und Regierung unterschieden, die Fraktionsdisziplin ist aus Sicht der Ratsmitglieder geringer ausgeprägt, während der Bürgermeister als exekutiver Führer dominiert. In der Konkordanzdemokratie halten die Akteure zudem Parteipolitik in der kommunalen Selbstverwaltung eher für schädlich (konkordante Einstellungen) und die Varianz der politischen Prioritäten ist aufgrund der geringeren inhaltlichen Parteipolitisierung niedriger als in der Konkurrenzdemokratie bzw. die Parteidifferenz hat eine niedrigere Erklärungskraft für die Prioritäten. Bezogen auf die oben genannten unabhängigen Variablen heißt dies, dass mit steigender Gemeindegröße, mit der räumlichen Lage im Westen und der damit verbundenen politischen Kultur sowie mit niedrigen Werten auf dem Kommunalverfassungsindex eher mit konkurrenzdemokratischen Mustern zu rechnen ist.

Durch die hier erfolgte quantitative und qualitative Auswertung von Datenbeständen aus dem Forschungsprojekt „Ursachen kommunaler Haushaltsdefizite" konnten wir im Vergleich zwischen ost- und westdeutschen Kommunen in vier Bundesländern (Brandenburg, Sachsen, Baden-Württemberg, NRW) empirisch überprüfen, in wieweit sich eher konkordanz- bzw. konkurrenzdemokratische Entscheidungsstrukturen durchgesetzt haben. Zudem war es möglich, den Einfluss der unabhängigen Variablen (Gemeindegröße, institutionelles Arrangement der Kommunalverfassungen, lokale politisch-kulturelle Faktoren) auf die abhängige Variable zu messen. Insbesondere wurde die Frage gestellt, ob sich nach der Kontrolle des Einflusses der Gemeindegröße und der Kommunalverfassung (inklusive des Kommunalwahlrechts) die Entscheidungsstrukturen zwischen Ost- und Westdeutschland tatsächlich noch signifikant unterscheiden, was auf Einflüsse einer variierenden politischen Kultur hindeuten würde.

Die quantitative Analyse zeigt, dass die Hypothesen zum Zusammenhang zwischen den drei unabhängigen Variablen und den Ausprägungen der Konkordanz- und Konkurrenzdemokratie bestätigt werden. Mit niedrigen Werten auf dem *Kommunalverfassungsindex* (durch schwächere rechtliche Kompetenzen des Bürgermeisters und starre Ratslisten bei der Kommunalwahl) gehen eher konkurrenzdemokratische Konstellationen einher, die mit steigender Gemeindegröße und mit Lage in Westdeutschland noch mal forciert werden. Hervorzuheben ist insbesondere der nicht nur hochsignifikante, sondern auch häufig starke Zusammenhang zwischen Kommunalverfassungsindex und Konkurrenz- bzw. Konkordanzdemokratie. Institutionen machen also für die Akteurskonstellationen vor Ort durchaus einen Unterschied, ohne diese zu determinieren. Kommunalverfassungen, die dem Bürgermeister mehr formale Kompetenzen einräumen, führen zu einer ausgeprägten exekutiven Führerschaft, wobei dann vor Ort zusätzlich viele endogene Variablen, wie z. B. die erworbene Fach- und Führungskompetenz des Bürgermeisters, ins Spiel kommen.

Für die *Gemeindegröße* sind hingegen kaum starke, aber immerhin signifikante Beziehungen zu konstatieren. Das ist wesentlich darauf zurückzuführen, dass hier „nur" die Gemeindegrößenklasse zwischen 25.000 und 100.000 betrachtet wurde. Gerade die durchschnittlichen Unterschiede zwischen den Bundesländern dürften noch deutlicher ausfallen, wenn man alle Gemeindegrößenklassen in die Analyse miteinbeziehen würde, weil gerade in NRW die Kommunen über 100.000 Einwohner schwer ins Gewicht fallen, während beispielsweise in Baden-Württemberg gerade die Gemeinden unter 5.000 Einwohner am häufigsten vertreten sind.

Die *politische Kultur in Ost- und Westdeutschland* hat keine starken, aber immerhin einige signifikante Beziehungen mit der abhängigen Variable Konkordanz- und Konkurrenzdemokratie zu verzeichnen. Gerade kleinere Kommunen in Sachsen (mit einer konkordanten Kommunalverfassung) tendieren unter Berücksichtigung der drei unabhängigen Variablen besonders stark zur Konkordanzdemokratie. Insgesamt ist der Einfluss der politischen Kultur doch relativ gering, bedenkt man, dass häufig die besonderen Eigenschaften des Parteiensystems und der politischen Kultur in Ostdeutschland betont werden.

Die quantitative Analyse zeigt aber auch, dass der Erklärungswert der drei unabhängigen Variablen in den Regressionsmodellen nur niedrig bis mittel ausgeprägt ist, was einen relativ großen Einfluss der endogenen Variablen (durch Eigenschaften und Handeln der kommunalen Akteure) erwarten lässt. Vor diesem Hintergrund sind die Fallstudien in den vier Bundesländern besonders interessant. NRW ist das klassische Land der Konkurrenzdemokratie mit großen Gemeinden (44.373 im Durchschnitt, nur drei Gemeinden unter 5.000 Einwohner) und dem niedrigsten Wert im Kommunalverfassungsindex (12). Baden Württemberg ist das klassische konkordanzdemokratische Bundesland mit deutlich kleineren Gemeinden (9.656 im Durchschnitt, 53 Prozent der Gemeinden haben unter 5.000 Einwohner) und dem höchsten Wert im Kommunalverfassungsindex (20). Für Sachsen wird ebenfalls von klar konkordanzdemokratischen Strukturen ausgegangen mit eher kleineren Gemeinden (9.410 im Durchschnitt, 62 Prozent der Gemeinden haben unter 5.000 Einwohner) und einem hohen Wert im Kommunalverfassungsindex (19). Auch für Brandenburg gehen wir von eher konkordanzdemokratischen Strukturen aus mit kleineren Gemeinden (5.859 im Durchschnitt, 70 % der Kommunen unter 5.000 Einwohner) und einem mittelhohen Wert im Kommunalverfassungsindex (17). In beiden ostdeutschen Ländern wird zudem von einer politischen Kultur ausgegangen, die die Konkordanzdemokratie begünstigt. In unseren Fallstudien wurde die Gemeindegrößenklasse nun kontrolliert (25.000 bis 100.000 Einwohner), so dass die Gemeindegröße Unterschiede nicht erklären kann.

Die Fallstudien zeigen für *NRW* erwartungsgemäß eine ausgeprägte Parteipolitisierung in allen vier Städten mit einer klaren Trennung in Regierungsmehrheit und Opposition. Die Zusammenarbeit in umstrittenen Fragen gestaltet sich schwierig. Fehlende Mehrheiten auf Seiten des Bürgermeisters bringen entweder Blockadesituationen in der Haushaltspolitik oder die Einigung auf kleinstmögliche Kompromisse mit sich. Die ausgeprägte Fraktionsdisziplin macht es für den Bürgermeister schwierig, in politisch umstrittenen Fragen Mehrheiten zu bilden. Feste Koalitionen und klare Absprachen werden bevorzugt, kommen aber durch die Zersplitterung der Räte und die parteipolitische Distanz der Fraktionen oftmals nicht zu Stande. Erst unter dem Druck des Stärkungspaktes kommt es vermehrt zur Bildung von großen „Not-Koalitionen" der Volksparteien, teilweise unter Einbindung von kleineren Gruppierungen.

Die Rolle des Bürgermeisters ist abhängig von den Mehrheitsverhältnissen im Stadtrat. Alle Bürgermeister der untersuchten Städte entstammen der örtlichen Kommunalpolitik und den beiden großen Parteien. Unabhängig von ihrem fachlichen Hintergrund werden die Bürgermeister in der Regel als Parteimitglieder und die ihm nahestehende Fraktion als Regierungsfraktion wahrgenommen. Die Bereitschaft der anderen Fraktionen den Vorschlägen des Bürgermeisters zu folgen und ihn zu unterstützen, ist deshalb nicht ausgeprägt. Ganz ähnlich werden auch die Kämmerer wahrgenommen.

Die Interaktion in der Haushaltspolitik ist einerseits gekennzeichnet durch vielfältige Verhandlungen der jeweiligen Verwaltungsspitze mit der Kommunalaufsicht, um zum Beispiel Investitionen trotz Nothaushaushaltsrecht zu ermöglichen. Teil dieser Verhandlungen sind auch immer wieder Ankündigungen von Konsolidierungspaketen, die aber oft in Ansätzen stecken bleiben oder unrealistischen Annahmen insbesondere auf der Einnahmeseite folgen. Über eine lange Zeit haben sich die Städte im Nothaushaltsrecht eingerichtet. Andererseits ist die Interaktion der Fraktionen und der Verwaltungsspitze geprägt von einer Parteienkonkurrenz, die gemeinsame gewichtige Konsolidierungsentscheidungen verhindert oder zumindest herauszögert. Aus den Versuchen, fraktionsübergreifende Vereinbarungen zu treffen, scheren immer wieder einzelne Fraktionen aus. Manche Oppositionsfraktionen kämpfen dabei mit Betroffenen gegen bestimmte Teile der Haushaltssicherungskonzepte, was den Druck auf die Mehrheitsfraktionen erhöht, Einschnitte abzuschwächen. Unter der Bedingung wechselnder Mehrheiten einigt man sich häufig auf den kleinsten gemeinsamen Nenner und verschiebt Entscheidungen mit Protestpotenzial weiter in die Zukunft. Diese traditionellen Interaktionsformen werden gegen Ende der Untersuchungsperiode durch den Stärkungspakt verändert, wenn auch nicht gänzlich ausgeschaltet. Der erhöhte aufsichtsrechtliche Druck durch das Innenministerium und die Aussicht auf einen ausgeglichenen Haushalt durch finanzielle Hilfen des Landes stärken die Position der Verwaltungsspitze und führen zu einem größeren politischen Konsens in der Haushaltskonsolidierung. Harte Einschnitte im Personalbereich und Abstriche im freiwilligen Aufgabenbereich können nun ebenso wie starke Steuererhöhungen vermehrt durchgesetzt werden.

In *baden-württembergischen* Kommunen unterhalb von 100.000 Einwohnern dominieren konkordanzdemokratische Handlungsmuster im Rat. Dies gilt, obwohl in den Räten häufig die CDU die stärkste Kraft ist und gemeinsam mit Freien Wählern und FDP eine Mehrheit im Rat stellen könnte. Statt einer klaren Einteilung in Regierungs- und Oppositionsbank dominieren übergroße Mehrheiten unter Einbindung aller „bürgerlichen" Parteien – CDU, SPD, FW, Grüne und FDP. Dies sind keine „großen Koalitionen", vielmehr stehen Sachthemen und das Wohl der

Gemeinde statt politischer Richtungskämpfe im Vordergrund. In strittigen Fragen entstehen regelmäßig ad hoc Koalitionen über alle ideologischen Grenzen hinweg. Die Parteien spielen insofern zwar eine nicht zu unterschätzende Rolle als Rekrutierungs- und Ordnungsinstrument in der Kommunalvertretung, die ideologische und machtpolitische *Cleavage* ist im Vergleich mit klassisch konkurrenzdemokratisch geprägten Bundesländern jedoch vergleichsweise gering und die Beziehungen der Fraktionssprecher sind i. d. R. von gegenseitigem Respekt und der Abwesenheit taktischer Spielchen geprägt. Lähmende und expansiv wirkende Grabenkämpfe spielen keine Rolle. Die überparteiliche Konsensfindung zur Umsetzung pragmatischer Lösungen zum Wohle der Stadt steht im Vordergrund. Der institutionell starke Bürgermeister nimmt häufig eine moderierende und überparteiliche Position ein. Gestützt auf oder oft auch gesteuert von einer starken Verwaltung determiniert er jedoch wesentliche Richtungs- und Investitionsentscheidungen. Solange die Einbindung der Ratsfraktionen gelingt, führt dies zu einer hohen Kontinuität im städtischen Handeln und bietet auch die Chance, eine Konsolidierungspolitik über Jahre und Jahrzehnte durchzuhalten.

Die (Ober-)Bürgermeister haben in Baden-Württemberg institutionell betrachtet eine sehr starke Position mit weitreichenderen Kompetenzen als in vielen anderen Ländern. Gleichzeitig sind Bürgermeister jedoch im Vergleich häufiger parteilos oder gehören kleineren Parteien an als anderswo. Und selbst wenn sie von einer starken Ratsfraktion in einer stabilen Koalition gestützt werden, nutzen Sie ihre Position äußerst selten aus, wie dies in konkurrenzdemokratischen Kontexten üblich wäre. Vielmehr verstehen sie sich als Integrationsfigur, die vermittelnd über den Partei- und Partialinteressen steht und stets eine möglichst breite Unterstützung als nur die etablierten Fraktionen hinter sich vereinen möchte. In dieser Funktion stützen sich die Bürgermeister auf einen starken Beigeordneten bzw. Ersten Bürgermeister, der sehr häufig auch das Finanzressort verantwortet. Dieser bestimmt in allen Fallkommunen im Hintergrund wesentlich die politische Agenda mit, indem er klar den Rahmen des finanziell Möglichen wie auch die Priorisierung vorgibt und ihre konkrete Ausformulierung und Umsetzung in der Verwaltung sicherstellt.

Die Haushaltpolitik in drei der vier Untersuchungskommunen ist klar auf eine langfristige Konsolidierung und nachhaltige Bewirtschaftung der kommunalen Finanzen ausgerichtet. Diese Strategie wird über alle etablierten Fraktionen hinweg mitgetragen. Dieser Kurs wird zwar gelegentlich anlassbezogen hinterfragt und wird in Einzelfällen von politischen Prioritäten durchbrochen, wurde aber in keiner der drei Kommunen bisher ernsthaft zur Disposition gestellt. In der vierten Kommune wurde ein expansiver Kurs im Rahmen eines großen Grünprojekts von einer ebenso breiten Mehrheit im Rat getragen. Dieser breite Konsens ist in Baden-Württemberg zwar in vielen Politikbereichen üblich, gerade angesichts des überwiegend stark sparorientierten, langfristigen und damit politisch beschränkenden Charakters der Haushaltspolitiken überrascht diese Einmütigkeit doch.

Ermöglicht wird solche Einmütigkeit durch starke Akteure – im Regelfall die Finanzbürgermeister – die sowohl die technische Seite ihres Handwerks beherrschen als auch ihre Bürgermeister argumentativ leiten und gemeinsam mit ihnen sowohl im politischen Raum wie innerhalb der Verwaltung kontinuierlich und erfolgreich Überzeugungsarbeit zu leisten vermögen. Entsprechend wurden in allen Fallkommunen sehr gut zusammenarbeitende Führungsteams beobachtet, die vorab mögliche Handlungsräume definieren – teils unter Einbeziehung der Verwaltung selbst und mit Budgetierungsansätzen, teils durch eine stärker die Alternativlosigkeit bestimmter Handlungsschritte betonende Vorgehensweise. Im Idealfall können den Räten Entscheidungsräume zur Prioritätensetzung gelassen werden, ohne sie aus der Verantwortung für den Haushaltsausgleich zu entlassen.

In *Sachsen* gibt es in den Untersuchungskommunen eine strukturelle CDU-Dominanz (mit lediglich einer Ausnahme), die in Verbindung mit stimmenstarken, meist eher konservativen Wählervereinigungen und den Freidemokraten meist bürgerlich geprägte Mehrheiten bilden. Den Linken, der SPD und den Grünen gelingt es stimmenmäßig nicht, in den Fallkommunen prägend zu wirken. Allerdings zeigt sich die angenommene ideologische Trennung in ein bürgerliches und ein linkes Lager in den sächsischen Kommunen nicht. Die grundlegenden Interessen und Ziele der Parteien und Entscheidungsträger sind in den wichtigsten stadtpolitischen Fragen kongruent bzw. parteibasierte Partikularinteressen werden gesamtstädtischen Interessen untergeordnet. Parteien haben zwar unterschiedliche Ausgabepräferenzen oder Einnahmeprioritäten, es dominieren aber die Ziele Haushaltsausgleich und Kreditvermeidung.

Dies zeigt sich auch daran, dass, obwohl die bürgerlichen Parteien häufig eigene Mehrheiten bilden könnten, in den Fallkommunen eher wechselnde oder übergroße Mehrheiten anzutreffen sind. Vertraglich fixierte Regierungskoalitionen und intensive Oppositionsarbeit findet man kaum. In den Untersuchungskommunen sind für gewöhnlich mindestens drei Parteien für Mehrheiten notwendig, deren Bildung durch das eher entspannte als angespannte kommunalpolitische Verhandlungsklima normalerweise gelingt. Der weitgehend fehlende Fraktionszwang passt zu den stark konkordanten zwischenparteilichen Verhältnissen im Rat. Da sich die Ratsmitglieder für gewöhnlich nicht aus klassischen Parteiarbeitern, sondern eher aus technokratischen Pragmatikern rekrutieren und sie zusätzlich noch in Räten mit überschaubarer Größe sitzen (max. 34 Mandate), ist die Hürde für fraktionsübergreifendes Denken und Handeln niedrig und der Grad persönlicher Bekanntschaften groß.

Der Bürgermeister hat, ob parteiunabhängig oder mit Parteibuch, eine starke Position inne. Aufgrund des hohen Fragmentierungsgrades im Gemeinderat gibt es weder klare Bürgermeistermehrheiten noch Kohabitationen. Daher ist der Bürgermeister i. d. R. angehalten, Mehrheiten eigenständig zu organisieren. Die im Untersuchungszeitraum regierenden Bürgermeister wurden zudem fast ausnahmslos von mehreren, wenn nicht allen Ratsfraktionen unterstützt. Als entscheidend für die Unterstützung durch die Ratsfraktionen gelten neben der erwähnten Überparteilichkeit, Fachkenntnisse und Führungsqualitäten. Bürgermeister mit Verwaltungshintergrund besitzen in den Fallkommunen Vorteile und höheres Durchsetzungsvermögen. Eine auffällige Beobachtung war, dass nach dem Ausscheiden von Bürgermeistern mit Politikhintergrund bzw. einer stark parteipolitisch aufgeladenen Attitüde sich nicht nur das politische Klima verbesserte, sondern sich erst dann auch eine gemäßigte Haushaltspolitik durchsetzte.

Der Charakter der Haushaltspolitik in den sächsischen Fallkommunen im Untersuchungszeitraum wird bestimmt durch konkordante Entscheidungsstrukturen, einer dominanten Verwaltung und einem freiwilligen Commitment zu Sparsamkeit und ggf. Konsolidierung. Anstoß für das in den Fallkommunen breit getragene Commitment bildete die Erkenntnis einer zunehmend dramatischen Gesamtsituation der Städte, die sich aus den ausgabefreudigen und schuldentreibenden Investitionsmaßnahmen in der Nachwendezeit ergaben, verbunden mit einer schwierigen demographischen Entwicklung, sinkenden (prognostizierten) Einnahmen aus dem Solidaritätszuschlag und dem eher unsicheren Zugriff auf EU-Fördermittel. Der Pfadwechsel von einer ausgabefreudigen zu einer eher sparsamen, kreditverneinenden Politik gelang in den Untersuchungskommunen in einem engen zeitlichen Rahmen zwischen den späten 1990er und frühen 2000er Jahren. Der initiierende Akteur war in allen Fällen der Oberbürgermeister, in finanziell wenig performanten Kommunen kam die Kommunalaufsicht hinzu. Das Commitment als mittelfristige Strategie besteht aus der Vermeidung von Kreditaufnahmen und der Bedingung, dass Investitionen nur in Kopplung mit Fördermitteln erfolgen sollen. Neben Maßnahmen, die frühzeitig positive finanzielle Erfolge generierten, sollte trotzdem immer genügend Spielgeld vorhanden sein, welches durch Bedürfnisbefriedigungen der Fraktionen den Hausfrieden sichert. Neu gewählte Ober- und Finanzbürgermeister führten das von ihren Amtsvorgängern geschaffene Credo vom langfristigen Schuldenabbau und dem Verbot von Kreditaufnahmen automatisch fort, weil dieses mittlerweile sehr stark in den Verwaltungen und bei den politischen Führungskräften in den Räten verankert war.

In *Brandenburg* sind SPD, Linke und CDU die parteipolitisch bestimmenden Kräfte in den untersuchten Städten. Die Parteipolitisierung der Kommunalpolitik ist unterschiedlich stark ausgeprägt. Zwei der untersuchten Städte sind eher konkordanzdemokratisch strukturiert. In den anderen beiden Städten sind stark konkurrenzdemokratische Züge zu beobachten. Insbesondere in den konkurrenz-demokratischen Städten ist die Mehrheitsbildung häufig ausgesprochen schwierig. In den beiden eher konkordanzdemokratischen Städten kommen in der SVV wechselnde Mehrheiten zustande.

Inhaltliche Unterschiede zwischen den Parteien finden sich in der kommunalen Sozialpolitik und im Bereich der Haushalts- und Finanzpolitik. SPD und Linke stehen in einem intensiven Wettbewerb um eine ähnliche Wählerschaft und setzen bei wechselnden Mehrheiten trotz äußerst angespannter Haushaltslage gegen den Widerstand von CDU und FDP Mehrausgaben im Sozialbereich durch. Zugleich verhindern SPD und Linke Kürzungsmaßnahmen und Steuererhöhungen. In einer Stadt, die ihre Kassenkredite vollständig abgebaut hat, kritisiert die Linke die parteilose Bürgermeisterin für ihre übertriebene Sparsamkeit. Die anderen Fraktionen unterstützen dagegen den konservativen haushaltspolitischen Kurs der Bürgermeisterin.

Die Bürgermeister der untersuchten Städte gehören der SPD oder der Linken an oder sind parteilos. Die Hälfte der Bürgermeister verfügte vor Amtsantritt über Verwaltungsführungserfahrung. Die Bürgermeister treten mit einem starken politischen Gestaltungsanspruch auf, den sie aufgrund der politischen Mehrheits-verhältnisse jedoch z. T. nicht einlösen können. Bei Kohabitationskonstellationen kam es in den konkurrenzdemokratisch strukturierten Städten wiederholt zu Politikblockaden. Die Umsetzung erfolgreicher Konsolidierungspolitik in den eher konkordanzdemokratischen Städten basierte u. a. auf einer vertrauensvollen und engen Zusammenarbeit von Bürgermeister und Kämmerer und wurde von den Bürgermeistern politisch forciert.

Die Haushaltskonsolidierung in den eher konkordanzdemokratischen Städten war mit stark umstrittenen Entscheidungen verbunden und führte zu schweren kommunalpolitischen Konflikten, was sich in zahlreichen Gegenstimmen und knappen Mehrheiten bei den Haushaltsbeschlüssen niederschlug. Eine gerin-ge Fraktionsdisziplin erleichterte den Beschluss umstrittener Konsolidierungs-maßnahmen. Durch uneinheitliches Abstimmungsverhalten der Fraktionen konnten politische Mehrheiten gefunden und zugleich die Verantwortung für Kürzungsmaßnahmen parteipolitisch verwischt werden. Nach dem vollständigen Abbau der Kassenkreditverschuldung werden die Haushalte mit großen frakti-onsübergreifenden Mehrheiten und in weitem Einvernehmen beschlossen. In den konkurrenzdemokratischen Städten wird die Haushaltskonsolidierung durch die schwierige Mehrheitsbildung und die geringe Konsolidierungsorientierung der Akteure verhindert. Den Kämmerern fehlt die politische Unterstützung durch durchsetzungsfähige und konsolidierungsorientierte Steuerungspolitiker. Bei Kohabitationskonstellationen verhindern Politikblockaden den Beschluss umfassenderer Konsolidierungsmaßnahmen. Aufgrund der geringen Konsolidierungsorientierung der kommunalpolitischen Entscheidungsträger wird jedoch auch die Bildung einer stabilen Mehrheit nicht zur Durchsetzung einer Politik der Haushaltskonsolidierung genutzt. Stattdessen wird deutlich, dass sich die Stadt im Nothaushalt eingerichtet hat. Die kommunalen Entscheidungsträger konzentrieren sich im Rahmen des Nothaushaltsrechts auf den Erhalt der großzügigen städtischen Infrastruktur und einer möglichst niedrigen Steuer- und Gebührenbelastung für die Bürger und rechtfertigen dies mit den exogenen Problemursachen und der Vergeblichkeit eigener Konsolidierungsanstrengungen.

Die Fallstudien bestätigen – mit einer gewissen Ausnahme im Fall von Brandenburg – die oben dargestellten Annahmen. In Brandenburg sind in zwei Fällen etwas entgegen den Erwartungen konkurrenzdemokratische Konstellationen, ganz ähnlich wie in NRW, zu beobachten. Wie ist dieser Unterschied im Vergleich zu Sachsen zu erklären? Der Wert des Kommunalverfassungsindex liegt in Brandenburg mit 17 am niedrigsten in Ostdeutschland, deshalb sind hier am ehesten konkurrenzdemokratische Verhältnisse zu erwarten, aber er weist insgesamt eher in Richtung Konkordanzdemokratie als in Richtung Konkurrenzdemokratie. Eine mögliche Erklärung wäre die unterschiedliche Parteienkonstellation zwischen beiden ostdeutschen Ländern. Während SPD und Linke in Sachsen eine eher randständige Bedeutung im Vergleich zur CDU haben, sind alle drei Parteien in Brandenburg von Relevanz, ohne dass es eine klare Vorherrschaft gibt. Dies könnte den Parteienwettbewerb anheizen. Eine andere Erklärung wäre, dass SPD und Linke, die in Brandenburg von größerer Bedeutung sind als in Sachsen, eher dem konkurrenzdemokratischen Modell zuneigen, ähnlich wie dies die Grünen in Westdeutschland tun. Allerdings sind dies alles eher Vermutungen, die auf weitere Forschungsnotwendigkeiten verweisen.

Die Fallstudien zeigen zudem die Bedeutung der konkreten Akteurskonstellationen vor Ort, insbesondere die Bedeutung eines von möglichste vielen Akteuren akzeptierten Bürgermeisters. Hilfreich ist auch eine funktionierende Haushaltsaufsicht wie in Sachsen, die frühzeitig eingreift. Deutlich wurde ebenfalls, dass die konkurrenzdemokratischen Konstellationen eher wenig förderlich für eine solide kommunale Haushaltspolitik sind. Dies ist eine späte empirische Bestätigung für die Thesen von Gerhard Banner, der schon lange argumentiert, dass ein starker direktgewählter Bürgermeister bei schwacher Fraktionsdisziplin und geringer Parteipolitisierung (verursacht durch die süddeutsche Ratsverfassung) eher dazu führe, dass in Baden-Württemberg (und wir würden jetzt ergänzen auch in Sachsen) der Kommunalhaushalt auf Gleichgewichtskurs gehalten werde. Die süddeutsche Ratsverfassung habe daher eine deutlich höhere Output-Legitimation als die damalige und auch die neue präsidentielle Kommunalverfassung in NRW. „Institution matters" gilt damit auch für die lokale Haushaltspolitik (Bogumil/ Junkernheinrich/Holtkamp/Wagschal 2014).

Banners praktische Konsequenz wäre es daher, in NRW das vollständige badenwürttembergische Kommunalverfassungsmodell umzusetzen und insbesondere durch die Einführung von „Kumulieren und Panaschieren" die politischen Mehrheiten „flüssiger" zu gestalten. Dies würde es dem Bürgermeister erlauben, über Fraktionsgrenzen hinweg in Verhandlungen seine politischen Mehrheiten zu suchen bzw. einzelne Ratsmitglieder aus anderen Fraktionen zur Mehrheitsbildung zu überzeugen. Das kommunale Wahlverhalten orientiert sich nach dieser Auffassung stark an den Kandidaten und nicht an der Parteizugehörigkeit, was zu einer geringer ausgeprägten Fraktionsdisziplin führe. Dadurch könnte der Eindruck bei den Ratsmitgliedern forciert werden, dass sie als Person und nicht Vertreter einer Partei gewählt werden, und damit die Anreize für fraktionsabweichendes Verhalten zur öffentlichen Profilierung zu erhöhen, während zugleich das Sanktionspotential des Fraktionsvorsitzenden gegen „Abweichler" geschwächt wird, weil die häufig von Partei und Fraktion gemeinsam ausgehandelte Reihenfolge auf der Kandidatenliste keine so starke Bedeutung für die Wiederwahl hat.

Diese Politikempfehlung ist aber nur überzeugend, wenn man den Annahmen des Rational-Choice-Institutionalismus folgt. Betrachtet man dies aus der Perspektive des historischen Institutionalismus, ist zumindest Vorsicht angebracht. Danach ist Fraktionsdisziplin in NRW auch Teil eines pfadabhängigen konkurrenzdemokratischen Akteurmusters, das sich eingeschliffen hat und das sich auch nach institutionellen Reformen fortsetzen könnte. Wie stark veränderbar die innerfraktionelle Geschlossenheit durch die Einführung eines stärker personenorientierten Wahlrechts ist, wurde bisher noch nicht empirisch für bundesdeutsche Kommunalparlamente untersucht. Die wenigen Untersuchungen der Nominierungsphase nach der Einführung von Kumulieren und Panaschieren in Hessen legen nahe, dass Parteien und Kandidaten hoch unterschiedlich auf die neuen institutionellen Anreize reagieren. Die Reaktionen reichten von Ignoranz bis hin zu neuen Anwerbeversuchen für Honoratioren und politische Seiteneinsteiger, von denen man eher eine gewisse Distanz zur Fraktionsdisziplin erwarten könnte (Gremmels 2003; Kersting 2004, vgl. für Niedersachsen bereits Rudzio 1981: 276 f.; Suckow 1989: 162). Damit ist zugleich neben der angesprochenen Rolle der Haushaltsaufsicht eine wichtige Forschungslücke umrissen, die zu schließen wäre.

Bei Kohabitationskonstellationen (bzw. bei „divided government" also unterschiedlicher parteipolitischer Färbung von Bürgermeistern und Ratsmehrheiten) könnte dies dann zu einer gegenseitigen Blockierung von Bürgermeister und Rat führen, wie man sie für Nordrhein-Westfalen befürchten müsse (Wehling 1999b).

Dies deckt sich weitgehend mit den Befunden der Verhandlungsdemokratieforschung auf nationaler Ebene, die direktgewählte Präsidenten als institutionelle Vetoposition einordnet und das Zusammenspiel von institutionellen Vetopositionen und konkurrenzdemokratischen Mustern aufgrund der angesprochenen Blockadegefahren zumindest als normativ problematisch in Bezug auf die Output-Legitimation einordnet (vgl. allgemein Lehmbruch 1998; Scharpf 2000: 318; Czada 2000; vgl. in Bezug auf präsidentielle Systeme Sundquist 1988: 629, Bolleyer 2001: 1528).

Literatur

Bogumil, J., Holtkamp, L., Junkernheinrich, M., & Wagschal, U. (2014): Ursachen kommunaler Haushaltsdefizite. *Politische Vierteljahresschrift 55*, 614-647.

Bolleyer, N. (2001). Minderheitsparlamentarismus – eine akteursorientierte Erweiterung der Parlamentarismus-Präsidentialismus-Typologie. In: *Zeitschrift für Politikwissenschaft* 4/01: 1519-1546.

Czada, R. (2000). Konkordanz, Korporatismus und Politikverflechtung: Dimensionen der Verhandlungsdemokratie. In E. Holtmann, H. Voelzkow (Hrsg.), *Zwischen Wettbewerbs- und Verhandlungsdemokratie* (S. 23-49). Opladen: Westdeutscher Verlag.

Gremmels, T. (2003). Kumulieren und Panaschieren – Das hessische Kommunalwahlrecht in Theorie und Praxis, unveröffentlichte Diplomarbeit, Marburg.

Kersting, N. (2004). Die Zukunft der lokalen Demokratie – Modernisierungs- und Reformmodelle, Frankfurt: Campus Verlag.

Lehmbruch, G. (1998). Parteienwettbewerb im Bundesstaat, zweite überarbeitete Auflage, Opladen: Kohlhammer.

Rudzio, W. (1981). Wahlverhalten und kommunalpolitisches Personal in ausgewählten Oldenburger Gemeinden. In: Günther, Wolfgang (Hrsg.), *Sozialer und politischer Wandel in Oldenburg* (S. 253-297), Oldenburg: Heinz Holzberg Verlag.

Scharpf, F. W. (2000). Interaktionsformen – Akteurszentrierter Institutionalismus in der Politikforschung, Opladen: VS Verlag für Sozialwissenschaften.

Suckow, A. (1989). Lokale Parteiorganisationen – angesiedelt zwischen Bundespartei und lokaler Gesellschaft, Oldenburg: Universität Oldenburg.

Sundquist, J. (1988). Needed: A political theory for the new era of coalition government in the United States. In: *Political Science Quarterly* 103 (S. 613-635).

Wehling, H.-G. (1999b). Kommunale Direktwahl zwischen Persönlichkeitswahl und Parteientscheidung, Konrad-Adenauer-Stiftung, Sankt-Augustin, Download: www.kas.de.

Autorenverzeichnis

Prof. Dr. Jörg Bogumil ist Professor am Lehrstuhl für Öffentliche Verwaltung, Stadt- und Regionalpolitik an der Ruhr-Universität Bochum.

Prof. Dr. Lars Holtkamp ist Professor für „Politik und Verwaltung" an der FernUniversität Hagen.

Thomas Bathge, Dipl-Pol., ist wissenschaftlicher Angestellter am Lehrgebiet Politik und Verwaltung an der FernUniversität Hagen.

Dr. Falk Ebinger (Dipl.-Verw.wiss.) ist wissenschaftlicher Assistent am Institut für Public Management und Governance der Wirtschaftsuniversität Wien.

Tobias Fuhrmann, Dipl-Pol., war wissenschaftlicher Angestellter am Lehrgebiet Politik und Verwaltung an der FernUniversität Hagen.

Marc Seuberlich, M.A. Soz.wiss., ist wissenschaftlicher Mitarbeiter am Lehrstuhl für Öffentliche Verwaltung, Stadt- und Regionalpolitik an der Ruhr-Universität Bochum.